辅导员学习笔记

FUDAOYUAN XUEXI BIJI

高校思想政治工作队伍培训研修中心（中南大学）
湖南省高校思想政治工作队伍培训研修中心（中南大学） 组编

中南大学出版社
www.csupress.com.cn
·长沙·

高校辅导员誓词

我志愿成为一名高校辅导员，
拥护党的领导，献身教育事业，
恪守职业规范，提升专业素养，
情系学生成长，做好良师益友。
为培养社会主义合格建设者和可靠接班人而努力奋斗！

目录

第一篇　核心知识

一、重要讲话类

二、重要文件类

第二篇　专题梳理

一、党团建设类

二、管理服务类

第一篇

核心知识

对于辅导员而言，应知应会知识内容丰富且体系纵横较深较广。本篇主要从辅导员工作关联度视角，选编了习近平总书记14篇重要讲话、近期6个重要文件，是辅导员履职需优先熟知的核心知识，也是相关考核考试中会经常涉及的重要内容。辅导员应在重点掌握这些知识的基础上，再融会贯通学习其他相关知识。

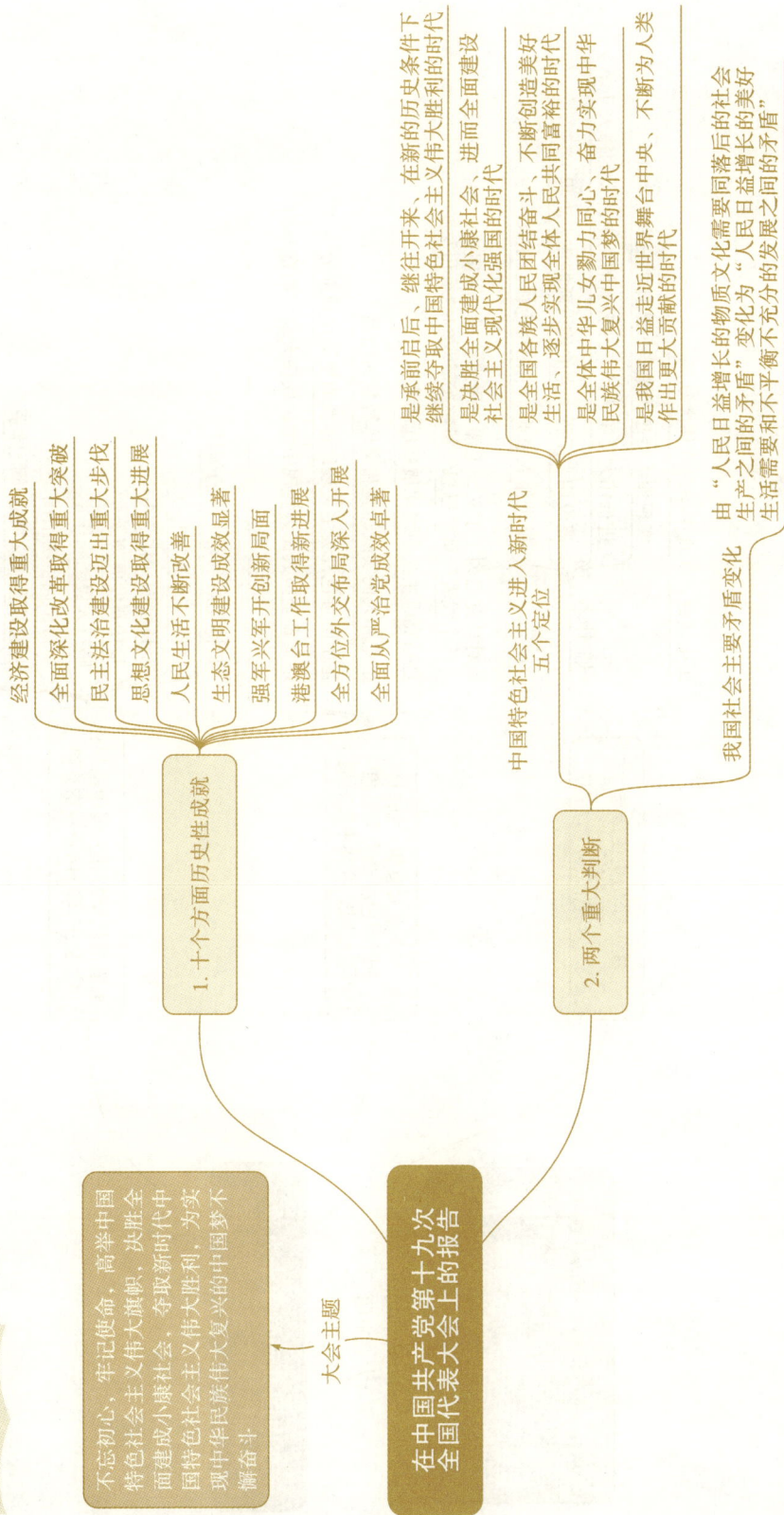

一、重要讲话类

【习近平总书记大会重要讲话、报告（2017—2019年）】

1. 在中国共产党第十九次全国代表大会上的报告（2017年10月18日）

【思维导图】

在中国共产党第十九次全国代表大会上的报告

大会主题：不忘初心、牢记使命，高举中国特色社会主义伟大旗帜，决胜全面建成小康社会，夺取新时代中国特色社会主义伟大胜利，为实现中华民族伟大复兴的中国梦不懈奋斗

1. 十个方面历史性成就
- 经济建设取得重大成就
- 全面深化改革取得重大突破
- 民主法治建设迈出重大步伐
- 思想文化建设取得重大进展
- 人民生活不断改善
- 生态文明建设成效显著
- 强军兴军开创新局面
- 港澳台工作取得新进展
- 全方位外交布局深入开展
- 全面从严治党成效卓著

2. 两个重大判断
- 中国特色社会主义进入新时代 五个定位
  - 是承前启后、继往开来、在新的历史条件下继续夺取中国特色社会主义伟大胜利的时代
  - 是决胜全面建成小康社会、进而全面建设社会主义现代化强国的时代
  - 是全国各族人民团结奋斗、不断创造美好生活、逐步实现全体人民共同富裕的时代
  - 是全体中华儿女勠力同心、奋力实现中华民族伟大复兴的中国梦的时代
  - 是我国日益走近世界舞台中央、不断为人类作出更大贡献的时代
- 我国社会主要矛盾变化：由"人民日益增长的物质文化需要同落后的社会生产之间的矛盾"变化为"人民日益增长的美好生活需要和不平衡不充分的发展之间的矛盾"

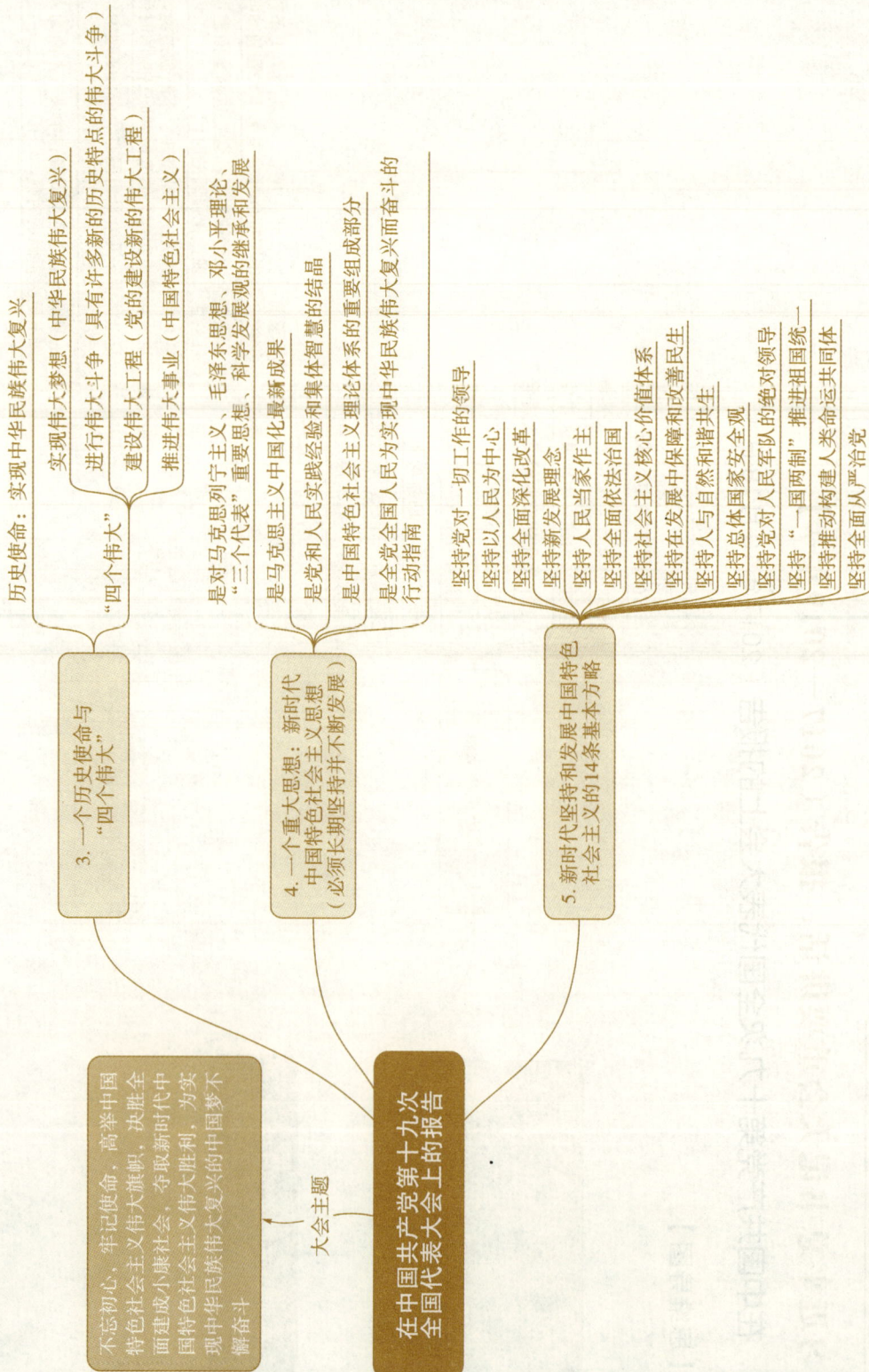

历史使命：实现中华民族伟大复兴

实现伟大梦想（中华民族伟大复兴）
进行伟大斗争（具有许多新的历史特点的伟大斗争）
建设伟大工程（党的建设新的伟大工程）
推进伟大事业（中国特色社会主义）
"四个伟大"

是对马克思列宁主义、毛泽东思想、邓小平理论、"三个代表"重要思想、科学发展观的继承和发展
是马克思主义中国化最新成果
是党和人民实践经验和集体智慧的结晶
是中国特色社会主义理论体系的重要组成部分
是全党全国人民为实现中华民族伟大复兴而奋斗的行动指南

坚持党对一切工作的领导
坚持以人民为中心
坚持全面深化改革
坚持新发展理念
坚持人民当家作主
坚持全面依法治国
坚持社会主义核心价值体系
坚持在发展中保障和改善民生
坚持人与自然和谐共生
坚持总体国家安全观
坚持党对人民军队的绝对领导
坚持"一国两制"推进祖国统一
坚持推动构建人类命运共同体
坚持全面从严治党

3. 一个历史使命与"四个伟大"

4. 一个重大思想：新时代中国特色社会主义思想（必须长期坚持并不断发展）

5. 新时代坚持和发展中国特色社会主义的14条基本方略

不忘初心，牢记使命，高举中国特色社会主义伟大旗帜，决胜全面建成小康社会，夺取新时代中国特色社会主义伟大胜利，为实现中华民族伟大复兴的中国梦不懈奋斗

大会主题

在中国共产党第十九次全国代表大会上的报告

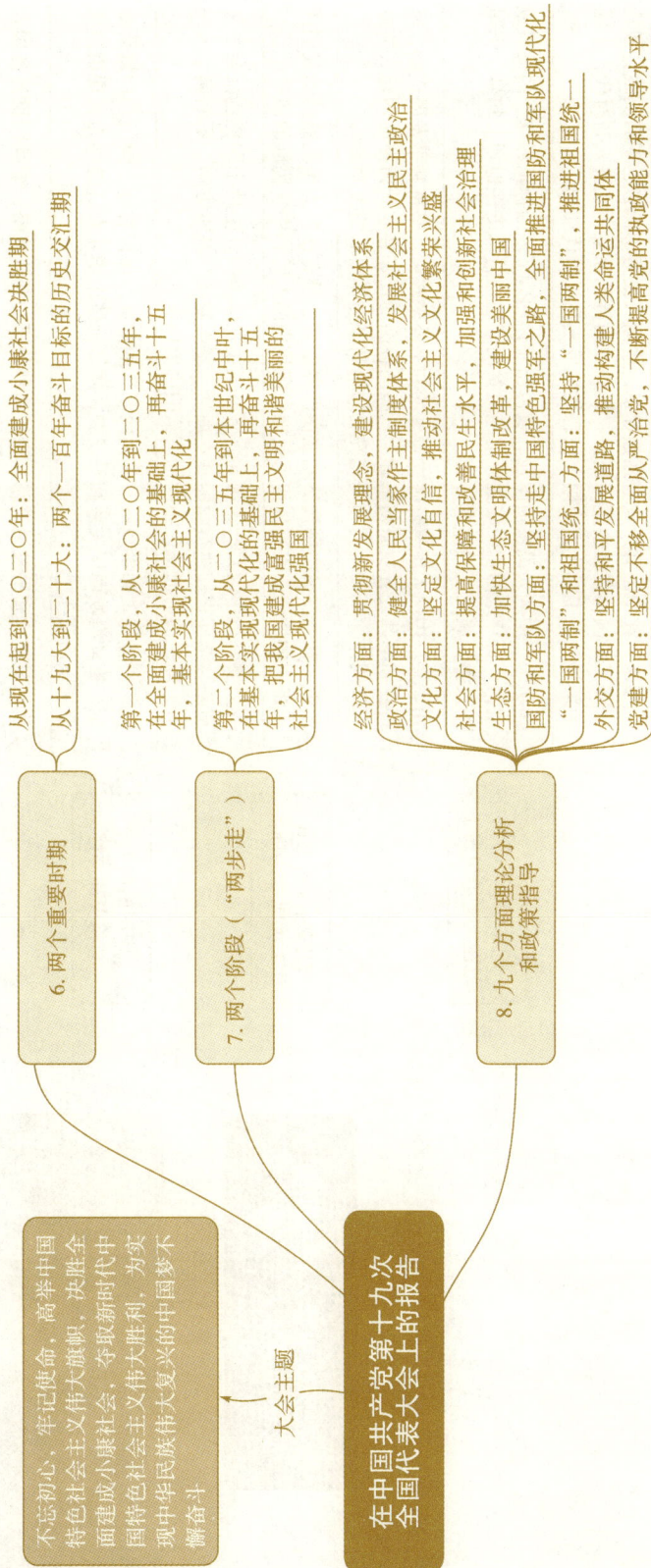

在中国共产党第十九次全国代表大会上的报告

6.两个重要时期
- 从现在起到二〇二〇年:全面建成小康社会决胜期
- 从十九大到二十大:两个一百年奋斗目标的历史交汇期

7.两个阶段("两步走")
- 第一个阶段,从二〇二〇年到二〇三五年,在全面建成小康社会的基础上,再奋斗十五年,基本实现社会主义现代化
- 第二个阶段,从二〇三五年到本世纪中叶,在基本实现现代化的基础上,再奋斗十五年,把我国建成富强民主文明和谐美丽的社会主义现代化强国

8.九个方面理论分析和政策指导
- 经济方面:贯彻新发展理念,建设现代化经济体系
- 政治方面:健全人民当家作主制度体系,发展社会主义民主政治
- 文化方面:坚定文化自信,推动社会主义文化繁荣兴盛
- 社会方面:提高保障和改善民生水平,加强和创新社会治理
- 生态方面:加快生态文明体制改革,建设美丽中国
- 国防和军队方面:坚持走中国特色强军之路,全面推进国防和军队现代化
- "一国两制"和祖国统一方面:坚持"一国两制",推进祖国统一
- 外交方面:坚定不移走和平发展道路,推动构建人类命运共同体
- 党建方面:坚定不移全面从严治党,不断提高党的执政能力和领导水平

大会主题

不忘初心,牢记使命,高举中国特色社会主义伟大旗帜,决胜全面建成小康社会,夺取新时代中国特色社会主义伟大胜利,为实现中华民族伟大复兴的中国梦不懈奋斗

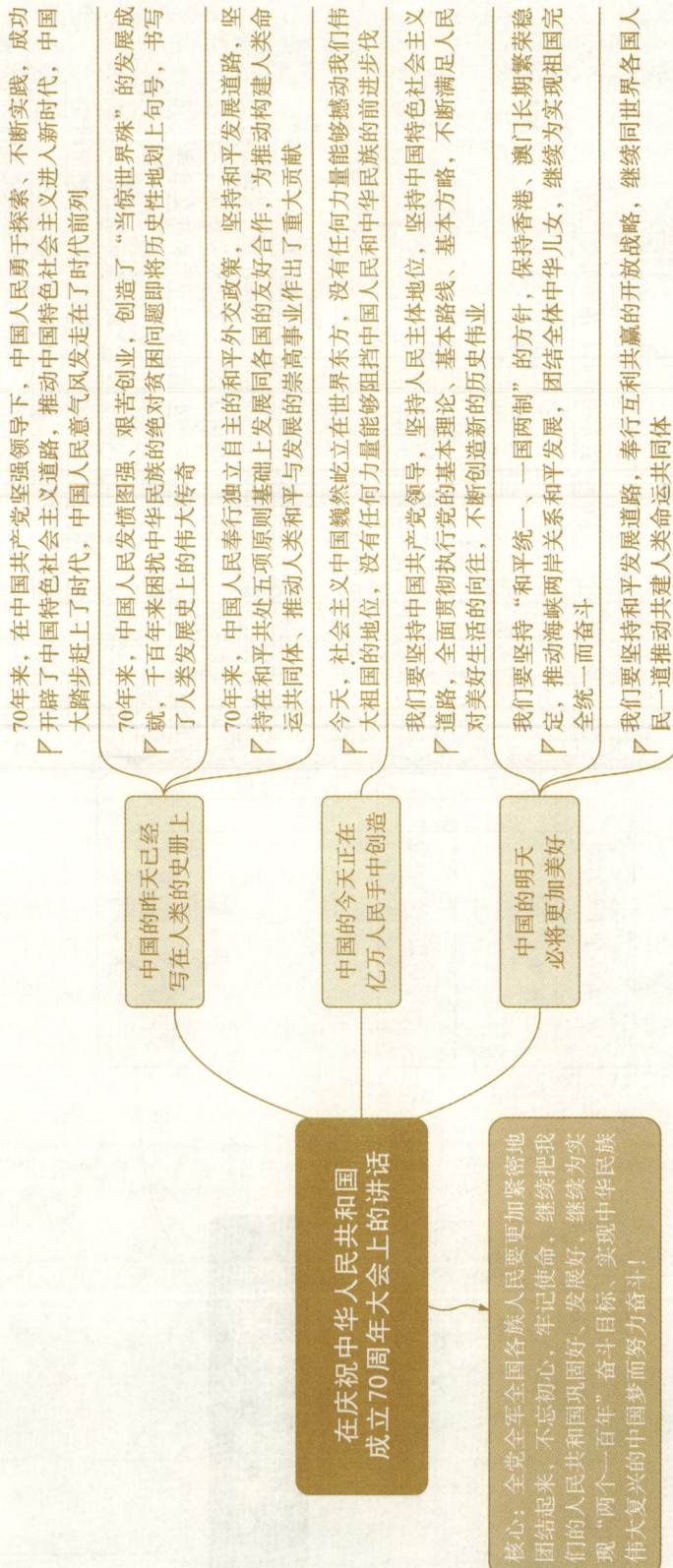

2. 在庆祝中华人民共和国成立70周年大会上的讲话（2019年10月1日）

【思维导图】

在庆祝中华人民共和国成立70周年大会上的讲话

中国的昨天已经写在人类的史册上
- 70年来，在中国共产党坚强领导下，中国人民勇于探索、不断实践，成功开辟了中国特色社会主义道路，推动中国意气风发走在了时代前列
- 70年来，中国人民发愤图强、艰苦创业，创造了"当惊世界殊"的发展成就，千百年来困扰中华民族的绝对贫困问题即将历史性地划上句号，书写了人类发展史上的伟大传奇
- 70年来，中国人民奉行独立自主的和平外交政策，坚持和平发展道路，坚持在和平共处五项原则基础上发展同各国的友好合作，为推动构建人类命运共同体、推动人类和平与发展的崇高事业作出了重大贡献

中国的今天正在亿万人民手中创造
- 今天，社会主义中国巍然屹立在世界东方，没有任何力量能够撼动我们伟大祖国的地位，没有任何力量能够阻挡中国人民和中华民族的前进步伐
- 我们要坚持中国共产党领导，坚持人民主体地位，坚持中国特色社会主义道路，全面贯彻执行党的基本理论、基本路线、基本方略，不断满足人民对美好生活的向往，不断创造新的历史伟业

中国的明天必将更加美好
- 我们要坚持"和平统一、一国两制"的方针，保持香港、澳门长期繁荣稳定，推动海峡两岸关系和平发展，团结全体中华儿女，继续为实现祖国完全统一而奋斗
- 我们要坚持和平发展道路，奉行互利共赢的开放战略，继续同世界各国人民一道推动构建人类命运共同体

核心：全党全军全国各族人民要更加紧密地团结起来，不忘初心、牢记使命，继续把我们的人民共和国巩固好、发展好，继续为实现"两个一百年"奋斗目标、实现中华民族伟大复兴的中国梦而努力奋斗！

【原文摘录】

◇前进征程上，我们要坚持中国共产党领导，坚持人民主体地位，坚持中国特色社会主义道路，全面贯彻执行党的基本理论、基本路线、基本方略，不断满足人民对美好生活的向往，不断创造新的历史伟业。

◇前进征程上，我们要坚持"和平统一、一国两制"的方针，保持香港、澳门长期繁荣稳定，推动海峡两岸关系和平发展，团结全体中华儿女，继续为实现祖国完全统一而奋斗。

◇前进征程上，我们要坚持和平发展道路，奉行互利共赢的开放战略，继续同世界各国人民一道推动共建人类命运共同体。

【笔记】

☆"一语不能践，万卷徒空虚。"——明·周立《饮酒》

☆"人患不知其过，既知之，不能改，是无勇也。"——唐·韩愈《五箴五首序》

3. 在"不忘初心、牢记使命"主题教育工作会议上的讲话

（2019年5月31日）

【思维导图】

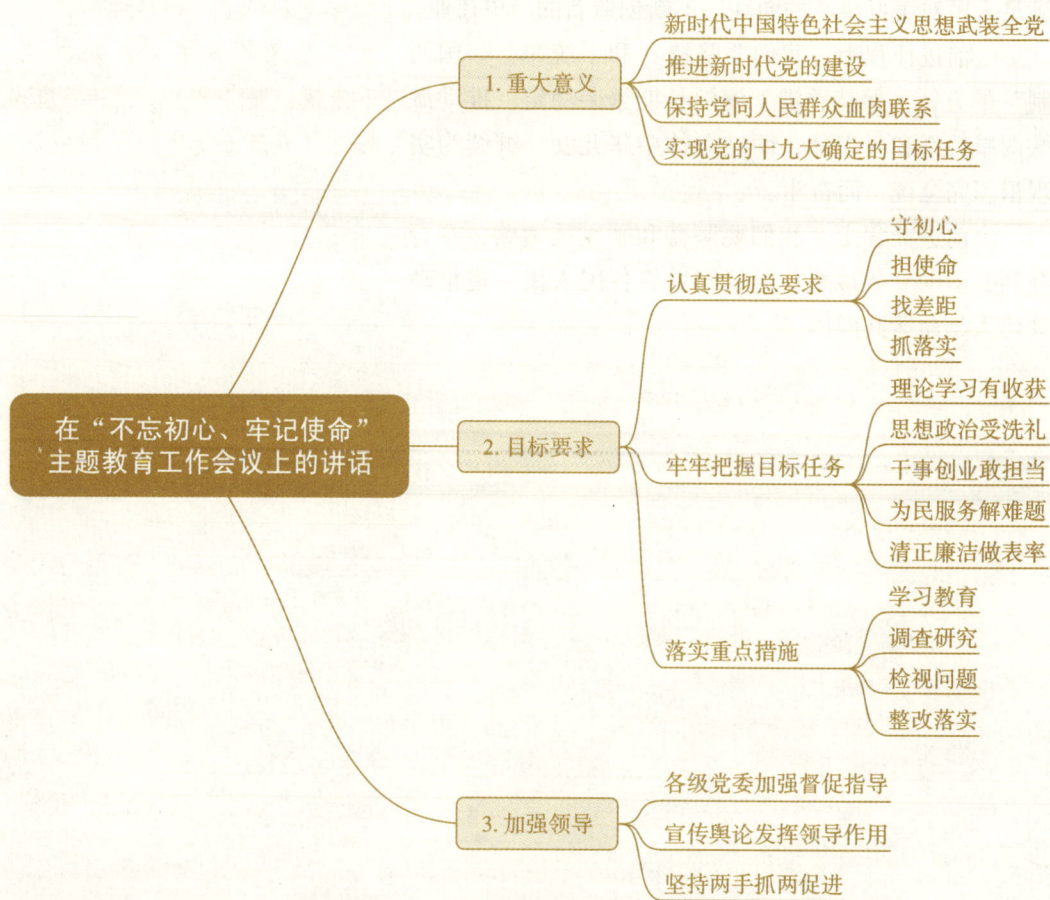

【笔记】

【原文摘录】

◇开展主题教育的重大意义：第一，开展这次主题教育，是用新时代中国特色社会主义思想武装全党的迫切需要。第二，开展这次主题教育，是推进新时代党的建设的迫切需要。第三，开展这次主题教育，是保持党同人民群众血肉联系的迫切需要。第四，开

展这次主题教育，是实现党的十九大确定的目标任务的迫切需要。

◇开展这次主题教育，就是要坚持思想建党、理论强党，坚持学思用贯通、知信行统一，推动广大党员干部全面系统学、深入思考学、联系实际学，不断增强"四个意识"、坚定"四个自信"、做到"两个维护"，筑牢信仰之基、补足精神之钙、把稳思想之舵。

◇人民是我们党执政的最大底气，是我们共和国的坚实根基，是我们强党兴国的根本所在。

◇党的十九大提出的"两个一百年"奋斗目标，是人民对美好生活向往的集中体现，是当代中国共产党人最重要最现实的使命担当。

◇认真贯彻总要求。"守初心、担使命，找差距、抓落实"的总要求，是根据新时代党的建设任务、针对党内存在的突出问题、结合这次主题教育的特点提出来的。

◇守初心，就是要牢记全心全意为人民服务的根本宗旨。担使命，就是要牢记我们党肩负的实现中华民族伟大复兴的历史使命。

◇开展这次主题教育，根本任务是深入学习贯彻新时代中国特色社会主义思想，锤炼忠诚干净担当的政治品格，团结带领全国各族人民为实现伟大梦想共同奋斗。具体目标是理论学习有收获、思想政治受洗礼、干事创业敢担当、为民服务解难题、清正廉洁作表率。这一目标任务，体现了党对新时代党员干部思想、政治、作风、能力、廉政方面的基本要求。

◇党内存在的一些突出问题，从根源上说都是思想上的问题。

◇要把"改"字贯穿始终。

▲"四个意识"：政治意识、大局意识、核心意识、看齐意识

▲"四个自信"：中国特色社会主义道路自信、理论自信、制度自信、文化自信

▲"两个维护"：坚决维护习近平总书记党中央的核心、全党的核心地位，坚决维护党中央权威和集中统一领导

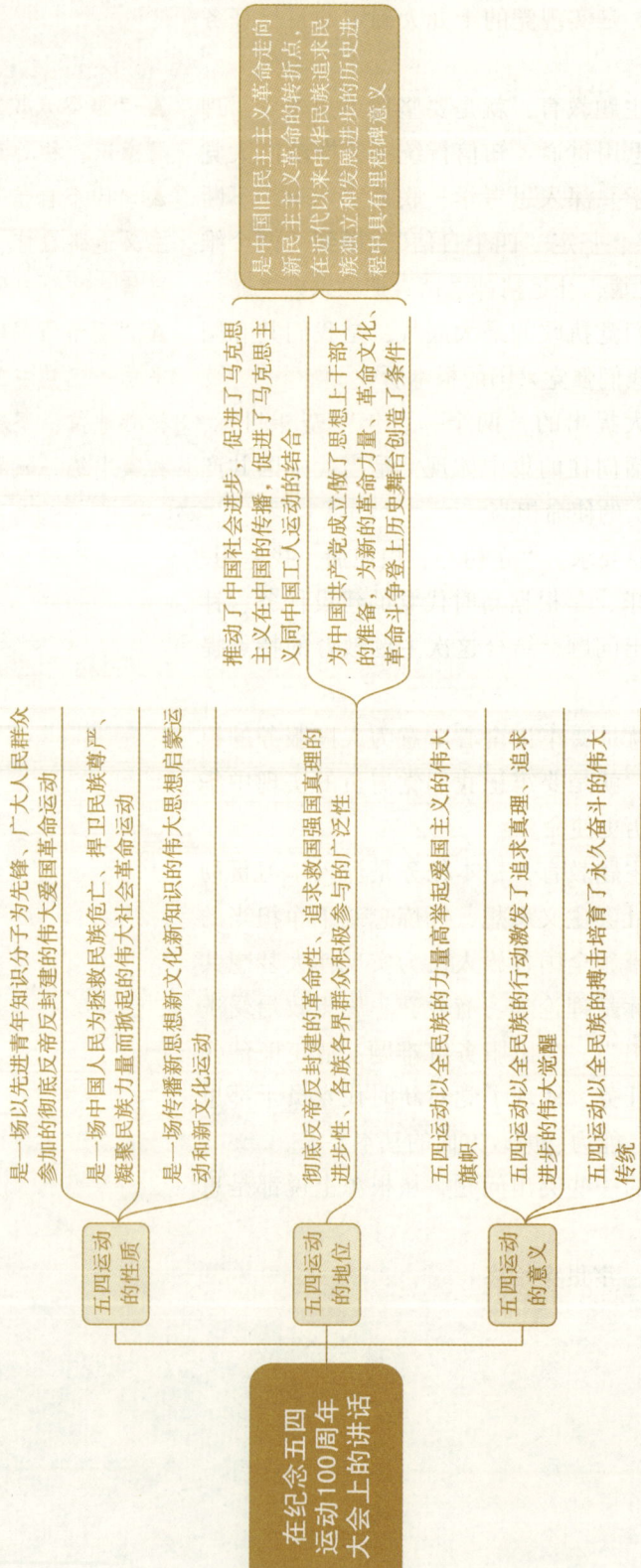

4. 在纪念五四运动100周年大会上的讲话（2019年4月30日）

【思维导图】

在纪念五四运动100周年大会上的讲话

五四运动的性质
- 是一场以先进青年知识分子为先锋、广大人民群众参加的彻底反帝反封建的伟大爱国革命运动
- 是一场中国人民为拯救民族危亡、捍卫民族尊严、凝聚民族力量而掀起的伟大社会革命运动
- 是一场传播新思想新文化新知识的伟大思想启蒙运动和新文化运动

五四运动的地位
- 推动了中国社会进步，促进了马克思主义在中国的传播，促进了马克思主义同中国工人运动的结合
- 为中国共产党成立做了思想上干部上的准备，为新的革命力量、革命文化、革命斗争登上历史舞台创造了条件

是中国旧民主主义革命走向新民主主义革命的转折点，在近代以来中华民族追求民族独立和发展进步的历史进程中具有里程碑意义

五四运动的意义
- 彻底反帝反封建的革命性、追求救国强国真理的进步性、各族各界群众积极参与的广泛性
- 五四运动以全民族的力量高举爱国主义的伟大旗帜
- 五四运动以全民族的行动激发了追求真理、追求进步的伟大觉醒
- 五四运动以全民族的搏击培育了永久奋斗的伟大传统

在纪念五四运动100周年大会上的讲话

- **新时代中国青年运动的主题,新时代中国青年运动的方向,新时代中国青年的使命**
  - 坚持中国共产党领导,同人民一道,为实现"两个一百年"奋斗目标、实现中华民族伟大复兴的中国梦而奋斗
    - 新时代中国青年要树立远大理想
    - 新时代中国青年要热爱伟大祖国
    - 新时代中国青年要担当时代责任
    - 新时代中国青年要勇于砥砺奋斗
    - 新时代中国青年要练就过硬本领
    - 新时代中国青年要锤炼品德修为

- **青年工作**
  - **青年工作的总目标**
    - 把青年一代培养造就成德智体美劳全面发展的社会主义建设者和接班人
  - **青年工作的要求**
    - 必须始终代表广大青年、赢得广大青年、依靠广大青年,用极大力量做好青年工作,确保党的事业薪火相传、确保中华民族永续发展
    - 要主动走近青年、倾听青年、做青年朋友的知心人
    - 要真情关心青年、关爱青年、做青年工作的热心人
    - 要悉心教育青年、引导青年、做青年群众的引路人

      > 团结带领新时代中国青年在实现中华民族伟大复兴的进程中不断开拓创新　奋发有为

  - **共青团的工作**
    - 要毫不动摇坚持党的领导,增强"四个意识"、坚定"四个自信"、做到"两个维护"
    - 坚定不移走中国特色社会主义群团发展道路,不断保持和增强政治性、先进性、群众性
    - 坚持把培养社会主义建设者和接班人作为根本任务
    - 把团结和扩大党执政的青年群众基础作为政治责任
    - 把围绕中心、服务大局作为工作主线
    - 认真履行引领凝聚青年、组织动员青年、联系服务青年的职责
    - 增强对青年的凝聚力、组织力、号召力
  - **其他部门的工作**
    - 一切党政机关、企业事业单位、人民解放军和武警部队、各人民团体和社会团体、广大城乡基层自治组织、各新经济组织和新社会组织,都要关心青年成长、支持青年发展,给予青年更多机会,更好发挥青年作用

【笔记】

☆五四运动以来的 100 年，是中国青年一代又一代接续奋斗、凯歌前行的 100 年，是中国青年用青春之我创造青春之中国、青春之民族的 100 年。

☆青年是整个社会力量中最积极、最有生气的力量，国家的希望在青年，民族的未来在青年。

☆"立志而圣则圣矣，立志而贤则贤矣。"——明·王守仁《教条示龙场诸生》

☆青年的人生目标会有不同，职业选择也有差异，但只有把自己的小我融入祖国的大我、人民的大我之中，与时代同步伐、与人民共命运，才能更好实现人生价值、升华人生境界。

☆"青春虚度无所成，白首衔悲亦何及。"——唐·权德舆《放歌行》

【原文摘录】

◇今年是五四运动 100 周年，也是中华人民共和国成立 70 周年。在这个具有特殊意义的历史时刻，我们在这里隆重集会，缅怀五四先驱崇高的爱国情怀和革命精神，总结党和人民探索实现民族复兴道路的宝贵经验，这对发扬五四精神，激励全党全国各族人民特别是新时代中国青年为全面建成小康社会、加快建设社会主义现代化国家、实现中华民族伟大复兴的中国梦而奋斗，具有十分重大的意义。

◇五四运动，爆发于民族危难之际，是一场以先进青年知识分子为先锋、广大人民群众参加的彻底反帝反封建的伟大爱国革命运动，是一场中国人民为拯救民族危亡、捍卫民族尊严、凝聚民族力量而掀起的伟大社会革命运动，是一场传播新思想新文化新知识的伟大思想启蒙运动和新文化运动。

◇五四运动，是中国旧民主主义革命走向新民主主义革命的转折点，在近代以来中华民族追求民族独立和发展进步的历史进程中具有里程碑意义。

◇五四运动，孕育了以爱国、进步、民主、科学为主要内容的伟大五四精神，其核心是爱国主义精神。爱国主义是我们民族精神的核心，是中华民族团结奋斗、自强不息的精神纽带。

◇早在 80 年前，毛泽东同志就指出："中国的青年运动有很好的革命传统，这个传统就是'永久奋斗'。"

◇实践充分证明，中国青年是有远大理想抱负的青年！中国青年是有深厚家国情怀的青年！中国青年是有伟大创造力的青年！无论过去、现在还是未来，中国青年始终是实现中华民族伟大复兴的先锋力量！

◇新时代中国青年运动的主题，新时代中国青年运动的方向，新时代中国青年的使命，就是坚持中国共产党领导，同人民一道，为实现"两个一百年"奋斗目标、实现中华民族伟大复兴的中国梦而奋斗。

◇第一，新时代中国青年要树立远大理想。第二，新时代中国青年要热爱伟大祖国。第三，新时代中国青年要担当时代责任。第四，新时代中国青年要勇于砥砺奋斗。第五，新时代中国青年要练就过硬本领。第六，新时代中国青年要锤炼品德修为。

◇新时代中国青年要树立对马克思主义的信仰、对中国特色社会主义的信念、对中华民族伟大复兴中国梦的信心，到人民群众中去，到新时代新天地中去，让理想信念在创业奋斗中升华，让青春在创新创造中闪光！

◇孙中山先生说，做人最大的事情，"就是要知道怎么样爱国"。

◇对新时代中国青年来说，热爱祖国是立身之本、成才之基。当代中国，爱国主义的本质就是坚持爱国和爱党、爱社会主义高度统一。

◇时代呼唤担当，民族振兴是青年的责任。

◇新时代中国青年要勇做走在时代前列的奋进者、开拓者、奉献者，毫不畏惧面对一切艰难险阻，在劈波斩浪中开拓前进，在披荆斩棘中开辟天地，在攻坚克难中创造业绩，用青春和汗水创造出让世界刮目相看的新奇迹！

◇新时代中国青年要增强学习紧迫感，如饥似渴、孜孜不倦学习，努力学习马克思主义立场观点方法，努力掌握科学文化知识和专业技能，努力提高人文素养，在学习中增长知识、锤炼品格，在工作中增长才干、练就本领，以真才实学服务人民，以创新创造贡献国家！

◇青年要把正确的道德认知、自觉的道德养成、积极的道德实践紧密结合起来，不断修身立德，打牢道德根基，在人生道路上走得更正、走得更远。

◇新时代中国青年要自觉树立和践行社会主义核心价值观，善于从中华民族传统美德中汲取道德滋养，从英雄人物和时代楷模的身上感受道德风范，从自身内省中提升道德修为，明大德、守公德、严私德，自觉抵制拜金主义、享乐主义、极端个人主义、历史虚无主义等错误思想，追求更有高度、更有境界、更有品位的人生，让清风正气、蓬勃朝气遍布全社会！

◇中国共产党立志于中华民族千秋伟业，必须始终代表广大青年、赢得广大青年、依靠广大青年，用极大力量做好青年工作，确保党的事业薪火相传，确保中华民族永续发展。

◇把青年一代培养造就成德智体美劳全面发展的社会主义建设者和接班人，是事关党和国家前途命运的重大战略任务，是全党的共同政治责任。

◇共青团是党的助手和后备军，是党的青年工作的重要力量。

◇共青团要坚持把培养社会主义建设者和接班人作为根本任务，把巩固和扩大党执政的青年群众基础作为政治责任，把围绕中心、服务大局作为工作主线，认真履行引领凝聚青年、组织动员青年、联系服务青年的职责，不断创新工作思路，增强对青年的凝聚力、组织力、号召力。

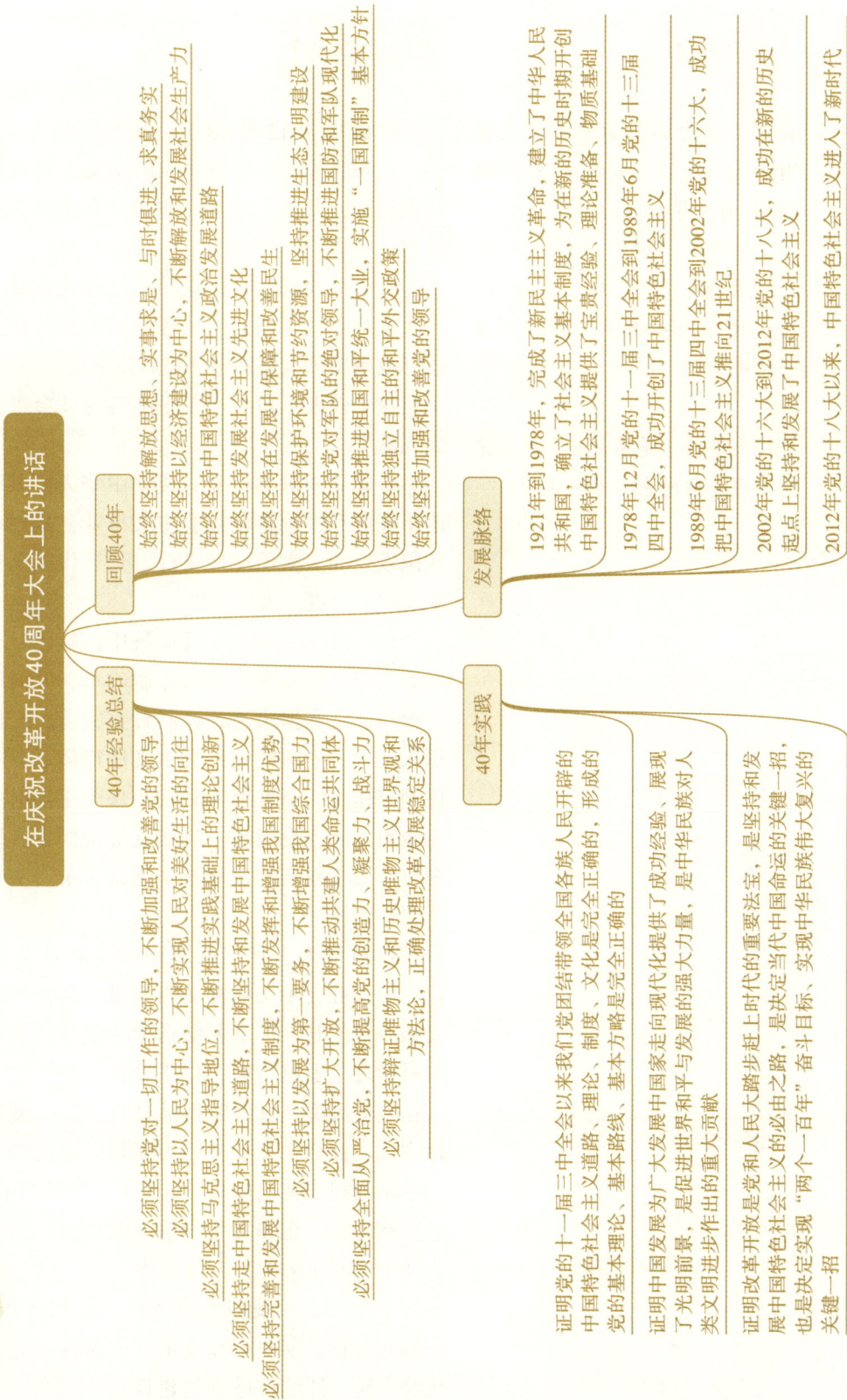

5. 在庆祝改革开放40周年大会上的讲话（2018年12月18日）

【思维导图】

在庆祝改革开放40周年大会上的讲话

回顾40年

- 始终坚持解放思想、实事求是、与时俱进、求真务实
- 始终坚持以经济建设为中心、不断解放和发展社会生产力
- 始终坚持中国特色社会主义政治发展道路
- 始终坚持发展社会主义先进文化
- 始终坚持在发展中保障和改善民生
- 始终坚持保护环境和节约资源、坚持推进生态文明建设
- 始终坚持党对军队的绝对领导、不断推进国防和军队现代化
- 始终坚持推进祖国和平统一大业、实施"一国两制"基本方针
- 始终坚持独立自主的和平外交政策
- 始终坚持加强和改善党的领导

40年经验总结

- 必须坚持党对一切工作的领导，不断加强和改善党的领导
- 必须坚持以人民为中心，不断实现人民对美好生活的向往
- 必须坚持马克思主义指导地位，不断推进实践基础上的理论创新
- 必须坚持走中国特色社会主义道路，不断坚持和发展中国特色社会主义
- 必须坚持完善和发展中国特色社会主义制度，不断发挥和增强我国制度优势
- 必须坚持以发展为第一要务，不断增强我国综合国力
- 必须坚持扩大开放，不断推动共建人类命运共同体
- 必须坚持全面从严治党，不断提高党的创造力、凝聚力、战斗力
- 必须坚持辩证唯物主义和历史唯物主义世界观和方法论，正确处理改革发展稳定关系

发展脉络

- 1921年到1978年，完成了新民主主义革命，建立了中华人民共和国，确立了社会主义基本制度，为在新的历史时期开创中国特色社会主义提供了宝贵经验、理论准备、物质基础
- 1978年12月党的十一届三中全会到1989年6月党的十三届四中全会，成功开创了中国特色社会主义
- 1989年6月党的十三届四中全会到2002年党的十六大，成功把中国特色社会主义推向21世纪
- 2002年党的十六大到2012年党的十八大，成功在新的历史起点上坚持和发展了中国特色社会主义
- 2012年党的十八大以来，中国特色社会主义进入了新时代

40年实践

- 证明党的十一届三中全会以来我们党开辟的中国特色社会主义道路、理论、制度、文化是完全正确的，形成的党的基本理论、基本路线、基本方略是完全正确的
- 证明中国发展为广大发展中国家走向现代化提供了成功经验、展现了光明前景，是促进世界和平与发展的强大力量，是中华民族对人类文明进步作出的重大贡献
- 证明改革开放是党和人民大踏步赶上时代的重要法宝，是坚持和发展中国特色社会主义的必由之路，是决定当代中国命运的关键一招，也是决定实现"两个一百年"奋斗目标、实现中华民族伟大复兴的关键一招

【笔记】

☆"行之力则知愈进，知之深则行愈达。"——南宋·张栻《论语解·序》

☆"事者，生于虑，成于务，失于傲。"——春秋·管仲《管子·乘马》

☆伟大梦想不是等得来、喊得来的，而是拼出来、干出来的。

【原文摘录】

◇1978 年 12 月 18 日，我们党召开十一届三中全会，实现新中国成立以来党的历史上具有深远意义的伟大转折，开启了改革开放和社会主义现代化的伟大征程。

◇改革开放是我们党的一次伟大觉醒，正是这个伟大觉醒孕育了我们党从理论到实践的伟大创造。改革开放是中国人民和中华民族发展史上一次伟大革命，正是这个伟大革命推动了中国特色社会主义事业的伟大飞跃！

◇建立中国共产党、成立中华人民共和国、推进改革开放和中国特色社会主义事业，是五四运动以来我国发生的三大历史性事件，是近代以来实现中华民族伟大复兴的三大里程碑。

◇40 年来，我们始终坚持中国特色社会主义政治发展道路，不断深化政治体制改革，发展社会主义民主政治，党和国家领导体制日益完善，全面依法治国深入推进，中国特色社会主义法律体系日益健全，人民当家作主的制度保障和法治保障更加有力，人权事业全面发展，爱国统一战线更加巩固，人民依法享有和行使民主权利的内容更加丰富、渠道更加便捷、形式更加多样。

◇40 年来，我们始终坚持发展社会主义先进文化，加强社会主义精神文明建设，培育和践行社会主义核心价值观，传承和弘扬中华优秀传统文化，坚持以科学理论引路指向，以正确舆论凝心聚力，以先进文化塑造灵魂，以优秀作品鼓舞斗志，爱国主义、集体主义、社会主义精神广为弘扬，时代楷模、英雄模范不断涌现，文化艺术日益繁荣，网信事业快速发展，全民族理想信念和文化自信不断增强，国家文化软实力和中华文化影响力大幅提升。

◇40 年来，我们始终坚持加强和改善党的领导，积极应对在长期执政和改革开放条件下党面临的各种风险考验，持续推进党的建设新的伟大工程，保持党的先进性和纯洁性，保持党同人民群众的血肉联系。我们积极探索共产党执政规律、社会主义建设规律、人类社会发展规律，不断开辟马克思主义中国化新境界。

◇改革开放40年积累的宝贵经验是党和人民弥足珍贵的精神财富，对新时代坚持和发展中国特色社会主义有着极为重要的指导意义，必须倍加珍惜、长期坚持，在实践中不断丰富和发展。第一，必须坚持党对一切工作的领导，不断加强和改善党的领导。第二，必须坚持以人民为中心，不断实现人民对美好生活的向往。第三，必须坚持马克思主义指导地位，不断推进实践基础上的理论创新。第四，必须坚持走中国特色社会主义道路，不断坚持和发展中国特色社会主义。第五，必须坚持完善和发展中国特色社会主义制度，不断发挥和增强我国制度优势。第六，必须坚持以发展为第一要务，不断增强我国综合国力。第七，必须坚持扩大开放，不断推动共建人类命运共同体。第八，必须坚持全面从严治党，不断提高党的创造力、凝聚力、战斗力。第九，必须坚持辩证唯物主义和历史唯物主义世界观和方法论，正确处理改革发展稳定关系。

◇中国共产党领导是中国特色社会主义最本质的特征，是中国特色社会主义制度的最大优势。党政军民学，东西南北中，党是领导一切的。

◇在坚持党的领导这个决定党和国家前途命运的重大原则问题上，全党全国必须保持高度的思想自觉、政治自觉、行动自觉，丝毫不能动摇。

◇我们党要总揽全局、协调各方，坚持科学执政、民主执政、依法执政，完善党的领导方式和执政方式，提高党的执政能力和领导水平，不断提高党把方向、谋大局、定政策、促改革的能力和定力，确保改革开放这艘航船沿着正确航向破浪前行。

◇为中国人民谋幸福，为中华民族谋复兴，是中国共产党人的初心和使命，也是改革开放的初心和使命。

◇我们党来自人民、扎根人民、造福人民，全心全意为人民服务是党的根本宗旨，必须以最广大人民根本利益为我们一切工作的根本出发点和落脚点，坚持把人民拥护不拥护、赞成不赞成、高兴不高兴作为制定政策的依据，顺应民心、尊重民意、关注民情、致力民生，既通过提出并贯彻正确的理论和路线方针政策带领人民前进，又从人民实践创造和发展要求中获得前进动力，让人民共享改革开放成果，激励人民更加自觉地投身改革开放和社会主义现代化建设事业。

◇前进道路上，我们必须始终把人民对美好生活的向往作为我们的奋斗目标，践行党的根本宗旨，贯彻党的群众路线，尊重人民主体地位，尊重人民群众在实践活动中所表达的意愿、所创造的经验、所拥有的权利、所发挥的作用，充分激发蕴藏在人民群众中的创造伟力。

◇我们要坚持党的领导、人民当家作主、依法治国有机统一，坚持和完善人民代表大会制度、中国共产党领导的多党合作和政治协商制度、民族区域自治制度、基层群众自治制度，全面推进依法治国，巩固和发展最广泛的爱国统一战线，发展社会主义协商民主，用制度体系保证人民当家作主。

◇我们要加强文化领域制度建设，举旗帜、聚民心、育新人、兴文化、展形象，积极培育和践行社会主义核心价值观，推动中华优秀传统文化创造性转化、创新性发展，传承革命文化、发展先进文化，努力创造光耀时代、光耀世界的中华文化。

◇发展 21 世纪马克思主义、当代中国马克思主义，是当代中国共产党人责无旁贷的历史责任。

◇改革开放 40 年的实践启示我们：解放和发展社会生产力，增强社会主义国家的综合国力，是社会主义的本质要求和根本任务。

◇前进道路上，我们必须围绕解决好人民日益增长的美好生活需要和不平衡不充分的发展之间的矛盾这个社会主要矛盾，坚决贯彻创新、协调、绿色、开放、共享的发展理念，统筹推进"五位一体"总体布局、协调推进"四个全面"战略布局。

◇我们要坚持创新是第一动力、人才是第一资源的理念，实施创新驱动发展战略，完善国家创新体系，加

▲"五位一体"总体布局：经济建设、政治建设、文化建设、社会建设和生态文明建设

▲"四个全面"战略布局：全面建成小康社会、全面深化改革、全面依法治国、全面从严治党

快关键核心技术自主创新，为经济社会发展打造新引擎。

◇前进道路上，我们必须高举和平、发展、合作、共赢的旗帜，恪守维护世界和平、促进共同发展的外交政策宗旨，推动建设相互尊重、公平正义、合作共赢的新型国际关系。

◇改革开放 40 年的实践启示我们：打铁必须自身硬。办好中国的事情，关键在党，关键在坚持党要管党、全面从严治党。

◇我们要坚持德才兼备、以德为先、任人唯贤，着力培养忠诚干净担当的高素质干部队伍和宏大的人才队伍。

◇我们要全面贯彻新时代党的强军思想，坚持党对军队的绝对领导，把握世界新军事革命发展大势，坚持走中国特色强军之路，全面深化国防和军队改革，推进政治建军、改革强军、科技兴军、依法治军，建设一支听党指挥、能打胜仗、作风优良的人民军队，努力建设世界一流军队，为维护国家主权、安全、发展利益，为维护世界和平稳定，为实现中华民族伟大复兴提供坚强后盾。

◇无论过去、现在还是将来，对马克思主义的信仰，对中国特色社会主义的信念，对实现中华民族伟大复兴中国梦的信心，都是指引和支撑中国人民站起来、富起来、强起来的强大精神力量。

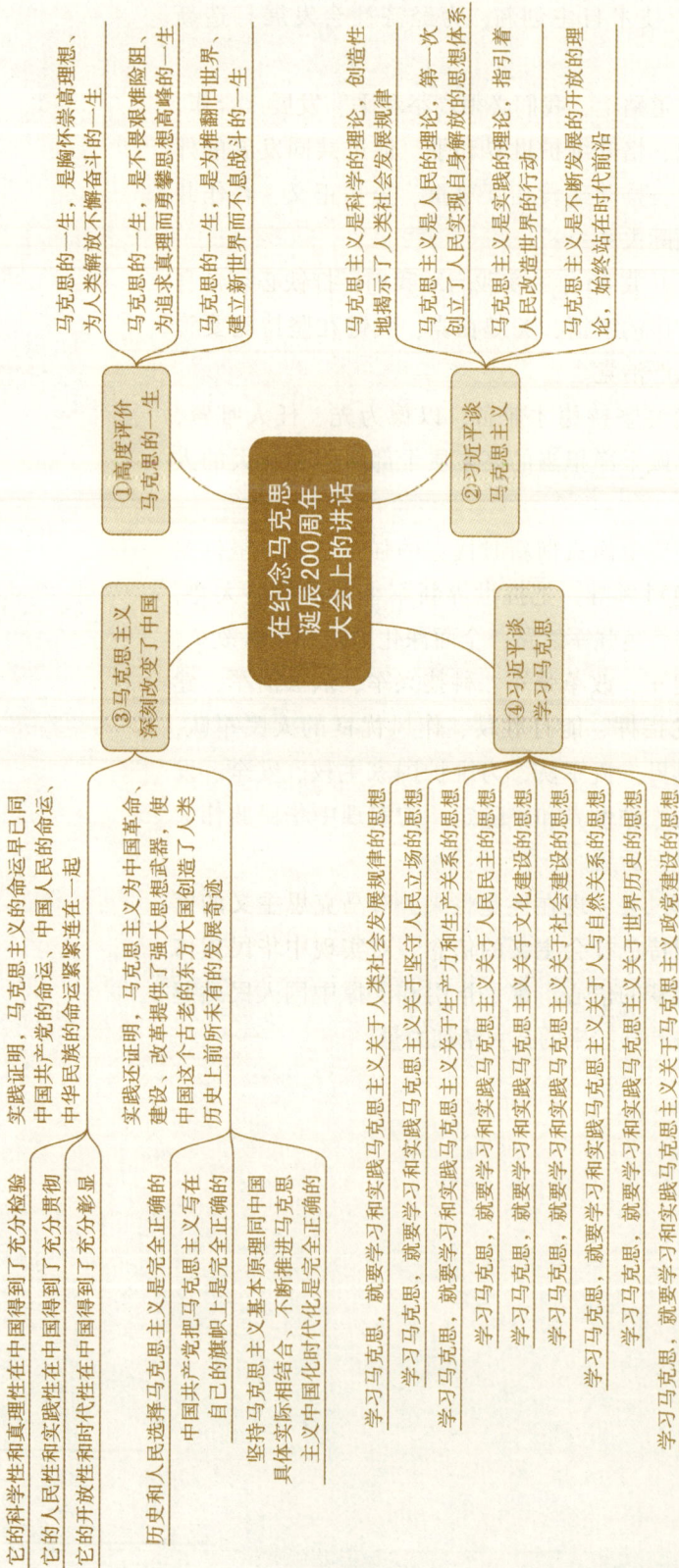

6. 在纪念马克思诞辰200周年大会上的讲话（2018年5月4日）

【思维导图】

在纪念马克思诞辰200周年大会上的讲话

①高度评价马克思的一生
- 马克思的一生，是胸怀崇高理想、为人类解放不懈奋斗的一生
- 马克思的一生，是不畏艰难险阻、为追求真理而勇攀思想高峰的一生
- 马克思的一生，是为推翻旧世界、建立新世界而不息战斗的一生

②习近平谈马克思主义
- 马克思主义是科学的理论，创造性地揭示了人类社会发展规律
- 马克思主义是人民的理论，第一次创立了人民实现自身解放的思想体系
- 马克思主义是实践的理论，指引着人民改造世界的行动
- 马克思主义是不断发展的开放的理论，始终站在时代前沿

③马克思主义深刻改变了中国
- 实践证明，马克思主义的命运早已同中国共产党的命运、中国人民的命运、中华民族的命运紧紧连在一起
- 实践还证明，马克思主义为中国革命、建设、改革提供了强大思想武器，使中国这个古老的东方大国创造了人类历史上前所未有的发展奇迹
  - 它的科学性和真理性在中国得到了充分检验
  - 它的人民性和实践性在中国得到了充分贯彻
  - 它的开放性和时代性在中国得到了充分彰显
  - 历史和人民选择马克思主义是完全正确的
  - 中国共产党把马克思主义写在自己的旗帜上是完全正确的
  - 坚持马克思主义基本原理同中国具体实际相结合、不断推进马克思主义中国化时代化是完全正确的

④习近平谈学习马克思
- 学习马克思，就要学习和实践马克思主义关于人类社会发展规律的思想
- 学习马克思，就要学习和实践马克思主义关于坚守人民立场的思想
- 学习马克思，就要学习和实践马克思主义关于生产力和生产关系的思想
- 学习马克思，就要学习和实践马克思主义关于人民民主的思想
- 学习马克思，就要学习和实践马克思主义关于文化建设的思想
- 学习马克思，就要学习和实践马克思主义关于社会建设的思想
- 学习马克思，就要学习和实践马克思主义关于人与自然关系的思想
- 学习马克思，就要学习和实践马克思主义关于世界历史的思想
- 学习马克思，就要学习和实践马克思主义关于马克思主义政党建设的思想

【原文摘录】

◇马克思主义主要由哲学、政治经济学、科学社会主义三大组成部分构成，分别来源于德国古典哲学、英国古典政治经济学、法国空想社会主义。

◇马克思主义是科学的理论，创造性地揭示了人类社会发展规律；马克思主义是人民的理论，第一次创立了人民实现自身解放的思想体系；马克思主义是实践的理论，指引着人民改造世界的行动；马克思主义是不断发展的开放的理论，始终站在时代前沿。

◇马克思主义归根到底就是一句话：为人类求解放。

◇马克思至今依然被公认为"千年第一思想家"。

◇只有社会主义才能救中国！只有中国特色社会主义才能发展中国！只有坚持和发展中国特色社会主义才能实现中华民族伟大复兴！

◇马克思主义始终是我们党和国家的指导思想，是我们认识世界、把握规律、追求真理、改造世界的强大思想武器。

◇我们要全面掌握辩证唯物主义和历史唯物主义的世界观和方法论。

◇马克思说，"历史活动是群众的活动"。

◇我们要始终把人民立场作为根本立场，把为人民谋幸福作为根本使命。

◇马克思主义认为，物质生产力是全部社会生活的物质前提，同生产力发展一定阶段相适应的生产关系的总和构成社会经济基础。生产力是推动社会进步最活跃、最革命的要素。

◇生产力和生产关系、经济基础和上层建筑相互作用、相互制约，支配着整个社会发展进程。

◇解放和发展社会生产力是社会主义的本质要求。

◇马克思认为，在不同的经济和社会环境中，人们生产不同的思想和文化，思想文化建设虽然决定于

【笔记】

☆ "批判的武器当然不能代替武器的批判，物质力量只能用物质力量来摧毁；但是理论一经掌握群众，也会变成物质力量。" ——马克思

☆ "一个民族要想站在科学的最高峰，就一刻也不能没有理论思维。" ——恩格斯

经济基础，但又对经济基础发生反作用。

◇理论自觉、文化自信，是一个民族进步的力量；价值先进、思想解放，是一个社会活力的来源。

◇始终同人民在一起，为人民利益而奋斗，是马克思主义政党同其他政党的根本区别。

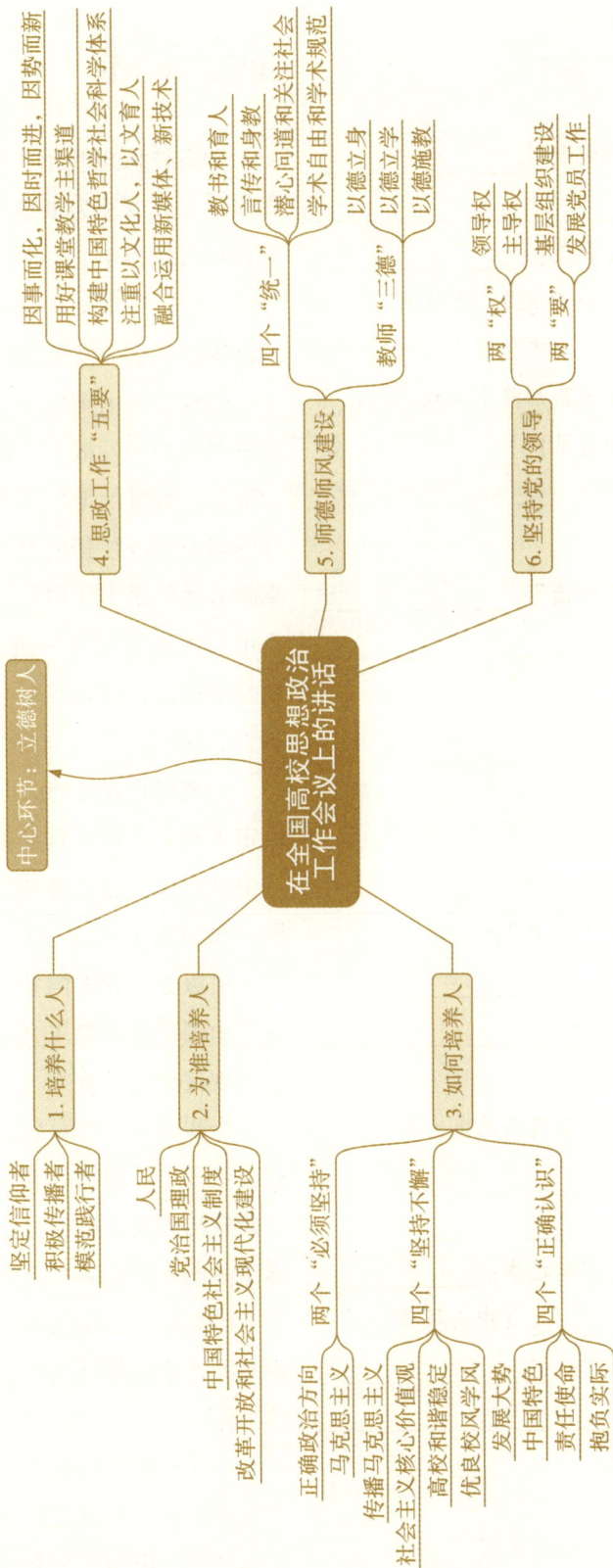

【习近平总书记关于教育和思想政治工作重要讲话】

7. 在全国高校思想政治工作会议上的讲话（2016年12月8日）

【思维导图】

在全国高校思想政治工作会议上的讲话

中心环节：立德树人

1. 培养什么人
- 坚定信仰者
- 积极传播者
- 模范践行者

2. 为谁培养人
- 人民
- 党治国理政
- 中国特色社会主义制度
- 改革开放和社会主义现代化建设

3. 如何培养人
- 两个"必须坚持"
  - 正确政治方向
  - 马克思主义
- 四个"坚持不懈"
  - 传播马克思主义
  - 社会主义核心价值观
  - 高校和谐稳定
  - 优良校风学风
- 四个"正确认识"
  - 发展大势
  - 中国特色
  - 责任使命
  - 抱负实际

4. 思政工作"五要"
- 因事而化、因时而进、因势而新
- 用好课堂教学主渠道
- 构建中国特色哲学社会科学体系
- 注重以文化人、以文育人
- 融合运用新媒体、新技术

5. 师德师风建设
- 教书和育人
- 四个"统一"
  - 言传和身教
  - 潜心问道和关注社会
  - 学术自由和学术规范
- 教师"三德"
  - 以德立身
  - 以德立学
  - 以德施教

6. 坚持党的领导
- 两"权"
  - 领导权
  - 主导权
- 两"要"
  - 基层组织建设
  - 发展党员工作

【笔记】

●根本问题：＿＿＿＿＿＿＿

＿＿＿＿＿＿＿＿＿＿＿＿

●中心环节：＿＿＿＿＿＿＿

▲ "三全育人"：全员育人、全程育人、全方位育人（《关于加强和改进新形势下高校思想政治工作的意见》）

● "双一流"：＿＿＿＿＿＿

＿＿＿＿＿＿＿＿＿＿＿＿

●四个"服务"：＿＿＿＿＿

＿＿＿＿＿＿＿＿＿＿＿＿

●高等教育肩负的重大任务：

＿＿＿＿＿＿＿＿＿＿＿＿

＿＿＿＿＿＿＿＿＿＿＿＿

●高校立身之本：＿＿＿＿＿

＿＿＿＿＿＿（中心环节）

●核心点：＿＿＿＿＿＿＿＿

【原文摘录】

◇高校思想政治工作关系高校培养什么样的人、如何培养人以及为谁培养人这个根本问题。要坚持把立德树人作为中心环节，把思想政治工作贯穿教育教学全过程，实现全程育人、全方位育人，努力开创我国高等教育事业发展新局面。

◇教育强则国家强。高等教育发展水平是一个国家发展水平和发展潜力的重要标志。实现中华民族伟大复兴，教育的地位和作用不可忽视。我们对高等教育的需要比以往任何时候都更加迫切，对科学知识和卓越人才的渴求比以往任何时候都更加强烈。党中央作出加快建设世界一流大学和一流学科的战略决策，就是要提高我国高等教育发展水平，增强国家核心竞争力。

◇我国有独特的历史、独特的文化、独特的国情，决定了我国必须走自己的高等教育发展道路，扎实办好中国特色社会主义高校。我国高等教育发展方向要同我国发展的现实目标和未来方向紧密联系在一起，为人民服务，为中国共产党治国理政服务，为巩固和发展中国特色社会主义制度服务，为改革开放和社会主义现代化建设服务。

◇我国高等教育肩负着培养德智体美全面发展的社会主义事业建设者和接班人的重大任务，必须坚持正确政治方向。高校立身之本在于立德树人。只有培养出一流人才的高校，才能够成为世界一流大学。办好我国高校，办出世界一流大学，必须牢牢抓住全面提高人才培养能力这个核心点，并以此来带动高校其他工作。

◇我们的高校是党领导下的高校，是中国特色社会主义高校。办好我们的高校，必须坚持以马克思主义为指导，全面贯彻党的教育方针。要坚持不懈传播马克思主义科学理论，抓好马克思主义理论教育，为学生一生成长奠定科学的思想基础。要坚持不懈培育和弘扬社会主义核心价值观，引导广大师生做社会主义核心价值观的坚定信仰者、积极传播者、模范践行者。要坚持不懈促进高校和谐稳定，培育理性平和的健康心态，加强人文关怀和心理疏导，把高校建设成为安定团结的模范之地。要坚持不懈培育优良校风和学风，使高校发展做到治理有方、管理到位、风清气正。

◇思想政治工作从根本上说是做人的工作，必须围绕学生、关照学生、服务学生，不断提高学生思想水平、政治觉悟、道德品质、文化素养，让学生成为德才兼备、全面发展的人才。

◇要教育引导学生正确认识世界和中国发展大势，从我们党探索中国特色社会主义历史发展和伟大实践中，认识和把握人类社会发展的历史必然性，认识和把握中国特色社会主义的历史必然性，不断树立为共产主义远大理想和中国特色社会主义共同理想而奋斗的信念和信心；正确认识中国特色和国际比较，全面客观认识当代中国、看待外部世界；正确认识时代责任和历史使命，用中国梦激扬青春梦，为学生点亮理想的灯、照亮前行的路，激励学生自觉把个人的理想追求融入国家和民族的事业中，勇做走在时代前列的奋进者、开拓者；正确认识远大抱负和脚踏实地，珍惜韶华、脚踏实地，把远大抱负落实到实际行动中，让勤奋学习成为青春飞扬的动力，让增长本领成为青春搏击的能量。

◇做好高校思想政治工作，要因事而化、因时而进、因势而新。要遵循思想政治工作规律，遵循教书育人规律，遵循学生成长规律，不断提高工作能力和水平。要用好课堂教学这个主渠道，思想政治理论课要坚持在改进中加强，提升思想政治教育亲和力和针对性，满足学生成长发展需求和期待，其他各门课都

●四个"坚持不懈"：
_____
_____
_____

●做社会主义核心价值观的"三者"：_____
_____

●健康心态：_____

●四个"正确认识"：
_____
_____
_____
_____

●做好高校思想政治工作的"三因"：_____
_____

●遵循"三个规律"：
_____
_____

要守好一段渠、种好责任田，使各类课程与思想政治理论课同向同行，形成协同效应。要加快构建中国特色哲学社会科学学科体系和教材体系，推出更多高水平教材，创新学术话语体系，建立科学权威、公开透明的哲学社会科学成果评价体系，努力构建全方位、全领域、全要素的哲学社会科学体系。要更加注重以文化人以文育人，广泛开展文明校园创建，开展形式多样、健康向上、格调高雅的校园文化活动，广泛开展各类社会实践。要运用新媒体新技术使工作活起来，推动思想政治工作传统优势同信息技术高度融合，增强时代感和吸引力。

◇教师是人类灵魂的工程师，承担着神圣使命。传道者自己首先要明道、信道。高校教师要坚持教育者先受教育，努力成为先进思想文化的传播者、党执政的坚定支持者，更好担起学生健康成长指导者和引路人的责任。要加强师德师风建设，坚持教书和育人相统一，坚持言传和身教相统一，坚持潜心问道和关注社会相统一，坚持学术自由和学术规范相统一，引导广大教师以德立身、以德立学、以德施教。

◇办好我国高等教育，必须坚持党的领导，牢牢掌握党对高校工作的领导权，使高校成为坚持党的领导的坚强阵地。党委要保证高校正确办学方向，掌握高校思想政治工作主导权，保证高校始终成为培养社会主义事业建设者和接班人的坚强阵地。各级党委要把高校思想政治工作摆在重要位置，加强领导和指导，形成党委统一领导、各部门各方面齐抓共管的工作格局。各地党委书记和有关部门党组书记要多到高校走走，多同师生接触，多次去高校作报告，回答师生关注的理论和现实问题。要加强同高校知识分子的联系，多关心、多交流、多鼓励，善交朋友、广交朋友、深交朋友，多听他们的意见，真听他们的意见。

◇高校党委对学校工作实行全面领导，承担管党治党、办学治校主体责任，把方向、管大局、作决策、

● 教师应当做到的"四个相统一"：
_____
_____
_____

● 教师应当做到的"三德"：
_____
_____

● 工作格局：_____
_____
_____

保落实。要加强高校党的基层组织建设，创新体制机制，改进工作方式，提高党的基层组织做思想政治工作能力。要做好在高校教师和学生中发展党员工作，加强党员队伍教育管理，使每个师生党员都做到在党爱党、在党言党、在党为党。

◇长期以来，高校思想政治工作队伍兢兢业业、甘于奉献、奋发有为，为高等教育事业发展作出了重要贡献。要拓展选拔视野，抓好教育培训，强化实践锻炼，健全激励机制，整体推进高校党政干部和共青团干部、思想政治理论课教师和哲学社会科学课教师、辅导员班主任和心理咨询教师等队伍建设，保证这支队伍后继有人、源源不断。

●高校思想政治工作队伍组成：

_____

_____

_____

金　句

◎◇ 用中国梦激扬青春梦，为学生点亮理想的灯、照亮前行的路，激励学生自觉把个人的理想追求融入国家和民族的事业中，勇做走在时代前列的奋进者、开拓者。

◎◇ 珍惜韶华、脚踏实地，把远大抱负落实到实际行动中，让勤奋学习成为青春飞扬的动力，让增长本领成为青春搏击的能量。

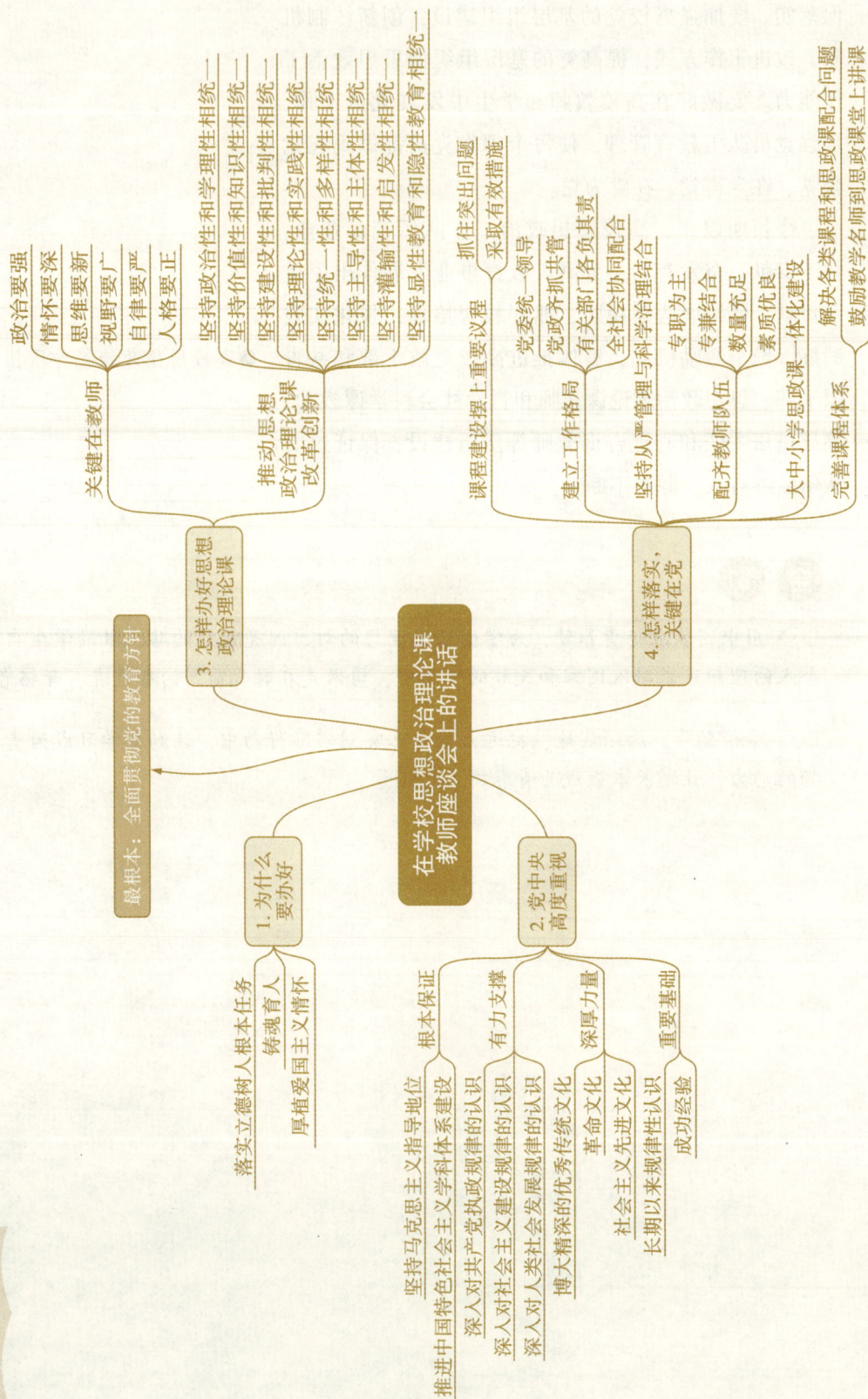

8. 在学校思想政治理论课教师座谈会上的讲话（2019年3月18日）

[思维导图]

在学校思想政治理论课教师座谈会上的讲话

最根本：全面贯彻党的教育方针

3. 怎样办好思想政治理论课
- 关键在教师
  - 政治要强
  - 情怀要深
  - 思维要新
  - 视野要广
  - 自律要严
  - 人格要正
- 推动思想政治理论课改革创新
  - 坚持政治性和学理性相统一
  - 坚持价值性和知识性相统一
  - 坚持建设性和批判性相统一
  - 坚持理论性和实践性相统一
  - 坚持统一性和多样性相统一
  - 坚持主导性和主体性相统一
  - 坚持灌输性和启发性相统一
  - 坚持显性教育和隐性教育相统一

4. 怎样落实，关键在党
- 课程建设摆上重要议程
  - 抓住突出问题
  - 采取有效措施
- 党委统一领导
  - 党政齐抓共管
  - 有关部门各负其责
  - 全社会协同配合
- 坚持从严管理与科学治理结合
- 配齐教师队伍
  - 专职为主
  - 专兼结合
  - 数量充足
  - 素质优良
- 大中小学思政课一体化建设
- 完善课程体系
  - 解决各类课程和思政课配合问题
  - 鼓励教学名师到思政课堂上讲课

1. 为什么要办好
- 落实立德树人根本任务
  - 铸魂育人
  - 厚植爱国主义情怀

2. 党中央高度重视
- 坚持马克思主义指导地位　根本保证
- 推进中国特色社会主义学科体系建设
- 深入对共产党执政规律的认识　有力支撑
- 深入对社会主义建设规律的认识
- 深入对人类社会发展规律的认识
- 博大精深的优秀传统文化　深厚力量
- 革命文化
- 社会主义先进文化
- 长期以来规律性认识　重要基础
- 成功经验

【原文摘录】

◇办好思想政治理论课，最根本的是要全面贯彻党的教育方针，解决好培养什么人、怎样培养人、为谁培养人这个根本问题。新时代贯彻党的教育方针，要坚持马克思主义指导地位，贯彻新时代中国特色社会主义思想，坚持社会主义办学方向，落实立德树人的根本任务，坚持教育为人民服务、为中国共产党治国理政服务、为巩固和发展中国特色社会主义制度服务、为改革开放和社会主义现代化建设服务，扎根中国大地办教育，同生产劳动和社会实践相结合，加快推进教育现代化、建设教育强国、办好人民满意的教育，努力培养担当民族复兴大任的时代新人，培养德智体美劳全面发展的社会主义建设者和接班人。

◇青少年是祖国的未来、民族的希望。我们党立志于中华民族千秋伟业，必须培养一代又一代拥护中国共产党领导和我国社会主义制度、立志为中国特色社会主义事业奋斗终身的有用人才。在这个根本问题上，必须旗帜鲜明、毫不含糊。这就要求我们把下一代教育好、培养好，从学校抓起、从娃娃抓起。在大中小学循序渐进、螺旋上升地开设思想政治理论课非常必要，是培养一代又一代社会主义建设者和接班人的重要保障。

◇思想政治理论课是落实立德树人根本任务的关键课程。青少年阶段是人生的"拔节孕穗期"，最需要精心引导和栽培。我们办中国特色社会主义教育，就是要理直气壮开好思政课，用新时代中国特色社会主义思想铸魂育人，引导学生增强中国特色社会主义道路自信、理论自信、制度自信、文化自信，厚植爱国主义情怀，把爱国情、强国志、报国行自觉融入坚持和发展中国特色社会主义事业、建设社会主义现代化强国、实现中华民族伟大复兴的奋斗之中。思政课作用不可替代，思政课教师队伍责任重大。

◇党中央对教育工作高度重视。我们对思想政治工作高度重视，始终坚持马克思主义指导地位，大力

【笔记】

●办好思想政治理论课，最根本的是：＿＿＿＿＿＿＿

●根本问题：＿＿＿＿＿＿＿

●教育的"四个服务"：
为＿＿＿＿＿＿＿＿服务、
为＿＿＿＿＿＿＿＿服务、
为＿＿＿＿＿＿＿＿服务、
为＿＿＿＿＿＿＿＿服务

●培养目标：＿＿＿＿＿＿＿

●落实立德树人根本任务的关键课程：＿＿＿＿＿＿＿

●思政课建设的根本保证：＿＿＿

推进中国特色社会主义学科体系建设，为思政课建设提供了根本保证。我们对共产党执政规律、社会主义建设规律、人类社会发展规律的认识和把握不断深入，开辟了中国特色社会主义理论和实践发展新境界，中国特色社会主义取得举世瞩目的成就，中国特色社会主义道路自信、理论自信、制度自信、文化自信不断增强，为思政课建设提供了有力支撑。中华民族几千年来形成了博大精深的优秀传统文化，我们党带领人民在革命、建设、改革过程中锻造的革命文化和社会主义先进文化，为思政课建设提供了深厚力量。思政课建设长期以来形成的一系列规律性认识和成功经验，为思政课建设守正创新提供了重要基础。有了这些基础和条件，有了我们这支可信、可敬、可靠，乐为、敢为、有为的思政课教师队伍，我们完全有信心有能力把思政课办得越来越好。

◇办好思想政治理论课关键在教师，关键在发挥教师的积极性、主动性、创造性。思政课教师，要给学生心灵埋下真善美的种子，引导学生扣好人生第一粒扣子。第一，政治要强，让有信仰的人讲信仰，善于从政治上看问题，在大是大非面前保持政治清醒。第二，情怀要深，保持家国情怀，心里装着国家和民族，在党和人民的伟大实践中关注时代、关注社会，汲取养分、丰富思想。第三，思维要新，学会辩证唯物主义和历史唯物主义，创新课堂教学，给学生深刻的学习体验，引导学生树立正确的理想信念、学会正确的思维方法。第四，视野要广，有知识视野、国际视野、历史视野，通过生动、深入、具体的纵横比较，把一些道理讲明白、讲清楚。第五，自律要严，做到课上课下一致、网上网下一致，自觉弘扬主旋律，积极传递正能量。第六，人格要正，有人格，才有吸引力。亲其师，才能信其道。要有堂堂正正的人格，用高尚的人格感染学生、赢得学生，用真理的力量感召学生，以深厚的理论功底赢得学生，自觉做为学为人的表率，做让学生喜爱的人。

◇推动思想政治理论课改革创新，要不断增强思政课的思想性、理论性和亲和力、针对性。要坚持政

● 思想政治理论课的关键：＿＿＿
＿＿＿＿＿＿＿＿＿＿＿＿＿

● 思政课教师的"六要"：＿＿＿
＿＿＿＿＿＿＿＿＿＿＿＿＿
＿＿＿＿＿＿＿＿＿＿＿＿＿
＿＿＿＿＿＿＿＿＿＿＿＿＿

治性和学理性相统一，以透彻的学理分析回应学生，以彻底的思想理论说服学生，用真理的强大力量引导学生。要坚持价值性和知识性相统一，寓价值观引导于知识传授之中。要坚持建设性和批判性相统一，传导主流意识形态，直面各种错误观点和思潮。要坚持理论性和实践性相统一，用科学理论培养人，重视思政课的实践性，把思政小课堂同社会大课堂结合起来，教育引导学生立鸿鹄志，做奋斗者。要坚持统一性和多样性相统一，落实教学目标、课程设置、教材使用、教学管理等方面的统一要求，又因地制宜、因时制宜、因材施教。要坚持主导性和主体性相统一，思政课教学离不开教师的主导，同时要加大对学生的认知规律和接受特点的研究，发挥学生主体性作用。要坚持灌输性和启发性相统一，注重启发性教育，引导学生发现问题、分析问题、思考问题，在不断启发中让学生水到渠成得出结论。要坚持显性教育和隐性教育相统一，挖掘其他课程和教学方式中蕴含的思想政治教育资源，实现全员全程全方位育人。

◇办好中国的事情，关键在党。各级党委要把思想政治理论课建设摆上重要议程，抓住制约思政课建设的突出问题，在工作格局、队伍建设、支持保障等方面采取有效措施。要建立党委统一领导、党政齐抓共管、有关部门各负其责、全社会协同配合的工作格局，推动形成全党全社会努力办好思政课、教师认真讲好思政课、学生积极学好思政课的良好氛围。学校党委要坚持把从严管理和科学治理结合起来。学校党委书记、校长要带头走进课堂，带头推动思政课建设，带头联系思政课教师。要配齐建强思政课专职教师队伍，建设专职为主、专兼结合、数量充足、素质优良的思政课教师队伍。要把统筹推进大中小学思政课一体化建设作为一项重要工程，推动思政课建设内涵式发展。要完善课程体系，解决好各类课程和思政课相互配合的问题，鼓励教学名师到思政课堂上讲课。各地区各部门负责同志要积极到学校去讲思政课。

● 思政课的 8 个"相统一"：

_____和_____相统一，

_____和_____相统一，

_____和_____相统一，

_____和_____相统一，

_____和_____相统一，

_____和_____相统一，

_____和_____相统一，

_____和_____相统一。

● 工作格局：_____

_____

_____

● 思政课教师队伍：_____

_____

_____

金 句

◎◇ 青少年阶段是人生的"拔节孕穗期",最需要精心引导和栽培。

◎◇ 我们办中国特色社会主义教育,就是要理直气壮开好思政课,用新时代中国特色社会主义思想铸魂育人。

◎◇ 思政课教师,要给学生心灵埋下真善美的种子,引导学生扣好人生第一粒扣子。

◎◇ 亲其师,才能信其道。要有堂堂正正的人格,用高尚的人格感染学生、赢得学生,用真理的力量感召学生,以深厚的理论功底赢得学生,自觉做为学为人的表率,做让学生喜爱的人。

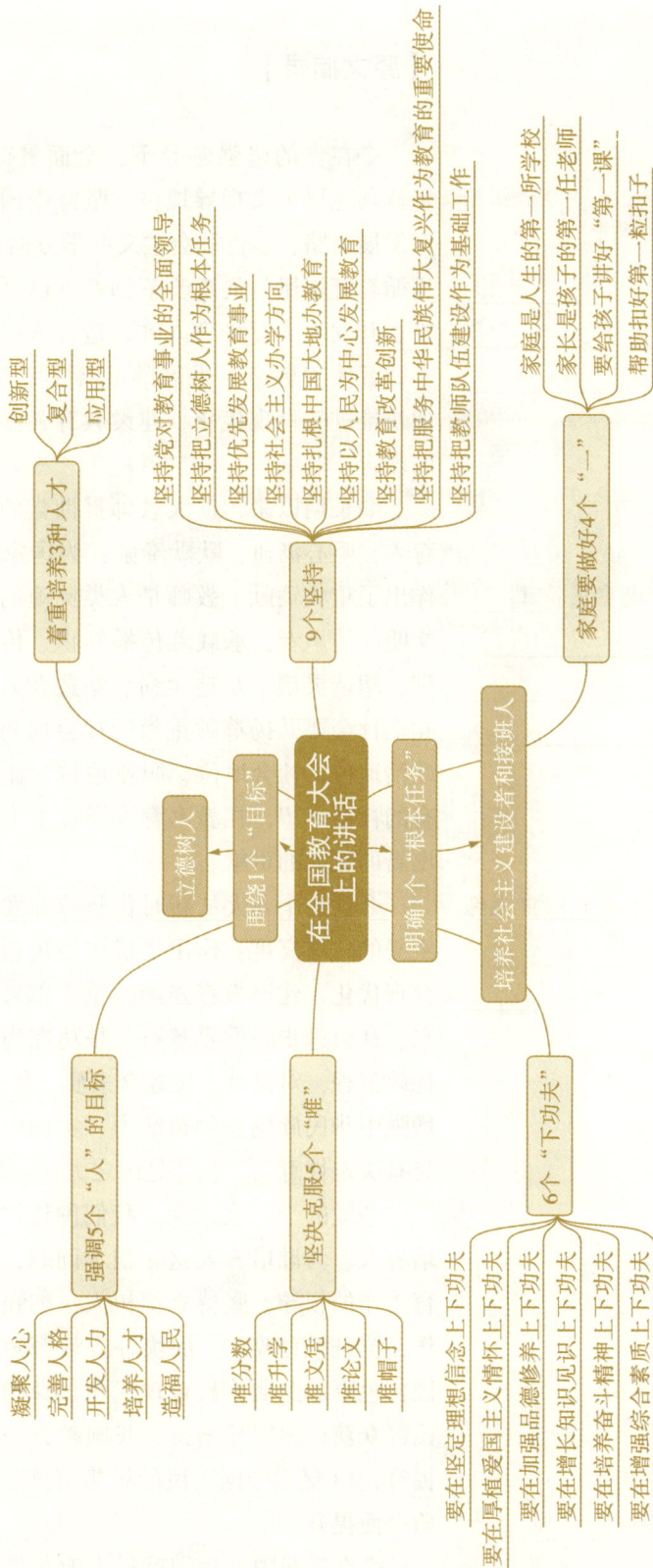

9. 在全国教育大会上的讲话（2018年9月10日）

[思维导图]

在全国教育大会上的讲话

围绕1个"目标"
立德树人

强调5个"人"的目标
- 凝聚人心
- 完善人格
- 开发人力
- 培养人才
- 造福人民

根本任务
培养社会主义建设者和接班人

坚决克服5个"唯"
- 唯分数
- 唯升学
- 唯文凭
- 唯论文
- 唯帽子

6个"下功夫"
- 要在坚定理想信念上下功夫
- 要在厚植爱国主义情怀上下功夫
- 要在加强品德修养上下功夫
- 要在增长知识见识上下功夫
- 要在培养奋斗精神上下功夫
- 要在增强综合素质上下功夫

着重培养3种人才
- 创新型
- 复合型
- 应用型

9个坚持
- 坚持党对教育事业的全面领导
- 坚持把立德树人作为根本任务
- 坚持优先发展教育事业
- 坚持社会主义办学方向
- 坚持扎根中国大地办教育
- 坚持以人民为中心发展教育
- 坚持深化教育改革创新
- 坚持把服务中华民族伟大复兴作为教育的重要使命
- 坚持把教师队伍建设作为基础性工作

家庭要做好4个"一"
- 家庭是人生的第一所学校
- 家长是孩子的第一任老师
- 要给孩子讲好"第一课"
- 帮助扣好第一粒扣子

【笔记】

【原文摘录】

●工作目标：＿＿＿＿＿＿＿

＿＿＿＿＿＿＿＿＿＿＿＿

◇在党的坚强领导下，全面贯彻党的教育方针，坚持马克思主义指导地位，坚持中国特色社会主义教育发展道路，坚持社会主义办学方向，立足基本国情，遵循教育规律，坚持改革创新，以凝聚人心、完善人格、开发人力、培育人才、造福人民为工作目标，培养德智体美劳全面发展的社会主义建设者和接班人，加快推进教育现代化、建设教育强国、办好人民满意的教育。

●教师承载的时代重任：＿＿＿＿

＿＿＿＿＿＿＿＿＿＿＿＿

＿＿＿＿＿＿＿＿＿＿＿＿

◇长期以来，广大教师贯彻党的教育方针，教书育人，呕心沥血，默默奉献，为国家发展和民族振兴作出了重大贡献。教师是人类灵魂的工程师，是人类文明的传承者，承载着传播知识、传播思想、传播真理，塑造灵魂、塑造生命、塑造新人的时代重任。全党全社会要弘扬尊师重教的社会风尚，努力提高教师政治地位、社会地位、职业地位，让广大教师享有应有的社会声望，在教书育人岗位上为党和人民事业作出新的更大的贡献。

●党的十九大关于教育的重大部署：＿＿＿＿＿＿＿＿＿＿＿

＿＿＿＿＿＿＿＿＿＿＿＿

◇党的十九大从新时代坚持和发展中国特色社会主义的战略高度，作出了优先发展教育事业、加快教育现代化、建设教育强国的重大部署。教育是民族振兴、社会进步的重要基石，是功在当代、利在千秋的德政工程，对提高人民综合素质、促进人的全面发展、增强中华民族创新创造活力、实现中华民族伟大复兴具有决定性意义。教育是国之大计、党之大计。

◇党的十八大以来，我们围绕培养什么人、怎样培养人、为谁培养人这一根本问题，全面加强党对教育工作的领导，坚持立德树人，加强学校思想政治工作，推进教育改革，加快补齐教育短板，教育事业中国特色更加鲜明，教育现代化加速推进，教育方面人民群众获得感明显增强，我国教育的国际影响力加快提升，13亿多中国人民的思想道德素质和科学文化素质全面提升。

◇在实践中，我们就教育改革发展提出一系列新理念新思想新观点，主要有以下几个方面，坚持党对教育事业的全面领导，坚持把立德树人作为根本任务，坚持优先发展教育事业，坚持社会主义办学方向，坚持扎根中国大地办教育，坚持以人民为中心发展教育，坚持深化教育改革创新，坚持把服务中华民族伟大复兴作为教育的重要使命，坚持把教师队伍建设作为基础工作。这是我们对我国教育事业规律性认识的深化，来之不易，要始终坚持并不断丰富发展。

◇新时代新形势，改革开放和社会主义现代化建设、促进人的全面发展和社会全面进步对教育和学习提出了新的更高的要求。我们要抓住机遇、超前布局，以更高远的历史站位、更宽广的国际视野、更深邃的战略眼光，对加快推进教育现代化、建设教育强国作出总体部署和战略设计，坚持把优先发展教育事业作为推动党和国家各项事业发展的重要先手棋，不断使教育同党和国家事业发展要求相适应、同人民群众期待相契合、同我国综合国力和国际地位相匹配。

◇培养什么人，是教育的首要问题。我国是中国共产党领导的社会主义国家，这就决定了我们的教育必须把培养社会主义建设者和接班人作为根本任务，培养一代又一代拥护中国共产党领导和我国社会主义制度、立志为中国特色社会主义奋斗终身的有用人才。这是教育工作的根本任务，也是教育现代化的方向目标。

◇要在坚定理想信念上下功夫，教育引导学生树立共产主义远大理想和中国特色社会主义共同理想，增强学生的中国特色社会主义道路自信、理论自信、制度自信、文化自信，立志肩负起民族复兴的时代重任。要在厚植爱国主义情怀上下功夫，让爱国主义精神在学生心中牢牢扎根，教育引导学生热爱和拥护中国共产党，立志听党话、跟党走，立志扎根人民、奉献国家。要在加强品德修养上下功夫，教育引导学生培育和践行社会主义核心价值观，踏踏实实修好品德，成为有大爱大德大情怀的人。要在增长知识见识上下功夫，教育引导学生珍惜学习时光，心无旁骛求知问学，增长见识，丰富学识，沿着求真理、悟道理、明

●教育的首要问题：＿＿＿＿＿＿

●教育的根本任务/教育现代化的方向目标：＿＿＿＿＿＿

●六个"下功夫"：
要在＿＿＿＿＿＿上下功夫，
要在＿＿＿＿＿＿上下功夫，
要在＿＿＿＿＿＿上下功夫，
要在＿＿＿＿＿＿上下功夫，
要在＿＿＿＿＿＿上下功夫，
要在＿＿＿＿＿＿上下功夫

事理的方向前进。要在培养奋斗精神上下功夫，教育引导学生树立高远志向，历练敢于担当、不懈奋斗的精神，具有勇于奋斗的精神状态、乐观向上的人生态度，做到刚健有为、自强不息。要在增强综合素质上下功夫，教育引导学生培养综合能力，培养创新思维。要树立健康第一的教育理念，开齐开足体育课，帮助学生在体育锻炼中享受乐趣、增强体质、健全人格、锤炼意志。要全面加强和改进学校美育，坚持以美育人、以文化人，提高学生审美和人文素养。要在学生中弘扬劳动精神，教育引导学生崇尚劳动、尊重劳动，懂得劳动最光荣、劳动最崇高、劳动最伟大、劳动最美丽的道理，长大后能够辛勤劳动、诚实劳动、创造性劳动。

◇要努力构建形成更高水平的人才培养体系。要把立德树人融入思想道德教育、文化知识教育、社会实践教育各环节，贯穿基础教育、职业教育、高等教育各领域，学科体系、教学体系、教材体系、管理体系要围绕这个目标来设计，教师要围绕这个目标来教，学生要围绕这个目标来学。凡是不利于实现这个目标的做法都要坚决改过来。

◇建设社会主义现代化强国，对教师队伍建设提出新的更高要求，也对全党全社会尊师重教提出新的更高要求。人民教师无上光荣，每个教师都要珍惜这份光荣，爱惜这份职业，严格要求自己，不断完善自己。做老师就要执着于教书育人，有热爱教育的定力、淡泊名利的坚守。随着办学条件不断改善，教育投入要更多向教师倾斜，不断提高教师待遇，让广大教师安心从教、热心从教。对教师队伍中存在的问题，要坚决依法依纪予以严惩。

◇要深化教育体制改革，健全立德树人落实机制，扭转不科学的教育评价导向，坚决克服唯分数、唯升学、唯文凭、唯论文、唯帽子的顽瘴痼疾，从根本上解决教育评价指挥棒问题。要深化办学体制和教育管理改革，充分激发教育事业发展生机活力。要提升教育服务经济社会发展能力，调整优化高校区域布局、学科结构、专业设置，建立健全学科专业动态调整机制，加快一流大学和一流学科建设，推进产学研协同创新，积极投身实施创新驱动发展战略，着重培养创新型、复合型、应用型人才。要扩大教育开放，同世界一流资源开展高水平合作办学。

◇加强党对教育工作的全面领导，是办好教育的根本保证。教育部门和各级各类学校的党组织要增强"四个意识"、坚定"四个自信"，坚定不移维护党中央权威和集中统一领导，自觉在政治立场、政治方向、政治原则、政治道路上同党中央保持高度一致。各级党委要把教育改革发展纳入议事日程，党政主要负责同志要熟悉教育、关心教育、研究教育。各级各类学校党组织要把抓好学校党建工作作为办学治校的基本功，把党的教育方针全面贯彻到学校工作各方面。思想政治工作是学校各项工作的生命线，各级党委、各级教育主管部门、学校党组织都必须紧紧抓在手上。要精心培养和组织一支会做思想政治工作的政工队伍，把思想政治工作做在日常、做到个人。

◇办好教育事业，家庭、学校、政府、社会都有责任。家庭是人生的第一所学校，家长是孩子的第一任老师，要给孩子讲好"人生第一课"，帮助扣好人生第一粒扣子。教育、妇联等部门要统筹协调社会资源支持服务家庭教育。全社会要担负起青少年成长成才的责任。各级党委和政府要为学校办学安全托底，解决学校后顾之忧，维护老师和学校应有的尊严，保护学生生命安全。

金　句

◎◇ 教师是人类灵魂的工程师，是人类文明的传承者，承载着传播知识、传播思想、传播真理，塑造灵魂、塑造生命、塑造新人的时代重任。

◎◇ 要把立德树人融入思想道德教育、文化知识教育、社会实践教育各环节，贯穿基础教育、职业教育、高等教育各领域，学科体系、教学体系、教材体系、管理体系要围绕这个目标来设计，教师要围绕这个目标来教，学生要围绕这个目标来学。凡是不利于实现这个目标的做法都要坚决改过来。

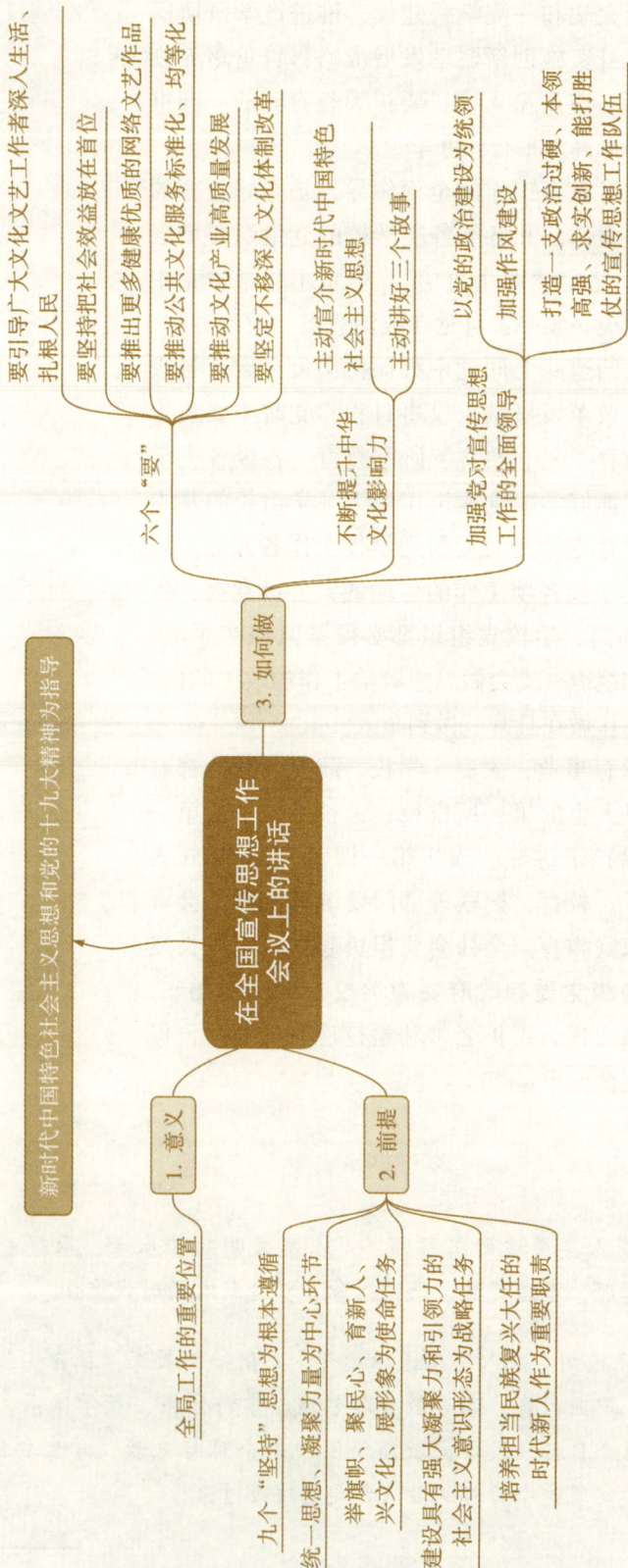

10. 在全国宣传思想工作会议上的讲话（2018年8月21日）

【思维导图】

在全国宣传思想工作
会议上的讲话

新时代中国特色社会主义思想和党的十九大精神为指导

1. 意义

全局工作的重要位置

2. 前提

九个"坚持"思想为根本遵循

- 统一思想、凝聚力量为中心环节
- 举旗帜、聚民心、育新人、兴文化、展形象为使命任务
- 建设具有强大凝聚力和引领力的社会主义意识形态为战略任务
- 培养担当民族复兴大任的时代新人为重要职责

3. 如何做

六个"要"

- 要引导广大文化文艺工作者深入生活、扎根人民
- 要坚持把社会效益放在首位
- 要推出更多健康优质的网络文艺作品
- 要推动公共文化服务标准化、均等化
- 要推动文化产业高质量发展
- 要坚定不移深入文化体制改革

主动宣介新时代中国特色社会主义思想

- 不断提升中华文化影响力
- 主动讲好三个故事

加强党对宣传思想工作的全面领导

- 以党的政治建设为统领加强作风建设
- 打造一支政治过硬、本领高强、求实创新、能打胜仗的宣传思想工作队伍

【原文摘录】

◇完成新形势下宣传思想工作的使命任务，必须以新时代中国特色社会主义思想和党的十九大精神为指导，增强"四个意识"、坚定"四个自信"，自觉承担起举旗帜、聚民心、育新人、兴文化、展形象的使命任务，坚持正确政治方向，在基础性、战略性工作上下功夫，在关键处、要害处下功夫，在工作质量和水平上下功夫，推动宣传思想工作不断强起来，促进全体人民在理想信念、价值理念、道德观念上紧紧团结在一起，为服务党和国家事业全局作出更大贡献。

◇我们不断深化对宣传思想工作的规律性认识，提出了一系列新思想新观点新论断，这就是坚持党对意识形态工作的领导权，坚持思想工作"两个巩固"的根本任务，坚持用新时代中国特色社会主义思想武装全党、教育人民，坚持培育和践行社会主义核心价值观，坚持文化自信是更基础、更广泛、更深厚的自信，是更基本、更深沉、更持久的力量，坚持提高新闻舆论传播力、引导力、影响力、公信力，坚持以人民为中心的创作导向，坚持营造风清气正的网络空间，坚持讲好中国故事、传播好中国声音。这些重要思想，是做好宣传思想工作的根本遵循，必须长期坚持、不断发展。

◇中国特色社会主义进入新时代，必须把统一思想、凝聚力量作为宣传思想工作的中心环节。

◇举旗帜，就是要高举马克思主义、中国特色社会主义的旗帜，坚持不懈用新时代中国特色社会主义思想武装全党、教育人民、推动工作。

◇育新人，就是要坚持立德树人、以文化人，建设社会主义精神文明、培育和践行社会主义核心价值观，提高人民思想觉悟、道德水准、文明素养，培养能够担当民族复兴大任的时代新人。

◇建设具有强大凝聚力和引领力的社会主义意识形态，是全党特别是宣传思想战线必须担负起的一个战略任务。

【笔记】

▲ "两个巩固"：巩固马克思主义在意识形态领域的指导地位，巩固全党全国人民团结奋斗的共同思想基础

◇把坚定"四个自信"作为建设社会主义意识形态的关键。

◇宣传思想工作是做人的工作的，要把培养担当民族复兴大任的时代新人作为重要职责。重中之重是要以坚定的理想信念筑牢精神之基，坚定对马克思主义的信仰，对社会主义和共产主义的信念，对中国特色社会主义道路、理论、制度、文化的自信。

◇要引导广大文化文艺工作者深入生活、扎根人民，把提高质量作为文艺作品的生命线。

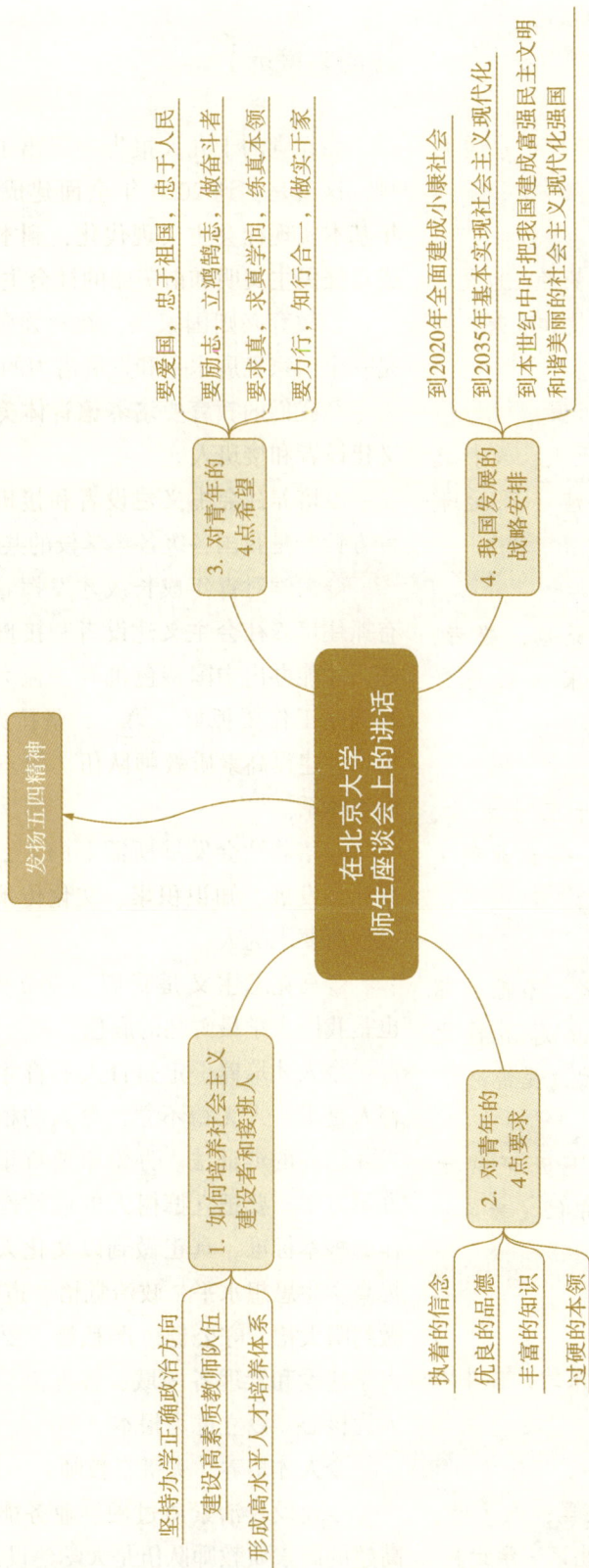

11. 在北京大学师生座谈会上的讲话（2018年5月2日）

【思维导图】

在北京大学师生座谈会上的讲话

发扬五四精神

3. 对青年的4点希望
- 要爱国，忠于祖国，忠于人民
- 要励志，立鸿鹄志，做奋斗者
- 要求真，求真学问，练真本领
- 要力行，知行合一，做实干家

4. 我国发展的战略安排
- 到2020年全面建成小康社会
- 到2035年基本实现社会主义现代化
- 到本世纪中叶把我国建成富强民主文明和谐美丽的社会主义现代化强国

1. 如何培养社会主义建设者和接班人
- 坚持办学正确政治方向
- 建设高素质教师队伍
- 形成高水平人才培养体系

2. 对青年的4点要求
- 执着的信念
- 优良的品德
- 丰富的知识
- 过硬的本领

【笔记】

☆广大青年生逢其时，也重任在肩。

☆广大青年既是追梦者，也是圆梦人。追梦需要激情和理想，圆梦需要奋斗和奉献。

☆"国势之强由于人，人材之成出于学。"——清·张之洞《创设储才学堂折》

☆"才者，德之资也；德者，才之帅也。"——宋·司马光《资治通鉴》

☆"凿井者，起于三寸之坎，以就万仞之深。"——南北朝·刘昼《刘子·崇学》

☆"古之立大事者，不惟有超世之才，亦必有坚忍不拔之志。"——宋·苏轼《晁错论》

☆"志不立，天下无可成之事。"——明·王守仁《教条示龙场诸生》

☆幸福都是奋斗出来的，奋斗本身就是一种幸福。

☆"玉不琢，不成器；人不学，不知道。"——《礼记·学记》

【原文摘录】

◇在党的十九大报告中提出了我国发展的战略安排，这就是：到 2020 年全面建成小康社会，到 2035 年基本实现社会主义现代化，到本世纪中叶把我国建成富强民主文明和谐美丽的社会主义现代化强国。

◇教育兴则国家兴，教育强则国家强。高等教育是一个国家发展水平和发展潜力的重要标志。

◇我们的教育要培养德智体美全面发展的社会主义建设者和接班人。

◇培养社会主义建设者和接班人，是我们党的教育方针，是我国各级各类学校的共同使命。

◇大学对青年成长成才发挥着重要作用。高校只有抓住培养社会主义建设者和接班人这个根本才能办好，才能办出中国特色世界一流大学。为此，有 3 项基础性工作要抓好。第一，坚持办学正确政治方向。第二，建设高素质教师队伍。第三，形成高水平人才培养体系。

◇培养社会发展所需要的人，说具体了，就是培养社会发展、知识积累、文化传承、国家存续、制度运行所要求的人。

◇马克思主义是我们立党立国的根本指导思想，也是我国大学最鲜亮的底色。

◇人才培养一定是育人和育才相统一的过程，而育人是本。人无德不立，育人的根本在于立德。这是人才培养的辩证法。办学就要尊重这个规律，否则就办不好学。要把立德树人的成效作为检验学校一切工作的根本标准，真正做到以文化人、以德育人，不断提高学生思想水平、政治觉悟、道德品质、文化素养，做到明大德、守公德、严私德。要把立德树人内化到大学建设和管理各领域、各方面、各环节，做到以树人为核心，以立德为根本。

◇人才培养，关键在教师。

◇建设政治素质过硬、业务能力精湛、育人水平高超的高素质教师队伍是大学建设的基础性工作。

◇评价教师队伍素质的第一标准应该是师德师风。

◇要引导教师把教书育人和自我修养结合起来，做到以德立身、以德立学、以德施教。

◇人才培养体系必须立足于培养什么人、怎样培养人这个根本问题来建设，可以借鉴国外有益做法，但必须扎根中国大地办大学。

◇人才培养体系涉及学科体系、教学体系、教材体系、管理体系等，而贯通其中的是思想政治工作体系。加强党的领导和党的建设，加强思想政治工作体系建设，是形成高水平人才培养体系的重要内容。要坚持党对高校的领导，坚持社会主义办学方向，把我们的特色和优势有效转化为培养社会主义建设者和接班人的能力。

◇一是要爱国，忠于祖国，忠于人民。二是要励志，立鸿鹄志，做奋斗者。三是要求真，求真学问，练真本领。四是要力行，知行合一，做实干家。

◇爱国，是人世间最深层、最持久的情感，是一个人立德之源、立功之本。

◇我们常讲，做人要有气节、要有人格。气节也好，人格也好，爱国是第一位的。

◇学习就必须求真学问，求真理、悟道理、明事理，不能满足于碎片化的信息、快餐化的知识。

◇建设社会主义现代化强国，发展是第一要务，创新是第一动力，人才是第一资源。

12. 在中国政法大学考察时的讲话（2017年5月3日）

【思维导图】

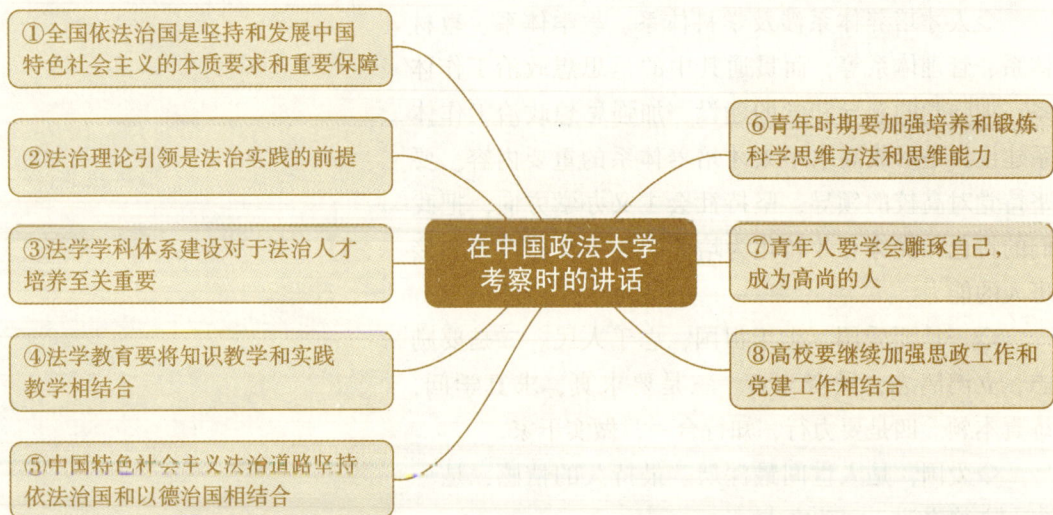

①全国依法治国是坚持和发展中国特色社会主义的本质要求和重要保障

②法治理论引领是法治实践的前提

③法学学科体系建设对于法治人才培养至关重要

④法学教育要将知识教学和实践教学相结合

⑤中国特色社会主义法治道路坚持依法治国和以德治国相结合

在中国政法大学考察时的讲话

⑥青年时期要加强培养和锻炼科学思维方法和思维能力

⑦青年人要学会雕琢自己，成为高尚的人

⑧高校要继续加强思政工作和党建工作相结合

【笔记】

☆ "知者行之始，行者知之成。" ——明·王阳明《传习录》

☆ "道虽迩，不行不至；事虽小，不为不成。" ——《荀子·修身》

☆ 中国梦是历史的、现实的，也是未来的；是我们这一代的，更是青年一代的。

【原文摘录】

◇中国的未来属于青年，中华民族的未来也属于青年。青年一代的理想信念、精神状态、综合素质，是一个国家发展活力的重要体现，也是一个国家核心竞争力的重要因素。

◇当今中国最鲜明的时代主题，就是实现"两个一百年"奋斗目标、实现中华民族伟大复兴的中国梦。

◇新中国成立以来，我们党和人民一路筚路蓝缕、艰苦奋斗走来，使国家越来越富强、民族越来越兴盛、人民越来越幸福，其中很重要的一条就是有无数焦裕禄这样的优秀党员、干部为党和人民无私奉献。

◇焦裕禄同志的事迹归结到一点，就是坚定跟党走，他一生都在为党分忧、为党添彩。

◇全面依法治国是坚持和发展中国特色社会主义的本质要求和重要保障，事关我们党执政兴国，事关人民幸福安康，事关党和国家事业发展。

◇中国特色社会主义法治道路的一个鲜明特点，就是坚持依法治国和以德治国相结合，强调法治和德治两手抓、两手都要硬。

13. 在中央党的群团工作会议上的讲话（2015 年 7 月 6 日）

【原文摘录】

◇工会、共青团、妇联等群团组织一定要坚持解放思想、改革创新、锐意进取、扎实苦干，切实保持和增强党的群团工作和群团组织的政治性、先进性、群众性，组织动员广大人民群众更加紧密地团结在党的周围，把广大人民群众对美好生活的追求汇聚成强大动力，共同谱写实现"两个一百年"奋斗目标、实现中华民族伟大复兴中国梦的新篇章。

◇对党的群团工作取得的显著成绩，必须充分肯定，同时必须注重解决存在的问题，特别是要重点解决脱离群众的问题。

◇政治性是群团组织的灵魂，是第一位的。

◇我们的工会、共青团、妇联等群团组织是党直接领导的群众组织，承担着组织动员广大人民群众为完成党的中心任务而共同奋斗的重大责任，必须把保持和增强先进性作为重要着力点。

◇群众性是群团组织的根本特点。群团组织开展工作和活动要以群众为中心，让群众当主角，而不能让群众当配角、当观众。

【笔记】

14. 同北京师范大学师生代表座谈时的讲话（2014年9月9日）

【笔记】

☆"师也者，教之以事而喻诸德者也。"——《礼记》

"水之积也不厚，则其负大舟也无力。"——《庄子·逍遥游》

【原文摘录】

◇教育是提高人民综合素质、促进人的全面发展的重要途径，是民族振兴、社会进步的重要基石，是对中华民族伟大复兴具有决定性意义的事业。

◇当今世界的综合国力竞争，说到底是人才竞争，人才越来越成为推动经济社会发展的战略性资源，教育的基础性、先导性、全局性地位和作用更加突显。

◇"两个一百年"奋斗目标的实现、中华民族伟大复兴中国梦的实现，归根到底靠人才、靠教育。

◇教师重要，就在于教师的工作是塑造灵魂、塑造生命、塑造人的工作。

◇好老师没有统一的模式，可以各有千秋、各显身手，但有一些共同的、必不可少的特质。第一，做好老师，要有理想信念。第二，做好老师，要有道德情操。第三，做好老师，要有扎实学识。第四，做好老师，要有仁爱之心。

◇我们的教育是为人民服务、为中国特色社会主义服务、为改革开放和社会主义现代化建设服务的，党和人民需要培养的是社会主义事业建设者和接班人。好老师的理想信念应该以这一要求为基准。

◇广大教师要始终同党和人民站在一起，自觉做中国特色社会主义的坚定信仰者和忠实实践者，忠诚于党和人民的教育事业，自觉把党的教育方针贯彻到教学管理工作全过程，严肃认真对待自己的职责。

◇好老师应该做中国特色社会主义共同理想和中华民族伟大复兴中国梦的积极传播者，帮助学生筑梦、追梦、圆梦，让一代又一代年轻人都成为实现我们民族梦想的正能量。

◇扎实的知识功底、过硬的教学能力、勤勉的教学态度、科学的教学方法是老师的基本素质，其中知识是根本基础。

◇百年大计，教育为本。教育大计，教师为本。

扫一扫，看参考答案

自测题

一、不定项选择题

1. 党的十九大报告指出，这个新时代，是（　　　），是我国日益走近世界舞台中央、不断为人类作出更大贡献的时代。

    A. 承前启后、继往开来、在新的历史条件下继续夺取中国特色社会主义伟大胜利的时代

    B. 决胜全面建成小康社会、进而全面建设社会主义现代化强国的时代

    C. 全国各族人民团结奋斗、不断创造美好生活、逐步实现全体人民共同富裕的时代

    D. 全体中华儿女勠力同心、奋力实现中华民族伟大复兴中国梦的时代

2. 实现伟大梦想，必须（　　　）。

    A. 进行伟大斗争　　　　　　　　　B. 团结伟大人民

    C. 建设伟大工程　　　　　　　　　D. 推进伟大事业

3. "五位一体"总体布局指的是哪五个方面？（　　　）

    A. 经济建设　　　　　　　　　　　B. 政治建设

    C. 社会建设　　　　　　　　　　　D. 文化建设

    E. 生态文明建设　　　　　　　　　F. 党的建设

    G. 国防建设

4. 习近平总书记在庆祝中华人民共和国成立70周年大会上说到，前进征程上，我们要坚持_____，坚持_____，坚持_____，全面贯彻执行党的基本理论、基本路线、基本方略，不断满足人民对美好生活的向往，不断创造新的历史伟业。（　　　）

    A. 中国共产党领导　　　　　　　　B. 人民主体地位

    C. 中国特色社会主义道路　　　　　D. 中国特色社会主义理论体系

5. 开展"不忘初心、牢记使命"主题教育的重大意义有：开展这次主题教育，是（　　　）的迫切需要。

    A. 用习近平新时代中国特色社会主义思想武装全党

    B. 推进新时代党的建设

    C. 保持党同人民群众血肉联系

    D. 实现党的十九大确定的目标任务

6. "不忘初心、牢记使命"主题教育工作的总要求是（　　　）。

    A. 守初心　　　　　　　　　　　　B. 担使命

    C. 找差距　　　　　　　　　　　　D. 抓落实

7. 缅怀五四先驱崇高的爱国情怀和革命精神，总结党和人民探索实现民族复兴道路的宝贵经验，这对（   ），具有十分重大的意义。

   A. 发扬五四精神

   B. 激励全党全国各族人民特别是新时代中国青年为全面建成小康社会而奋斗

   C. 激励全党全国各族人民特别是新时代中国青年为加快建设社会主义现代化国家而奋斗

   D. 激励全党全国各族人民特别是新时代中国青年为实现中华民族伟大复兴的中国梦而奋斗

8. 五四运动，是一场以先进青年知识分子为先锋、广大人民群众参加的彻底反帝反封建的_____，是一场中国人民为拯救民族危亡、捍卫民族尊严、凝聚民族力量而掀起的_____，是一场传播新思想新文化新知识的_____。（   ）

   A. 伟大爱国革命运动   B. 伟大社会革命运动

   C. 伟大青年革命运动   D. 伟大思想启蒙运动和新文化运动

9. 习近平总书记在纪念五四运动 100 周年大会上指出，实践充分证明，中国青年是有（   ）的青年！无论过去、现在还是未来，中国青年始终是实现中华民族伟大复兴的先锋力量！

   A. 远大理想抱负   B. 时代责任担当

   C. 深厚家国情怀   D. 伟大创造力

10. 习近平总书记在纪念五四运动 100 周年大会上指出，新时代中国青年要勇做走在时代前列的（   ）。

    A. 领航者   B. 奋进者   C. 开拓者   D. 奉献者

11. 青年要把（   ）紧密结合起来，不断修身立德，打牢道德根基，在人生道路上走得更正、走得更远。

    A. 正确的道德认知   B. 自觉的道德养成

    C. 积极的道德实践   D. 鲜明的道德批判

12. （   ）是社会主义的本质要求和根本任务。

    A. 全面建设小康社会   B. 建设社会主义现代化强国

    C. 解放和发展社会生产力   D. 增强社会主义国家的综合国力

13. 改革开放 40 年积累的宝贵经验告诉我们，必须坚持全面从严治党，不断提高党的（   ）。

    A. 创造力   B. 向心力   C. 凝聚力   D. 战斗力

14. 推动宣传思想工作不断强起来，促进全体人民在（   ）上紧紧团结在一起，为服务党和国家事业全局作出更大贡献。

    A. 理想信念   B. 价值理念   C. 道德观念   D. 文化概念

15. 中国特色社会主义进入新时代，必须把（   ）作为宣传思想工作的中心环节。

    A. 统一思想   B. 培育新人   C. 凝聚力量   D. 输出文化

16. 建设具有强大（ 　　 ）的社会主义意识形态，是全党特别是宣传思想战线必须担负起的一个战略任务。

    A. 凝聚力 　　　　　 B. 引领力 　　　　　 C. 传播力 　　　　　 D. 穿透力

17. 马克思主义主要由哲学、政治经济学、科学社会主义三大组成部分构成，分别来源于（ 　　 ）、法国空想社会主义。

    A. 德国古典哲学 　　　　　　　　　　　　 B. 英国古典哲学

    C. 德国古典政治经济学 　　　　　　　　　 D. 英国古典政治经济学

18. 马克思主义是我们（ 　　 ）的强大思想武器。

    A. 认识世界 　　　 B. 把握规律 　　　 C. 追求真理 　　　 D. 改造世界

19. 习近平总书记在全国高校思想政治工作会上强调，高校思想政治工作关系高校（ 　　 ）这个根本问题。

    A. 为什么培养人 　　　　　　　　　　　　 B. 培养什么样的人

    C. 如何培养人 　　　　　　　　　　　　　 D. 为谁培养人

20. 高校立身之本在于（ 　　 ）。

    A. 人才培养 　　　 B. 立德树人 　　　 C. 科学研究 　　　 D. 社会服务

21. 习近平总书记在全国高校思想政治工作会上强调，要坚持不懈培育和弘扬社会主义核心价值观，引导广大师生做社会主义核心价值观的（ 　　 ）。

    A. 坚定信仰者 　　 B. 坚定支持者 　　 C. 积极传播者 　　 D. 模范践行者

22. 高校教师要坚持教育者先受教育，努力成为（ 　　 ），更好担起学生健康成长指导者和引路人的责任。

    A. 社会主义核心价值观的坚定信仰者 　　　 B. 先进思想文化的传播者

    C. 社会主义新风尚的倡导者 　　　　　　　 D. 党执政的坚定支持者

23. 要做好在高校教师和学生中发展党员工作，加强党员队伍教育管理，使每个师生党员都做到（ 　　 ）。

    A. 在党爱党 　　　 B. 在党言党 　　　 C. 在党听党 　　　 D. 在党为党

24. 全党全社会要弘扬尊师重教的社会风尚，努力提高教师（ 　　 ），让广大教师享有应有的社会声望，在教书育人岗位上为党和人民事业作出新的更大的贡献。

    A. 政治地位 　　　 B. 社会地位 　　　 C. 职业地位 　　　 D. 经济地位

25. 党的十九大从新时代坚持和发展中国特色社会主义的战略高度，作出了（ 　　 ）的重大部署。

    A. 优先发展教育事业 　　　　　　　　　　 B. 加快教育现代化

    C. 建设教育强国 　　　　　　　　　　　　 D. 办人民满意的教育

26. 教育是民族振兴、社会进步的重要基石，是功在当代、利在千秋的德政工程，对（ 　　 ）具有决定性意义。

    A. 提高人民综合素质 　　　　　　　　　　 B. 促进人的全面发展

    C. 增强中华民族创新创造活力 　　　　　　 D. 实现中华民族伟大复兴

27. 习近平总书记在全国教育大会上指出，在实践中，我们就教育改革发展提出一系列新理念新思想新观点，主要有（　　）。
    A. 坚持党对教育事业的全面领导，坚持把立德树人作为根本任务，坚持优先发展教育事业
    B. 坚持社会主义办学方向，坚持扎根中国大地办教育，坚持以人民为中心发展教育
    C. 坚持深化教育改革创新，坚持把服务中华民族伟大复兴作为教育的重要使命
    D. 坚持把教师队伍建设作为基础工作

28. 习近平总书记在全国教育大会上指出，不断使教育（　　）。
    A. 同党和国家事业发展要求相适应
    B. 同人民群众期待相契合
    C. 同中华民族伟大复兴的中国梦相呼应
    D. 同我国综合国力和国际地位相匹配

29. 办好教育事业，（　　）都有责任。
    A. 家庭　　　　　　B. 学校　　　　　　C. 政府　　　　　　D. 社会

30. 厚植爱国主义情怀，把爱国情、强国志、报国行自觉融入（　　）之中。
    A. 坚持和发展中国特色社会主义事业　　　　B. 建设社会主义现代化强国
    C. 实现中华民族伟大复兴的奋斗　　　　D. 实现共产主义远大理想

31. 推动思想政治理论课改革创新，要不断增强思政课的（　　）。
    A. 思想性　　　　B. 理论性　　　　C. 亲和力　　　　D. 针对性

32. （　　）永远是中国共产党人的政治灵魂。
    A. 崇高的理想　　　　　　B. 坚定的信念
    C. 顽强的毅力　　　　　　D. 以人民为中心的发展思想

33. 大学对青年成长成才发挥着重要作用。高校只有抓住培养社会主义建设者和接班人这个根本才能办好，才能办出中国特色世界一流大学。为此，有 3 项基础性工作要抓好：（　　）。
    A. 坚持办学正确政治方向　　　　B. 开设高质量精品课程
    C. 建设高素质教师队伍　　　　D. 形成高水平人才培养体系

34. 我们要坚持党的领导、人民当家作主、依法治国有机统一，坚持和完善（　　），全面推进依法治国，巩固和发展最广泛的爱国统一战线，发展社会主义协商民主，用制度体系保证人民当家作主。
    A. 人民代表大会制度
    B. 中国共产党领导的多党合作和政治协商制度
    C. 民族区域自治制度
    D. 基层群众自治制度

35. 全面深化国防和军队改革，推进（　　），建设一支听党指挥、能打胜仗、作风优良

的人民军队。

　A. 政治建军　　　　B. 改革强军　　　　C. 科技兴军　　　　D. 依法治军

36. 下面属于群团组织的是（　　）

　A. 工会　　　　　　B. 共青团　　　　　C. 妇联　　　　　　D. 基金会

37. 教育兴则国家兴，教育强则国家强。（　　）是一个国家发展水平和发展潜力的重要标志。

　A. 义务教育　　　　B. 初等教育　　　　C. 高等教育　　　　D. 全民教育

38. 办出中国特色世界一流大学。为此，有几基础性工作要抓好，即（　　）。

　A. 坚持办学正确政治方向　　　　　　　B. 建设高素质教师队伍

　C. 构建高水平教材体系　　　　　　　　D. 形成高水平人才培养体系

39. 培养社会发展所需要的人，就是培养（　　）、制度运行所要求的人。

　A. 社会发展　　　　B. 知识积累　　　　C. 文化传承　　　　D. 国家存续

40. 人才培养，关键在（　　）。

　A. 学校　　　　　　B. 教师　　　　　　C. 理念　　　　　　D. 资源

41. 人才培养体系涉及学科体系、教学体系、教材体系、管理体系等，而贯通其中的是（　　）。

　A. 学科体系　　　　　　　　　　　　　B. 教学体系

　C. 管理体系　　　　　　　　　　　　　D. 思想政治工作体系

42. 全面依法治国是坚持和发展中国特色社会主义的本质要求和重要保障，事关（　　）。

　A. 我们党执政兴国　　　　　　　　　　B. 国家长治久安

　C. 人民幸福安康　　　　　　　　　　　D. 党和国家事业发展

43. 当今世界的综合国力竞争，说到底是人才竞争，人才越来越成为推动经济社会发展的战略性资源，教育的（　　）地位和作用更加突显。

　A. 基础性　　　　　B. 先导性　　　　　C. 全局性　　　　　D. 决定性

二、填空题

1. 党的十九大最重要的理论成果是＿＿＿＿＿＿＿＿＿＿＿＿＿＿＿＿＿＿＿。

2. "两个维护"指的是＿＿＿＿＿＿＿＿＿＿＿＿＿＿＿＿＿＿＿，
＿＿＿＿＿＿＿＿＿＿＿＿＿＿＿＿＿＿＿。

3. "四个全面"即＿＿＿＿＿＿＿＿＿＿、＿＿＿＿＿＿＿＿＿＿、
＿＿＿＿＿＿＿＿＿＿、＿＿＿＿＿＿＿＿＿＿。

4. 中国共产党人的初心和使命，就是＿＿＿＿＿＿＿＿＿＿＿＿＿＿＿。

5. 经过长期努力，＿＿＿＿＿＿＿＿＿＿＿＿＿＿＿，这是我国发展新的历史方位。

6. 中国特色社会主义进入新时代，我国社会主要矛盾已经转化为＿＿＿＿＿＿＿＿＿

_____。

7. 全党要牢牢把握_____这个基本国情，牢牢立足_____这个最大实际，牢牢坚持_____这个党和国家的生命线、人民的幸福线。

8. 中国共产党一经成立，就把_____作为党的最高理想和最终目标。

9. 新时代中国特色社会主义思想，明确坚持和发展中国特色社会主义，总任务是_____，在全面建成小康社会的基础上，_____
_____。

10. _____是历史的创造者，是决定党和国家前途命运的根本力量。

11. 要以_____为着眼点，强化教育引导、实践养成、制度保障，发挥社会主义核心价值观对国民教育、精神文明创建、精神文化产品创作生产传播的引领作用，把社会主义核心价值观融入社会发展各方面，转化为人们的情感认同和行为习惯。

12. _____是中华民族伟大复兴的基础工程。

13. 要全面贯彻党的教育方针，落实_____根本任务，发展素质教育，推进教育公平，培养_____。

14. _____是最大的民生。

15. _____是我们党作为马克思主义政党的根本要求。

16. 党的政治建设是党的_____建设，思想建设是党的_____建设。

17. 要把_____作为党的思想建设的首要任务，教育引导全党牢记党的宗旨，挺起共产党人的精神脊梁，解决好_____这个"总开关"问题，自觉做_____的坚定信仰者和忠实实践者。

18. 党支部要担负好直接教育党员、_____和组织群众、_____
___、_____服务群众的职责，引导广大党员发挥先锋模范作用。

19. 开展"不忘初心、牢记使命"主题教育，就是要坚持_____、_____，坚持学思用贯通、知信行统一。

20. _____是我们党执政的最大底气，是我们共和国的坚实根基，是我们强党兴国的根本所在。

21. 守初心，就是要牢记_____的根本宗旨。担使命，就是要牢记我们党肩负的_____的历史使命。

22. 中国的青年运动有很好的革命传统，这个传统就是"_____"。

23. 党的十九大提出的_____是人民对美好生活向往的集中体现，是当代中国共产党人重要最现实的使命担当。

24. 习近平总书记在"不忘初心、牢记使命"主题教育工作会议上指出，党内存在的一些突出问题，从根源上说都是_____的问题；要把"_____"字贯穿始终。

25. 伟大五四精神的主要内容是_____，其核心是_____。

26. 对新时代中国青年来说，热爱祖国是_____。当代中国，爱国主义的本质就是_____。

27. 时代呼唤担当，_____是青年的责任。

28. 中国共产党立志于中华民族千秋伟业，必须始终_____、_____、_____，用极大力量做好青年工作，确保党的事业薪火相传，确保中华民族永续发展。

29. 对_____的信仰，对_____的信念，对_____的信心，都是指引和支撑中国人民站起来、富起来、强起来的强大精神力量。

30. 党的十一届三中全会的召开日期是_____。

31. _____是党的根本宗旨，必须以_____为我们一切工作的根本出发点和落脚点。

32. 我们要坚持_____是第一动力、_____是第一资源的理念，实施创新驱动发展战略，完善国家创新体系，加快关键核心技术自主创新，为经济社会发展打造新引擎。

33. 前进道路上，我们必须高举_____、_____、_____、_____的旗帜，恪守维护世界和平、促进共同发展的外交政策宗旨，推动建设相互尊重、公平正义、合作共赢的新型国际关系。

34. 新形势下宣传思想工作的使命任务是：_____、_____、_____、兴文化、_____。

35. 思想工作根本任务是_____。

36. _____是更基础、更广泛、更深厚的自信，是更基本、更深沉、更持久的力量。

37. 建设社会主义意识形态的关键是：坚定"_____"。

38. 我们要始终把_____作为根本立场，把_____作为根本使命。

39. 马克思主义归根到底就是一句话：_____。

40. _____是社会主义的本质要求。

41. _____，是一个民族进步的力量；_____，是一个社会活力的来源。

42. 习近平总书记在全国高校思想政治工作会上强调，要坚持把_____作为中心环节，把思想政治工作贯穿教育教学全过程，实现_____、_____，努力开创我国高等教育事业发展新局面。

43. 习近平总书记在全国高校思想政治工作会上强调，我国有独特的历史、独特的文化、独特的国情，决定了我国必须走自己的高等教育发展道路，扎实办好_____高校。

44. 我国高等教育发展方向要为人民服务，为_____服务，为_____服务，为_____

服务。

45. 我国高等教育肩负着_____
的重大任务。

46. 要坚持不懈促进高校和谐稳定，培育_____的健康心态，加强人文关怀和心理疏导，把高校建设成为安定团结的模范之地。

47. 思想政治工作从根本上说是做人的工作，必须围绕学生、关照学生、服务学生，不断提高学生_____、_____、_____、_____，让学生成为德才兼备、全面发展的人才。

48. 要教育引导学生正确认识世界和中国发展大势，从我们党探索中国特色社会主义历史发展和伟大实践中，认识和把握人类社会发展的历史必然性，认识和把握_____的历史必然性，不断树立为_____远大理想和_____共同理想而奋斗的信念和信心。

49. 做好高校思想政治工作，要_____、_____、因势而新。

50. 习近平总书记在全国高校思想政治工作会上强调，要遵循_____规律，遵循_____规律，遵循_____规律，不断提高工作能力和水平。

51. 办好我国高等教育，必须坚持党的领导，牢牢掌握党对高校工作的领导权，使高校成为_____的坚强阵地。党委要保证高校正确办学方向，掌握高校思想政治工作主导权，保证高校始终成为_____的坚强阵地。

52. 各级党委要把高校思想政治工作摆在重要位置，加强领导和指导，形成_____、各部门各方面齐抓共管的工作格局。

53. 习近平总书记在全国教育大会上指出，坚持改革创新，以_____、_____、开发人力、_____、_____为工作目标，培养德智体美劳全面发展的社会主义建设者和接班人，加快推进教育现代化、建设教育强国、办好人民满意的教育。

54. 坚持把_____作为推动党和国家各项事业发展的重要先手棋。

55. _____，是教育的首要问题。

56. _____，是办好教育的根本保证。

57. 办好思想政治理论课，最根本的是要_____，解决好_____、_____、_____这个根本问题。

58. 新时代贯彻党的教育方针，要坚持马克思主义指导地位，贯彻新时代中国特色社会主义思想，坚持_____._____办学方向，落实_____的根本任务。

59. 我们党立志于中华民族千秋伟业，必须培养一代又一代_____、立志_____的有用人才。

60. 我们对_____规律、_____规律、_____规律的认识和把握不断深入，开辟了中国特色社会主义理论和实践发展新境界，中国特色社会主义取得举世瞩目的成就，中国特色社会主义道路自信、理论自信、制度自信、文化自信不断增强，为思政课建设提供了有力支撑。

61. 理想信念的坚定，来自_____的坚定。

62. _____是群团组织的灵魂，是第一位的。

63. 习近平总书记 2018 年 5 月 2 日在北京大学师生座谈会上指出，我们的教育要培养_____。

64. 我们党的教育方针是_____。

65. _____是我国大学最鲜亮的底色。

66. 人才培养一定是_____和_____相统一的过程，而_____是本。人无德不立，育人的根本在于_____。这是人才培养的辩证法。

67. 要把_____的成效作为检验学校一切工作的根本标准，真正做到以文化人、以德育人，不断提高学生_____、_____、_____、_____，做到明大德、守公德、严私德。

68. 建设_____、业务能力精湛、_____的高素质教师队伍是大学建设的基础性工作。

69. 做人要有气节、要有人格。气节也好，人格也好，_____是第一位的。

70. 建设社会主义现代化强国，_____是第一要务，_____是第一动力，_____是第一资源。

71. 当今中国最鲜明的时代主题，就是_____。

三、改错题

1. 我国社会主要矛盾的变化，没有改变我们对我国社会主义所处历史阶段的判断，我国仍处于并将长期处于社会主义初级阶段的基本国情没有变，我国是世界最大发展中国家的国际地位没有变。

2. 伟大斗争，伟大工程，伟大事业，伟大梦想，紧密联系、相互贯通、相互作用，其中起决定性作用的是中华民族复兴的伟大梦想。

3. 制度自信是一个国家、一个民族发展中更基本、更深沉、更持久的力量。

4. 党的十九大报告指出，必须把教育事业放在首要位置。

5. 习近平总书记在庆祝中华人民共和国成立 70 周年大会上的重要讲话中指出，前进征程上，我们要坚持中国共产党领导，坚持人民当家作主，坚持中国特色社会主义道路，全面贯彻执行党的基本理论、基本路线、基本方略，不断满足人民对美好生活的向往，不断创造新的历史伟业。

6. 习近平总书记在庆祝中华人民共和国成立 70 周年大会上的重要讲话中指出，前进征程上，我们要坚持互利共赢道路，奉行和平发展的开放战略，继续同世界各国人民一道推动共建人类命运共同体。

7. 习近平总书记在"不忘初心、牢记使命"主题教育工作会议上提出，党内存在的一些突出问题，从根源上说都是政治上的问题。

8. 五四运动，爆发于民族危难之际，是一场以广大人民群众为先锋、先进青年知识分子参加的彻底反帝反封建的伟大爱国革命运动。

9. 共青团要坚持把培养担当民族复兴大任的时代新人作为根本任务。

10. 改革开放40年积累的宝贵经验是党和人民弥足珍贵的精神财富，必须坚持党对一切工作的领导，不断加强和改善党的领导；必须坚持以经济建设为中心，不断实现人民对美好生活的向往。

11. 改革开放40年的实践启示我们：打铁还需自身硬。

12. 我们要全面贯彻新时代党的强军思想，坚持党对军队的领导，把握世界新军事革命发展大势，坚持走中国特色强军之路。

13. 马克思至今依然被公认为"千年第一思想家"。

14. 马克思说，"历史活动是人民的活动"。

15. 习近平总书记在全国高校思想政治工作会上强调，党中央作出加快建设教育强国的战略决策，就是要提高我国高等教育发展水平，增强国家核心竞争力。

16. 我国高等教育发展方向要同我国发展的现实目标和历史使命紧密联系在一起。

17. 办好我国高校，办出世界一流大学，必须牢牢抓住立德树人这个核心点，并以此来带动高校其他工作。

18. 办好我们的高校，必须坚持以中国特色社会主义为指导，全面贯彻党的教育方针。

19. 习近平总书记在全国高校思想政治工作会上强调，要用好思想政治理论课这个主渠道。

20. 高校党委对学校工作实行全面领导，承担管党治党、办学治校主体责任，把方向、管大局、作决策、保落实。

21. 教育是民族振兴、社会进步的重要基石，是功在当代、利在千秋的德政工程，对提高人民综合素质、促进人的全面发展、增强中华民族创新创造活力、实现中华民族伟大复兴具有基础性意义。

22. 教育是国之大计、民族之大计。

23. 思想政治理论课是落实立德树人根本任务的重要课程。

24. 对思想政治工作高度重视，始终坚持马克思主义指导地位，大力推进中国特色社会主义学科体系建设，为思政课建设提供了根本保证。

25. 中华民族几千年来形成了博大精深的优秀传统文化，我们党带领人民在革命、建设、改革过程中锻造的革命文化和社会主义先进文化，为思政课建设提供了重要基础。

26. 办好思想政治理论课关键在教育体制，关键在发挥学生的积极性、主动性、创造性。

27. 习近平总书记在学校思想政治理论课教师座谈会上指出，要坚持理论性和实践性相统一，用科学理论培养人，重视思政课的延伸性，把思政小课堂同社会大课堂结合起来，教育引导学生立鸿鹄志，做奋斗者。

28. 群众性是群团组织的灵魂，是第一位的。

29. 大学对青年成长成才发挥着重要作用。高校只有抓住立德树人这个根本才能办好，才能办出中国特色世界一流大学。

30. 评价教师队伍素质的第一标准应该是教学水平。

四、简答题

1. 党的十九大的主题是什么？

2. 新时代中国青年运动的主题、方向，新时代中国青年的使命是什么？

3. 习近平总书记在纪念五四运动 100 周年大会上对新时代中国青年提出了哪些要求？

4. 五四运动以来我国发生的三大历史性事件是指什么？

5. 习近平总书记在全国高校思想政治工作会上强调，办好我们的高校，全面贯彻党的教育方针，要坚持不懈地做到哪几点？

6. 习近平总书记在全国高校思想政治工作会上强调，要教育引导学生做到的四个"正确认识"是指什么？

7. 习近平总书记在全国高校思想政治工作会上是如何强调要加强师德师风建设的？

8. 我们教育工作的根本任务、教育现代化的方向目标是什么？

9. 习近平总书记在全国教育大会上提出应当如何教育引导学生？

10. 习近平总书记在学校思想政治理论课教师座谈会上指出，思政课教师要如何给学生心灵埋下真善美的种子？如何引导学生扣好人生第一粒扣子？

11. 宣传思想工作的重中之重是什么？

12. 习近平总书记在党的十九大报告提出的我国发展的战略安排是什么？

13. 2018 年 5 月 2 日，习近平总书记在北京大学师生座谈会上的讲话中给广大青年提出了哪几点希望？

14. 2014 年 9 月 9 日，习近平同北京师范大学师生代表座谈时说到，好老师共同的、必不可少的特质有哪些？

五、论述题

1. 谈谈你对"守初心"和"担使命"的理解。

2. 结合习近平总书记重要讲话精神谈谈你对"爱国"的理解。

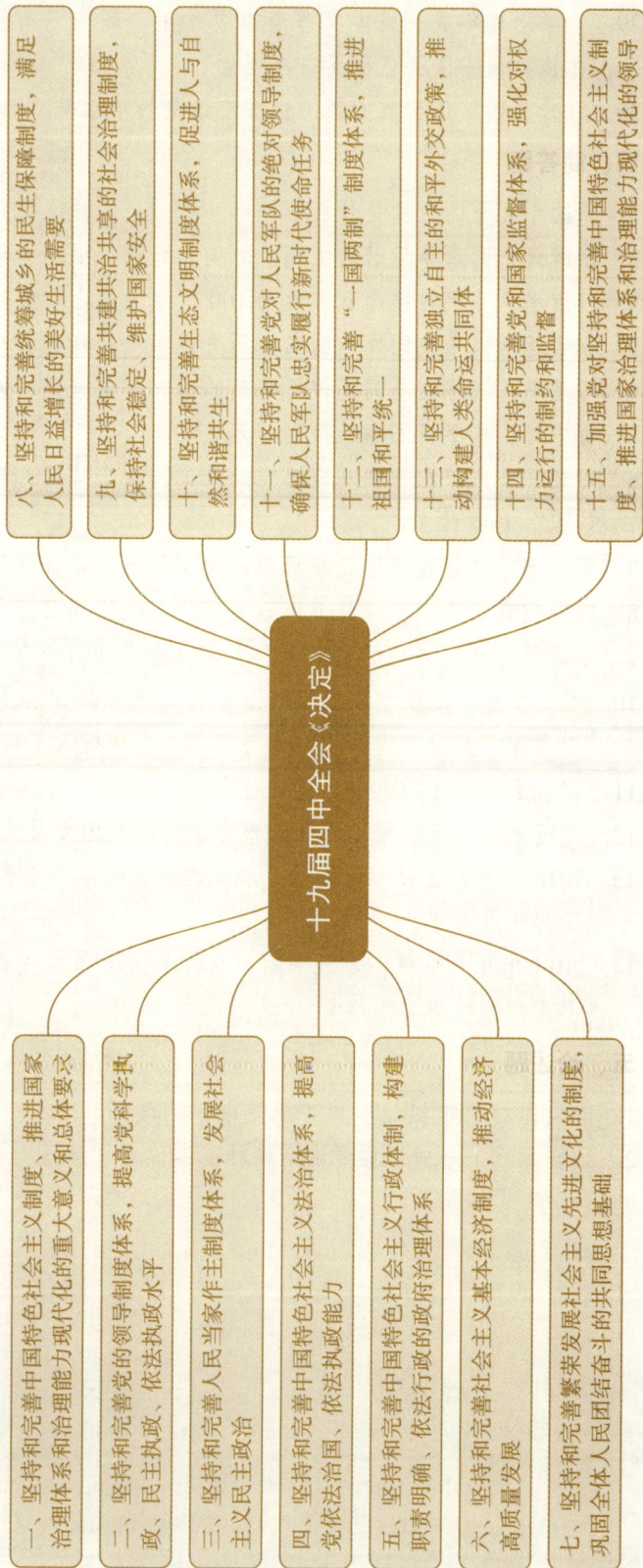

二、重要文件类

1. 《中共中央关于坚持和完善中国特色社会主义制度 推进国家治理体系和治理能力现代化若干重大问题的决定》（2019年10月31日）

【思维导图】

十九届四中全会《决定》

一、坚持和完善中国特色社会主义制度，推进国家治理体系和治理能力现代化的重大意义和总体要求

二、坚持和完善党的领导制度体系，提高党科学执政、民主执政、依法执政水平

三、坚持和完善人民当家作主制度体系，发展社会主义民主政治

四、坚持和完善中国特色社会主义法治体系，提高党依法治国、依法执政能力

五、坚持和完善中国特色社会主义行政体制，构建职责明确、依法行政的政府治理体系

六、坚持和完善社会主义基本经济制度，推动经济高质量发展

七、坚持和完善繁荣发展社会主义先进文化的制度，巩固全体人民团结奋斗的共同思想基础

八、坚持和完善统筹城乡的民生保障制度，满足人民日益增长的美好生活需要

九、坚持和完善共建共治共享的社会治理制度，保持社会稳定、维护国家安全

十、坚持和完善生态文明制度体系，促进人与自然和谐共生

十一、坚持和完善党对人民军队的绝对领导制度，确保人民军队忠实履行新时代使命任务

十二、坚持和完善"一国两制"制度体系，推进祖国和平统一

十三、坚持和完善独立自主的和平外交政策，推动构建人类命运共同体

十四、坚持和完善党和国家监督体系，强化对权力运行的制约和监督

十五、加强党对坚持和完善中国特色社会主义制度、推进国家治理体系和治理能力现代化的领导

【原文摘录】

一、坚持和完善中国特色社会主义制度、推进国家治理体系和治理能力现代化的重大意义和总体要求

◇定位：中国特色社会主义制度是党和人民在长期实践探索中形成的科学制度体系。

◇我国国家治理体系和治理能力是中国特色社会主义制度及其执行能力的集中体现。

◇显著优势，主要是：坚持党的集中统一领导，坚持党的科学理论，保持政治稳定，确保国家始终沿着社会主义方向前进的显著优势；坚持人民当家作主，发展人民民主，密切联系群众，紧紧依靠人民推动国家发展的显著优势；坚持全面依法治国，建设社会主义法治国家，切实保障社会公平正义和人民权利的显著优势；坚持全国一盘棋，调动各方面积极性，集中力量办大事的显著优势；坚持各民族一律平等，铸牢中华民族共同体意识，实现共同团结奋斗、共同繁荣发展的显著优势；坚持公有制为主体、多种所有制经济共同发展和按劳分配为主体、多种分配方式并存，把社会主义制度和市场经济有机结合起来，不断解放和发展社会生产力的显著优势；坚持共同的理想信念、价值理念、道德观念，弘扬中华优秀传统文化、革命文化、社会主义先进文化，促进全体人民在思想上精神上紧紧团结在一起的显著优势；坚持以人民为中心的发展思想，不断保障和改善民生、增进人民福祉，走共同富裕道路的显著优势；坚持改革创新、与时俱进，善于自我完善、自我发展，使社会始终充满生机活力的显著优势；坚持德才兼备、选贤任能，聚天下英才而用之，培养造就更多更优秀人才的显著优势；坚持党指挥枪，确保人民军队绝对忠诚于党和人民，有力保障国家主权、安全、发展利益的显著优势；坚持"一国两制"，保持香港、澳门长期繁荣稳定，促进祖国和平统一的显著优势；坚持独立自主和对外开

【笔记】

◎2019 年 10 月 28 日至 31 日，中国共产党第十九届中央委员会第四次全体会议在北京举行。全会听取和讨论了习近平受中央政治局委托作的工作报告，审议通过了《中共中央关于坚持和完善中国特色社会主义制度、推进国家治理体系和治理能力现代化若干重大问题的决定》

放相统一，积极参与全球治理，为构建人类命运共同体不断作出贡献的显著优势。这些显著优势，是我们坚定中国特色社会主义道路自信、理论自信、制度自信、文化自信的基本依据。

◇如何坚持和发展：必须坚持以马克思列宁主义、毛泽东思想、邓小平理论、"三个代表"重要思想、科学发展观、习近平新时代中国特色社会主义思想为指导，增强"四个意识"，坚定"四个自信"，做到"两个维护"，坚持党的领导、人民当家作主、依法治国有机统一，坚持解放思想、实事求是，坚持改革创新，突出坚持和完善支撑中国特色社会主义制度的根本制度、基本制度、重要制度，着力固根基、扬优势、补短板、强弱项，构建系统完备、科学规范、运行有效的制度体系，加强系统治理、依法治理、综合治理、源头治理，把我国制度优势更好转化为国家治理效能，为实现"两个一百年"奋斗目标、实现中华民族伟大复兴的中国梦提供有力保证。

◇总体目标是：到我们党成立一百年时，在各方面制度更加成熟更加定型上取得明显成效；到二○三五年，各方面制度更加完善，基本实现国家治理体系和治理能力现代化；到新中国成立一百年时，全面实现国家治理体系和治理能力现代化，使中国特色社会主义制度更加巩固、优越性充分展现。

二、坚持和完善党的领导制度体系，提高党科学执政、民主执政、依法执政水平

◇中国共产党领导是中国特色社会主义最本质的特征，是中国特色社会主义制度的最大优势，党是最高政治领导力量。

◇(一)建立不忘初心、牢记使命的制度。把不忘初心、牢记使命作为加强党的建设的永恒课题和全体党员、干部的终身课题，形成长效机制，坚持不懈锤炼党员、干部忠诚干净担当的政治品格。

◇(二)完善坚定维护党中央权威和集中统一领导的各项制度。坚决把维护习近平总书记党中央的核心、全党的核心地位落到实处。

◇（三）健全党的全面领导制度。确保党在各种组织中发挥领导作用。

◇（四）健全为人民执政、靠人民执政各项制度。坚持立党为公、执政为民，保持党同人民群众的血肉联系，通过完善制度保证人民在国家治理中的主体地位，着力防范脱离群众的危险。

◇（五）健全提高党的执政能力和领导水平制度。坚持民主集中制，完善发展党内民主和实行正确集中的相关制度，提高党把方向、谋大局、定政策、促改革的能力。

◇（六）完善全面从严治党制度。坚持党要管党、全面从严治党，建立健全以党的政治建设为统领，全面推进党的各方面建设的体制机制。

三、坚持和完善人民当家作主制度体系，发展社会主义民主政治

◇我国是工人阶级领导的、以工农联盟为基础的人民民主专政的社会主义国家，国家的一切权力属于人民。必须坚持人民主体地位，坚定不移走中国特色社会主义政治发展道路。

◇（一）坚持和完善人民代表大会制度这一根本政治制度。人民行使国家权力的机关是全国人民代表大会和地方各级人民代表大会。保证各级国家机关都由人大产生、对人大负责、受人大监督。

◇（二）坚持和完善中国共产党领导的多党合作和政治协商制度。贯彻长期共存、互相监督、肝胆相照、荣辱与共的方针，完善人民政协专门协商机构制度。

◇（三）巩固和发展最广泛的爱国统一战线。坚持大统战工作格局，坚持一致性和多样性统一。

◇（四）坚持和完善民族区域自治制度。坚持各民族一律平等，坚持各民族共同团结奋斗、共同繁荣发展，保证民族自治地方依法行使自治权，保障少数民族合法权益，巩固和发展平等团结互助和谐的社会主义民族关系。

◇（五）健全充满活力的基层群众自治制度。健全基层党组织领导的基层群众自治机制。全心全意依靠

工人阶级，健全以职工代表大会为基本形式的企事业单位民主管理制度，探索企业职工参与管理的有效方式，保障职工群众的知情权、参与权、表达权、监督权，维护职工合法权益。

四、坚持和完善中国特色社会主义法治体系，提高党依法治国、依法执政能力

◇建设中国特色社会主义法治体系、建设社会主义法治国家是坚持和发展中国特色社会主义的内在要求。加快形成完善的党内法规体系，全面推进科学立法、严格执法、公正司法、全民守法，推进法治中国建设。

◇(一)健全保证宪法全面实施的体制机制。依法治国首先要坚持依宪治国，依法执政首先要坚持依宪执政。坚持宪法法律至上，健全法律面前人人平等保障机制。

◇(二)完善立法体制机制。坚持科学立法、民主立法、依法立法，完善党委领导、人大主导、政府依托、各方参与的立法工作格局。

◇(三)健全社会公平正义法治保障制度。坚持有法必依、执法必严、违法必究，努力让人民群众在每一个司法案件中感受到公平正义。

◇(四)加强对法律实施的监督。保证行政权、监察权、审判权、检察权得到依法正确行使，保证公民、法人和其他组织合法权益得到切实保障，坚决排除对执法司法活动的干预。

五、坚持和完善中国特色社会主义行政体制，构建职责明确、依法行政的政府治理体系

◇必须坚持一切行政机关为人民服务、对人民负责、受人民监督，创新行政方式，提高行政效能，建设人民满意的服务型政府。

◇(一)完善国家行政体制。以推进国家机构职能优化协同高效为着力点，优化行政决策、行政执行、行政组织、行政监督体制。

◇(二)优化政府职责体系。实行政府权责清单制

度，深入推进简政放权、放管结合、优化服务，深化行政审批制度改革，改善营商环境，激发各类市场主体活力。

◇(三)优化政府组织结构。优化行政区划设置，提高中心城市和城市群综合承载和资源优化配置能力，实行扁平化管理，形成高效率组织体系。

◇(四)健全充分发挥中央和地方两个积极性体制机制。理顺中央和地方权责关系，加强中央宏观事务管理，维护国家法制统一、政令统一、市场统一。赋予地方更多自主权，支持地方创造性开展工作。

六、坚持和完善社会主义基本经济制度，推动经济高质量发展

◇公有制为主体、多种所有制经济共同发展，按劳分配为主体、多种分配方式并存，社会主义市场经济体制等社会主义基本经济制度，既体现了社会主义制度优越性，又同我国社会主义初级阶段社会生产力发展水平相适应，是党和人民的伟大创造。必须坚持社会主义基本经济制度，充分发挥市场在资源配置中的决定性作用，更好发挥政府作用，全面贯彻新发展理念，坚持以供给侧结构性改革为主线，加快建设现代化经济体系。

◇(一)毫不动摇巩固和发展公有制经济，毫不动摇鼓励、支持、引导非公有制经济发展。探索公有制多种实现形式，推进国有经济布局优化和结构调整，发展混合所有制经济，增强国有经济竞争力、创新力、控制力、影响力、抗风险能力。营造各种所有制主体依法平等使用资源要素、公开公平公正参与竞争、同等受到法律保护的市场环境。

◇(二)坚持按劳分配为主体、多种分配方式并存。提高劳动报酬在初次分配中的比重。

◇(三)加快完善社会主义市场经济体制。健全以公平为原则的产权保护制度，建立知识产权侵权惩罚性赔偿制度，加强企业商业秘密保护。推进要素市场制度建设，实现要素价格市场决定、流动自主有序、配置高效公平。

◇(四)完善科技创新体制机制。弘扬科学精神和工匠精神，加快建设创新型国家。建立以企业为主体、市场为导向、产学研深度融合的技术创新体系。

◇(五)建设更高水平开放型经济新体制。实施更大范围、更宽领域、更深层次的全面开放，推动制造业、服务业、农业扩大开放，完善涉外经贸法律和规则体系。

七、坚持和完善繁荣发展社会主义先进文化的制度，巩固全体人民团结奋斗的共同思想基础

◇发展社会主义先进文化、广泛凝聚人民精神力量，是国家治理体系和治理能力现代化的深厚支撑。必须坚定文化自信，牢牢把握社会主义先进文化前进方向，围绕举旗帜、聚民心、育新人、兴文化、展形象的使命任务，坚持为人民服务、为社会主义服务，坚持百花齐放、百家争鸣，坚持创造性转化、创新性发展，激发全民族文化创造活力，更好构筑中国精神、中国价值、中国力量。

◇(一)坚持马克思主义在意识形态领域指导地位的根本制度。全面贯彻落实习近平新时代中国特色社会主义思想，健全用党的创新理论武装全党、教育人民工作体系，完善党委（党组）理论学习中心组等各层级学习制度，建设和用好网络学习平台。

◇(二)坚持以社会主义核心价值观引领文化建设制度。推动理想信念教育常态化、制度化，弘扬民族精神和时代精神，实施公民道德建设工程，推进新时代文明实践中心建设。

◇(三)健全人民文化权益保障制度。坚持以人民为中心的工作导向，完善文化产品创作生产传播的引导激励机制，推出更多群众喜爱的文化精品。

◇(四)完善坚持正确导向的舆论引导工作机制。坚持党管媒体原则，坚持团结稳定鼓劲、正面宣传为主，唱响主旋律、弘扬正能量。

◇(五)建立健全把社会效益放在首位、社会效益和经济效益相统一的文化创作生产体制机制。深化文化体制改革，健全现代文化产业体系和市场体系，加

强文艺创作引导。

八、坚持和完善统筹城乡的民生保障制度，满足人民日益增长的美好生活需要

◇（一）健全有利于更充分更高质量就业的促进机制。坚持就业是民生之本，实施就业优先政策，创造更多就业岗位。

◇（二）构建服务全民终身学习的教育体系。全面贯彻党的教育方针，坚持教育优先发展，聚焦办好人民满意的教育，完善立德树人体制机制，深化教育领域综合改革，加强师德师风建设，培养德智体美劳全面发展的社会主义建设者和接班人，建设学习型社会。

◇（三）完善覆盖全民的社会保障体系。坚持应保尽保原则，健全统筹城乡、可持续的基本养老保险制度、基本医疗保险制度，稳步提高保障水平。加快建立多主体供给、多渠道保障、租购并举的住房制度。

◇（四）强化提高人民健康水平的制度保障。深化医药卫生体制改革，坚持以基层为重点、预防为主、防治结合、中西医并重。

九、坚持和完善共建共治共享的社会治理制度，保持社会稳定、维护国家安全

◇（一）完善正确处理新形势下人民内部矛盾有效机制。坚持和发展新时代"枫桥经验"，努力将矛盾化解在基层。

◇（二）完善社会治安防控体系。坚持专群结合、群防群治，增强社会治安防控的整体性、协同性、精准性。

◇（三）健全公共安全体制机制。完善和落实安全生产责任和管理制度，建立公共安全隐患排查和安全预防控制体系。

◇（四）构建基层社会治理新格局。完善群众参与基层社会治理的制度化渠道。

◇（五）完善国家安全体系。坚持总体国家安全观，统筹发展和安全，坚持人民安全、政治安全、国家利益至上有机统一。以人民安全为宗旨，以政治安

全为根本，以经济安全为基础，以军事、科技、文化、社会安全为保障，健全国家安全体系，增强国家安全能力。

十、坚持和完善生态文明制度体系，促进人与自然和谐共生

◇生态文明建设是关系中华民族永续发展的千年大计。必须践行绿水青山就是金山银山的理念，坚持节约资源和保护环境的基本国策，坚持节约优先、保护优先、自然恢复为主的方针，坚定走生产发展、生活富裕、生态良好的文明发展道路，建设美丽中国。

◇(一)实行最严格的生态环境保护制度。坚持人与自然和谐共生，坚守尊重自然、顺应自然、保护自然，健全源头预防、过程控制、损害赔偿、责任追究的生态环境保护体系。

◇(二)全面建立资源高效利用制度。落实资源有偿使用制度，实行资源总量管理和全面节约制度。

◇(三)健全生态保护和修复制度。加强对重要生态系统的保护和永续利用，构建以国家公园为主体的自然保护地体系，健全国家公园保护制度。除国家重大项目外，全面禁止围填海。

◇(四)严明生态环境保护责任制度。建立生态文明建设目标评价考核制度，严格落实企业主体责任和政府监管责任。

十一、坚持和完善党对人民军队的绝对领导制度，确保人民军队忠实履行新时代使命任务

◇党对人民军队的绝对领导是人民军队的建军之本、强军之魂。

◇(一)坚持人民军队最高领导权和指挥权属于党中央。中央军委实行主席负责制是坚持党对人民军队绝对领导的根本实现形式。坚持全国武装力量由军委主席统一领导和指挥，完善贯彻军委主席负责制的体制机制，严格落实军委主席负责制各项制度规定。

◇(二)健全人民军队党的建设制度体系。全面贯彻政治建军各项要求，坚持党委制、政治委员制、政

治机关制，坚持党委统一的集体领导下的首长分工负责制，坚持支部建在连上，完善党领导军队的组织体系。

◇(三)把党对人民军队的绝对领导贯彻到军队建设各领域全过程。贯彻新时代军事战略方针，坚持战斗力根本标准，建立健全基于联合、平战一体的军事力量运用政策制度体系，构建新时代军事战略体系。

十二、坚持和完善"一国两制"制度体系，推进祖国和平统一

◇必须坚持"一国"是实行"两制"的前提和基础，"两制"从属和派生于"一国"并统一于"一国"之内。严格依照宪法和基本法对香港特别行政区、澳门特别行政区实行管治，坚定维护国家主权、安全、发展利益，维护香港、澳门长期繁荣稳定，绝不容忍任何挑战"一国两制"底线的行为，绝不容忍任何分裂国家的行为。

◇(一)全面准确贯彻"一国两制"、"港人治港"、"澳人治澳"、高度自治的方针。坚持依法治港治澳，维护宪法和基本法确定的宪制秩序，把坚持"一国"原则和尊重"两制"差异、维护中央对特别行政区全面管治权和保障特别行政区高度自治权、发挥祖国内地坚强后盾作用和提高特别行政区自身竞争力结合起来。

◇(二)健全中央依照宪法和基本法对特别行政区行使全面管治权的制度。健全特别行政区行政长官对中央政府负责的制度，支持行政长官和特别行政区政府依法施政。加强对香港、澳门社会特别是公职人员和青少年的宪法和基本法教育、国情教育、中国历史和中华文化教育，增强香港、澳门同胞国家意识和爱国精神。坚决防范和遏制外部势力干预港澳事务和进行分裂、颠覆、渗透、破坏活动，确保香港、澳门长治久安。

◇(三)坚定推进祖国和平统一进程。完善促进两岸交流合作、深化两岸融合发展、保障台湾同胞福祉的制度安排和政策措施，团结广大台湾同胞共同反对

"台独"、促进统一。在确保国家主权、安全、发展利益的前提下，和平统一后，台湾同胞的社会制度和生活方式将得到充分尊重，台湾同胞的私人财产、宗教信仰、合法权益将得到充分保障。

十三、坚持和完善独立自主的和平外交政策，推动构建人类命运共同体

◇（一）健全党对外事工作领导体制机制。坚持外交大权在党中央，加强中国特色大国外交理论建设，全面贯彻党中央外交大政方针和战略部署。

◇（二）完善全方位外交布局。坚定不移走和平发展道路，坚持在和平共处五项原则基础上全面发展同各国的友好合作，推动建设相互尊重、公平正义、合作共赢的新型国际关系。坚持奉行防御性的国防政策，永远不称霸，永远不搞扩张，永远做维护世界和平的坚定力量。

◇（三）推进合作共赢的开放体系建设。坚持互利共赢的开放战略，推动共建"一带一路"高质量发展，推动建设开放型世界经济。构建海外利益保护和风险预警防范体系，完善领事保护工作机制，维护海外同胞安全和正当权益，保障重大项目和人员机构安全。

◇（四）积极参与全球治理体系改革和建设。推动在共同但有区别的责任、公平、各自能力等原则基础上开展应对气候变化国际合作。维护联合国在全球治理中的核心地位，支持上海合作组织、金砖国家、二十国集团等平台机制化建设，推动构建更加公正合理的国际治理体系。

十四、坚持和完善党和国家监督体系，强化对权力运行的制约和监督

◇（一）健全党和国家监督制度。完善党内监督体系，强化政治监督，深化纪检监察体制改革。推进纪律监督、监察监督、派驻监督、巡视监督统筹衔接，健全人大监督、民主监督、行政监督、司法监督、群众监督、舆论监督制度，发挥审计监督、统计监督职

能作用。以党内监督为主导，推动各类监督有机贯通、相互协调。

◇(二)完善权力配置和运行制约机制。坚持权责法定。坚持权责透明。坚持权责统一。

◇(三)构建一体推进不敢腐、不能腐、不想腐体制机制。坚定不移推进反腐败斗争，坚决斩断"围猎"和甘于被"围猎"的利益链。

十五、加强党对坚持和完善中国特色社会主义制度、推进国家治理体系和治理能力现代化的领导

◇是全党的一项重大战略任务。

◇制度的生命力在于执行。

◇加强制度理论研究和宣传教育，引导全党全社会充分认识中国特色社会主义制度的本质特征和优越性，坚定制度自信。

◇把提高治理能力作为新时代干部队伍建设的重大任务。

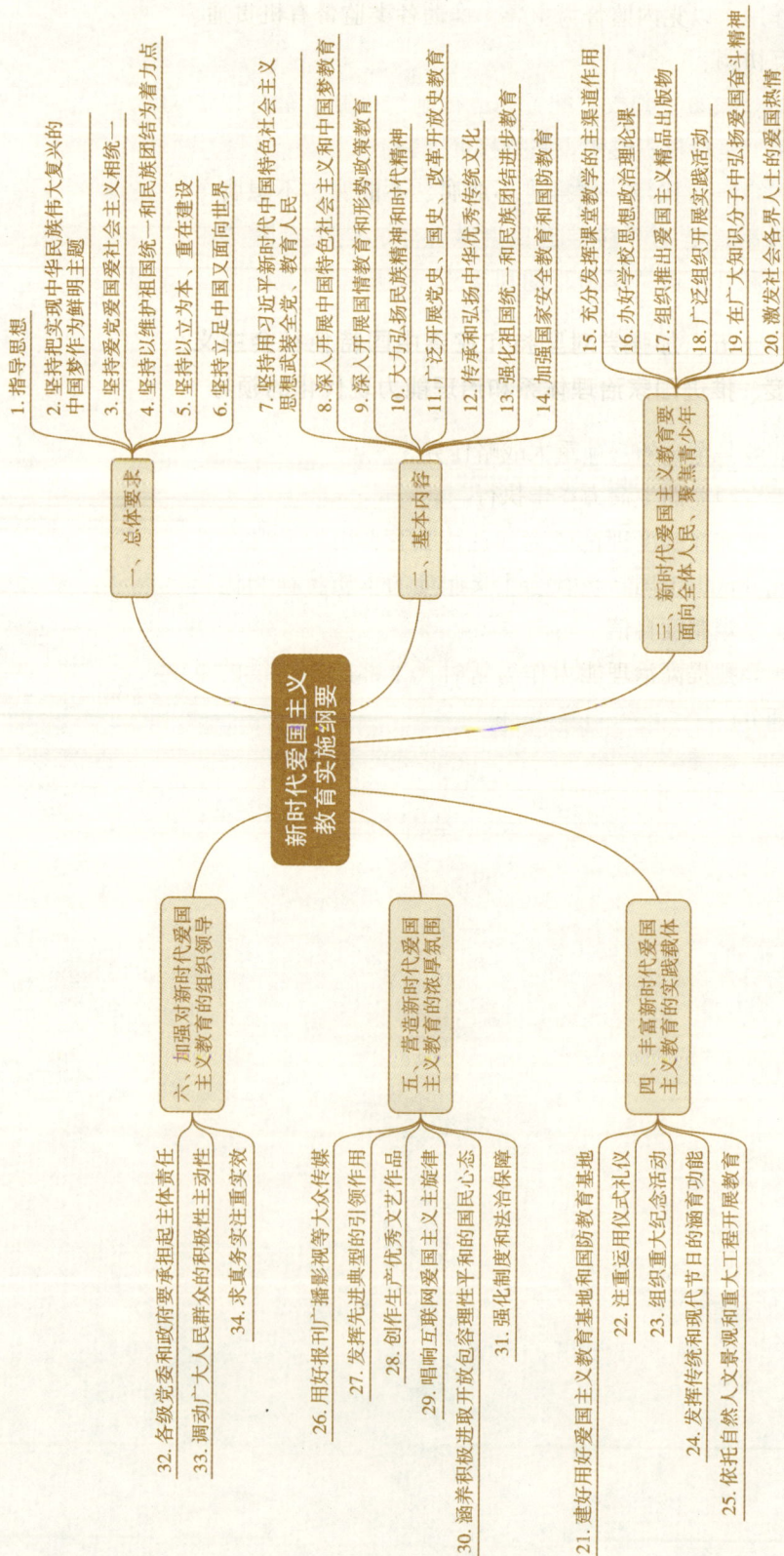

2.《新时代爱国主义教育实施纲要》（2019年11月12日）

【思维导图】

新时代爱国主义教育实施纲要

一、总体要求
1. 指导思想
2. 坚持把实现中华民族伟大复兴的中国梦作为鲜明主题
3. 坚持爱党爱国爱社会主义相统一
4. 坚持以维护祖国统一和民族团结为着力点
5. 坚持以立为本、重在建设
6. 坚持立足中国又面向世界

二、基本内容
7. 坚持用习近平新时代中国特色社会主义思想教育人民
8. 深入开展中国特色社会主义和中国梦教育
9. 深入开展国情教育和形势政策教育
10. 大力开展党史、国史、改革开放史教育
11. 广泛开展弘扬民族精神和时代精神教育
12. 传承和弘扬中华优秀传统文化
13. 强化祖国统一和民族团结进步教育
14. 加强国家安全教育和国防教育

三、新时代爱国主义教育要面向全体人民，聚焦青少年
15. 充分发挥课堂教学的主渠道作用
16. 办好学校思想政治理论课
17. 组织推出爱国主义精品出版物
18. 广泛组织开展实践活动
19. 在广大知识分子中弘扬爱国奋斗精神
20. 激发社会各界人士的爱国热情

四、丰富新时代爱国主义教育的实践载体
21. 建好用好爱国主义教育基地和国防教育基地
22. 注重运用仪式礼仪
23. 组织重大纪念活动
24. 发挥重大节日的涵育功能
25. 依托自然人文景观和重大工程开展教育

五、营造新时代爱国主义教育的浓厚氛围
26. 用好报刊广播影视等大众传媒
27. 发挥先进典型的引领作用
28. 创作生产优秀文艺作品
29. 唱响互联网爱国主义主旋律
30. 涵养积极进取开放包容理性平和的国民心态
31. 强化制度和法治保障

六、加强对新时代爱国主义教育的组织领导
32. 各级党委和政府要承担起主体责任
33. 调动广大人民群众的积极性主动性
34. 求真务实注重实效

【原文摘录】

◇爱国主义是中华民族的民族心、民族魂，是中华民族最重要的精神财富，是中国人民和中华民族维护民族独立和民族尊严的强大精神动力。爱国主义精神深深植根于中华民族心中，维系着中华大地上各个民族的团结统一，激励着一代又一代中华儿女为祖国发展繁荣而自强不息、不懈奋斗。

◇中国共产党是爱国主义精神最坚定的弘扬者和实践者，90多年来，中国共产党团结带领全国各族人民进行的革命、建设、改革实践是爱国主义的伟大实践，写下了中华民族爱国主义精神的辉煌篇章。

一、总体要求

◇坚持以马克思列宁主义、毛泽东思想、邓小平理论、"三个代表"重要思想、科学发展观、习近平新时代中国特色社会主义思想为指导，增强"四个意识"，坚定"四个自信"，做到"两个维护"，着眼培养担当民族复兴大任的时代新人，始终高扬爱国主义旗帜，着力培养爱国之情、砥砺强国之志、实践报国之行，使爱国主义成为全体中国人民的坚定信念、精神力量和自觉行动。

◇坚持把实现中华民族伟大复兴的中国梦作为鲜明主题。坚持爱党爱国爱社会主义相统一。坚持以维护祖国统一和民族团结为着力点。坚持以立为本、重在建设。坚持立足中国又面向世界。

二、基本内容

◇坚持用习近平新时代中国特色社会主义思想武装全党、教育人民。要深刻理解习近平新时代中国特色社会主义思想的核心要义、精神实质、丰富内涵、实践要求，推动习近平新时代中国特色社会主义思想进企业、进农村、进机关、进校园、进社区、进军营、进网络，引导干部群众坚持以习近平新时代中国特色社会主义思想为指导，把学习教育成果转化为爱国报

【笔记】

▲党的十八大以来，以习近平同志为核心的党中央高度重视爱国主义教育，固本培元、凝心铸魂，作出一系列重要部署，推动爱国主义教育取得显著成效。当前，中国特色社会主义进入新时代，中华民族伟大复兴正处于关键时期。新时代加强爱国主义教育，对于振奋民族精神、凝聚全民族力量，决胜全面建成小康社会，夺取新时代中国特色社会主义伟大胜利，实现中华民族伟大复兴的中国梦，具有重大而深远的意义

▲习近平新时代中国特色社会主义思想是马克思主义中国化最新成果，是党和人民实践经验和集体智慧的结晶，是中国特色社会主义理论体系的重要组成部分，是全党全国人民为实现中华民族伟大复兴而奋斗的行动指南，必须长期坚持并不断发展

国的实际行动。

◇**深入开展中国特色社会主义和中国梦教育**。中国特色社会主义集中体现着国家、民族、人民根本利益。要高举中国特色社会主义伟大旗帜，广泛开展理想信念教育，不断增强道路自信、理论自信、制度自信、文化自信。要深入开展中国梦教育，引导人们深刻认识中华民族伟大复兴绝不是轻轻松松、敲锣打鼓就能实现的，要付出更为艰巨、更为艰苦的努力，争做新时代的奋斗者、追梦人。

◇**深入开展国情教育和形势政策教育**。要深入开展国情教育，引导人们始终准确把握基本国情，既不落后于时代，也不脱离实际、超越阶段。要深入开展形势政策教育，帮助人们树立正确的历史观、大局观、角色观，引导人们清醒认识国际国内形势发展变化。要发扬斗争精神，增强斗争本领，在进行伟大斗争中更好弘扬爱国主义精神。

◇**大力弘扬民族精神和时代精神**。以**爱国主义**为核心的民族精神和以**改革创新**为核心的时代精神，是凝心聚力的兴国之魂、强国之魂。要聚焦培养担当民族复兴大任的时代新人，培育和践行社会主义核心价值观，广泛开展爱国主义、集体主义、社会主义教育。要唱响人民赞歌、展现人民风貌，大力弘扬中国人民在长期奋斗中形成的伟大创造精神、伟大奋斗精神、伟大团结精神、伟大梦想精神。

◇**广泛开展党史、国史、改革开放史教育**。要结合中华民族从站起来、富起来到强起来的伟大飞跃，引导人们深刻认识历史和人民选择中国共产党、选择马克思主义、选择社会主义道路、选择改革开放的历史必然性，坚决反对历史虚无主义。要继承革命传统，弘扬革命精神，使之转化为激励人民群众进行伟大斗争的强大动力。要加强改革开放教育，引导人们深刻认识改革开放是党和人民大踏步赶上时代的重要法宝，凝聚起将改革开放进行到底的强大力量。

◇**传承和弘扬中华优秀传统文化**。要引导人们了解中华民族的悠久历史和灿烂文化，从历史中汲取营养和智慧，自觉延续文化基因，增强民族自尊心、自

▲我国仍处于并将长期处于社会主义初级阶段的基本国情没有变，我国是世界上最大发展中国家的国际地位没有变

▲世界正经历百年未有之大变局，我国仍处于发展的重要战略机遇期

信心和自豪感。要深入实施中华优秀传统文化传承发展工程，推动中华文化创造性转化、创新性发展。要反对文化虚无主义，引导人们树立和坚持正确的历史观、民族观、国家观、文化观，不断增强中华民族的归属感、认同感、尊严感、荣誉感。

◇**强化祖国统一和民族团结进步教育**。要加强祖国统一教育，引导全体中华儿女为实现民族伟大复兴、推进祖国和平统一而共同奋斗。深化民族团结进步教育，铸牢中华民族共同体意识，加强各民族交往交流交融。

◇**加强国家安全教育和国防教育**。要加强国家安全教育，深入学习宣传总体国家安全观，增强全党全国人民国家安全意识。要加强国防教育，增强全民国防观念。要深入开展增强忧患意识、防范化解重大风险的宣传教育，引导广大干部群众强化风险意识。

三、新时代爱国主义教育要面向全体人民、聚焦青少年

◇**充分发挥课堂教学**的主渠道作用。要把青少年作为爱国主义教育的重中之重，**将爱国主义精神贯穿于学校教育全过程**，推动爱国主义教育进课堂、进教材、进头脑。在普通高校将爱国主义教育与哲学社会科学相关专业课程有机结合，加大爱国主义教育内容的比重。创新爱国主义教育的形式，丰富和优化课程资源，支持和鼓励多种形式开发微课、微视频等教育资源和在线课程，开发体现爱国主义教育要求的音乐、美术、书法、舞蹈、戏剧作品等，进一步增强吸引力感染力。

◇**办好学校思想政治理论课**。思想政治理论课是爱国主义教育的主阵地。要紧紧抓住**青少年阶段的"拔节孕穗期"**，理直气壮开好思想政治理论课，引导学生把爱国情、强国志、报国行自觉融入坚持和发展中国特色社会主义事业、建设社会主义现代化强国、实现中华民族伟大复兴的奋斗之中。按照政治强、情怀深、思维新、视野广、自律严、人格正的要求，**加强思想政治理论课教师队伍建设**，让有信仰的人讲信

仰，让有爱国情怀的人讲爱国。推动思想政治理论课改革创新，发挥学生主体作用，采取互动式、启发式、交流式教学，增强思想性理论性和亲和力针对性，在教育灌输和潜移默化中，引导学生树立国家意识、增进爱国情感。

◇组织推出爱国主义精品出版物。加大创作力度，推出反映爱国主义内容的高质量儿童读物、教辅读物，让广大青少年自觉接受爱国主义熏陶。积极推荐爱国主义主题出版物，大力开展爱国主义教育读书活动。大力开发并积极推介体现中华文化精髓、富有爱国主义气息的网络文学、动漫、有声读物、网络游戏、手机游戏、短视频等。

◇广泛组织开展实践活动。大中小学的党组织、共青团、少先队、学生会、学生社团等，要把爱国主义内容融入党日团日、主题班会、班队会以及各类主题教育活动之中。广泛开展文明校园创建，强化校训校歌校史的爱国主义教育功能，组织开展丰富多彩的校园文化活动。组织大中小学生更好地了解国情民情，强化责任担当。密切与城市社区、农村、企业、部队、社会机构等的联系，丰富拓展爱国主义教育校外实践领域。

◇在广大知识分子中弘扬爱国奋斗精神。大力组织优秀知识分子学习宣传，引导新时代知识分子把自己的理想同祖国的前途、把自己的人生同民族的命运紧密联系在一起，立足本职、拼搏奋斗、创新创造，在新时代作出应有的贡献。

◇激发社会各界人士的爱国热情。社会各界的代表性人士具有较强示范效应。要坚持信任尊重团结引导，增进和凝聚政治共识，夯实共同思想政治基础，不断扩大团结面，充分调动社会各界人士的爱国热情和社会担当。

四、丰富新时代爱国主义教育的实践载体

◇建好用好爱国主义教育基地和国防教育基地，强化爱国主义教育和红色教育功能。

◇注重运用仪式礼仪，认真贯彻执行国旗法、国

徽法、国歌法，强化国家意识和集体观念。

◇组织重大纪念活动，充分挖掘重大纪念日、重大历史事件蕴含的爱国主义教育资源，组织开展系列庆祝或纪念活动和群众性主题教育。

◇发挥传统和现代节日的涵育功能，大力实施中国传统节日振兴工程，深化"我们的节日"主题活动，引导人们感悟中华文化、增进家国情怀，开展各具特色的庆祝活动，激发人们的爱国主义和集体主义精神。

◇依托自然人文景观和重大工程开展教育，寓爱国主义教育于游览观光之中，引导人们领略壮美河山，投身美丽中国建设。

五、营造新时代爱国主义教育的浓厚氛围

◇用好报刊广播影视等大众传媒，使爱国主义宣传报道接地气、有生气、聚人气，有情感、有深度、有温度。

◇发挥先进典型的引领作用，引导人们把敬仰和感动转化为干事创业、精忠报国的实际行动。

◇创作生产优秀文艺作品。把爱国主义作为常写常新的主题，不断推出讴歌党、讴歌祖国、讴歌人民、讴歌劳动、讴歌英雄的精品力作。

◇唱响互联网爱国主义主旋律，让爱国主义充盈网络空间。

◇涵养积极进取开放包容理性平和的国民心态，引导人们正确把握中国与世界的发展大势，正确认识中国与世界的关系，既不妄自尊大也不妄自菲薄，做到自尊自信、理性平和，推动爱国之情转化为实际行动。

◇强化制度和法治保障，把爱国主义精神融入相关法律法规和政策制度，发挥指引、约束和规范作用。

3.《关于全面深入持久开展民族团结进步创建工作　铸牢中华民族共同体意识的意见》（2019年10月23日）

【思维导图】

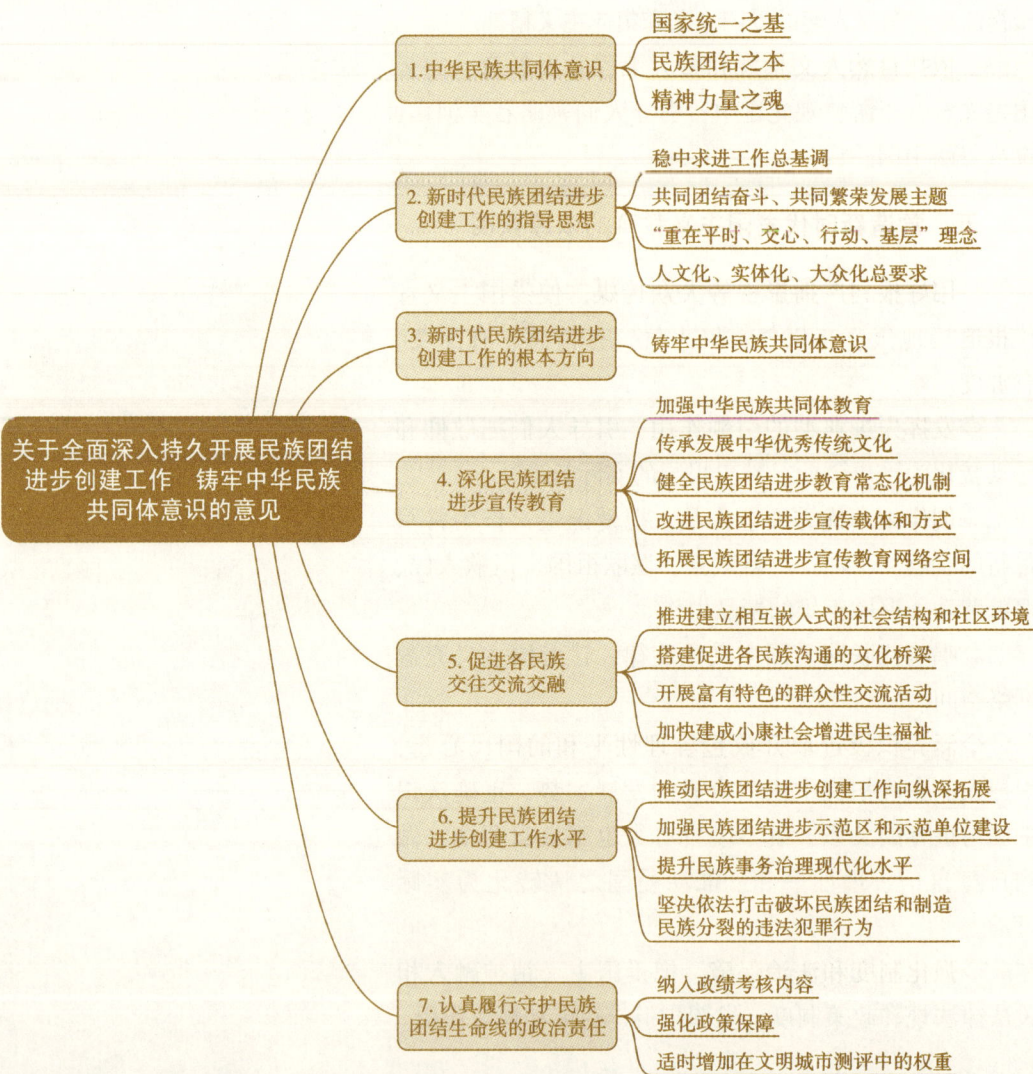

关于全面深入持久开展民族团结进步创建工作　铸牢中华民族共同体意识的意见

1.中华民族共同体意识
- 国家统一之基
- 民族团结之本
- 精神力量之魂

2.新时代民族团结进步创建工作的指导思想
- 稳中求进工作总基调
- 共同团结奋斗、共同繁荣发展主题
- "重在平时、交心、行动、基层"理念
- 人文化、实体化、大众化总要求

3.新时代民族团结进步创建工作的根本方向
- 铸牢中华民族共同体意识

4.深化民族团结进步宣传教育
- 加强中华民族共同体教育
- 传承发展中华优秀传统文化
- 健全民族团结进步教育常态化机制
- 改进民族团结进步宣传载体和方式
- 拓展民族团结进步宣传教育网络空间

5.促进各民族交往交流交融
- 推进建立相互嵌入式的社会结构和社区环境
- 搭建促进各民族沟通的文化桥梁
- 开展富有特色的群众性交流活动
- 加快建成小康社会增进民生福祉

6.提升民族团结进步创建工作水平
- 推动民族团结进步创建工作向纵深拓展
- 加强民族团结进步示范区和示范单位建设
- 提升民族事务治理现代化水平
- 坚决依法打击破坏民族团结和制造民族分裂的违法犯罪行为

7.认真履行守护民族团结生命线的政治责任
- 纳入政绩考核内容
- 强化政策保障
- 适时增加在文明城市测评中的权重

【原文摘录】

◇中华民族共同体意识是国家统一之基、民族团结之本、精神力量之魂。

◇适应新时代发展历史方位，以各族群众为主体，以铸牢中华民族共同体意识为根本方向，以加强各民族交往交流交融为根本途径，全面深入持久开展民族团结进步创建工作，是推进民族团结进步事业发展的必然要求，也是实现中华民族伟大复兴中国梦的必然要求。

◇新时代民族团结进步创建工作的指导思想是：高举中国特色社会主义伟大旗帜，坚持以习近平新时代中国特色社会主义思想为指导，全面贯彻党的十九大和十九届二中、三中全会精神，加强党对民族工作的领导，坚持稳中求进工作总基调，坚持以人民为中心，紧扣"中华民族一家亲，同心共筑中国梦"总目标，紧紧围绕共同团结奋斗、共同繁荣发展主题，秉持"重在平时、重在交心、重在行动、重在基层"理念，按照人文化、实体化、大众化总要求，全面深入持久开展民族团结进步创建工作，突出创建主题，把握创建方向，深化创建内涵，丰富创建形式，扩大参与范围，提升创建水平，大力营造中华民族一家亲的社会氛围，为实现中华民族伟大复兴中国梦凝聚磅礴的精神力量。

◇新时代民族团结进步创建工作要坚持以铸牢中华民族共同体意识为根本方向，坚持以加强各民族交往交流交融为根本途径，坚持以"中华民族一家亲，同心共筑中国梦"为总目标，坚持依法治理民族事务促进民族团结，遵循社会团结规律，坚持正面引导，坚持齐抓共管、形成合力。

◇深化民族团结进步宣传教育。要加强中华民族共同体教育，引导各族群众不断增强对伟大祖国的认同、对中华民族的认同、对中华文化的认同、对中国共产党的认同、对中国特色社会主义的认同。传承发展中华优秀传统文化，大力实施中华优秀传统文化传承发展工程，推动中华优秀传统文化融入国民教育、道德建设、文化创造和生产生活。健全民族团结进步教育常态化机制，把民族团结教育纳入国民教育、干部教育、社会教育全过程，构建课堂教学、社会实践、主题教育多位一体的教育平台。改进民族团结进步宣传载体和方式，充分运用新技术、新媒体打造实体化的宣传载体。拓展民族团结进步宣传教育网络空间，推进"互联网＋民族团结"行动，打造网上文化交流共享平台，把互联网空间建成促进民族团结进步、铸牢中华民族共同体意识的新平台。

◇促进各民族交往交流交融。要推进建立相互嵌入式的社会结构和社区环境，积极营造各民族共居共学共事共乐的社会条件，开展各族群众交流、培养、融洽感情的工作，形成密不可分的共同体。搭建促进各民族沟通的文化桥梁，坚持以社会主义先进文化引领促进各民族文化传承发展。开展富有特色的群众性交流活动，打造"中华民族一家亲"系列实践教育活动平台。加快建成小康社会增进民生福祉，把加快少数民族和民族地区发展摆到更加突出的战略位置，夯实民族团结进步的物质基础。

◇提升民族团结进步创建工作水平。要推动民族团结进步创建工作向纵深拓展，把重心下沉到社区、乡村、学校、企业、连队等基层单位。加强民族团结进步示范区和示范单位建设，推动各级示范区率先实现建成小康社会和现代化同步、公共服务同质、法治保障同权、精神家园同建、社会和谐同创，建设特色鲜明的民族团结进步示范单位。提升民族事务治理现代化水平，全面贯彻落实宪法和民族区域自治法，依法保障各民族公民合法权益。坚决依法打击破坏民族团结和制造民族分裂的违法犯罪行为。

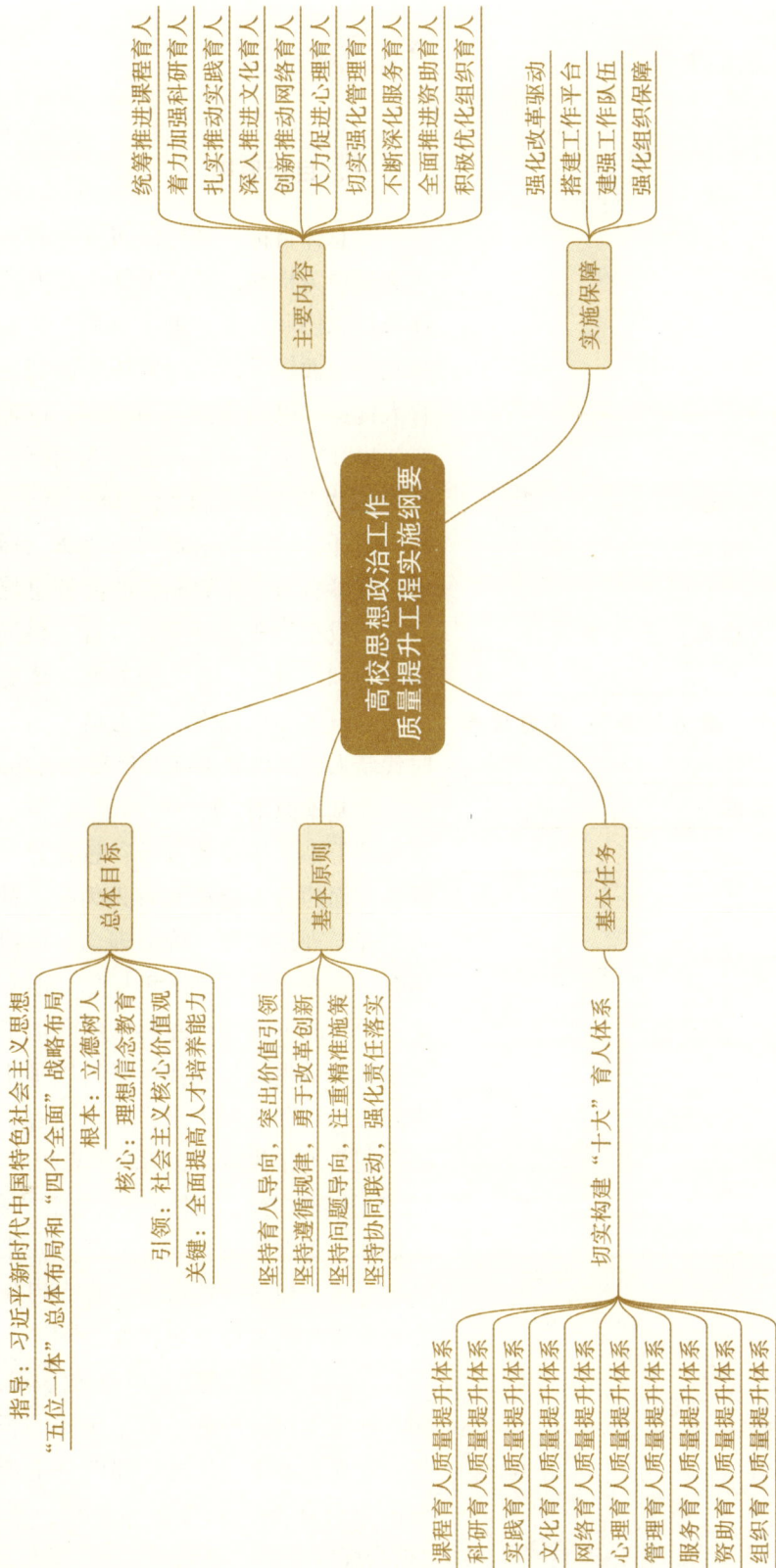

4. 《高校思想政治工作质量提升工程实施纲要》（2017年12月4日）

【思维导图】

高校思想政治工作质量提升工程实施纲要

总体目标
- 指导：习近平新时代中国特色社会主义思想
- "五位一体"总体布局和"四个全面"战略布局
- 根本：立德树人
- 核心：社会主义核心价值观
- 引领：理想信念教育
- 关键：全面提高人才培养能力

基本原则
- 坚持育人导向，突出价值引领
- 坚持遵循规律，勇于改革创新
- 坚持问题导向，注重精准施策
- 坚持协同联动，强化责任落实

基本任务
- 切实构建"十大"育人体系
  - 课程育人质量提升体系
  - 科研育人质量提升体系
  - 实践育人质量提升体系
  - 文化育人质量提升体系
  - 网络育人质量提升体系
  - 心理育人质量提升体系
  - 管理育人质量提升体系
  - 服务育人质量提升体系
  - 资助育人质量提升体系
  - 组织育人质量提升体系

主要内容
- 统筹推进课程育人
- 着力加强科研育人
- 扎实推动实践育人
- 深入推进文化育人
- 创新推动网络育人
- 大力促进心理育人
- 切实强化管理育人
- 不断深化服务育人
- 全面推进资助育人
- 积极优化组织育人

实施保障
- 强化改革驱动
- 搭建工作平台
- 建强工作队伍
- 强化组织保障

【笔记】

【原文摘录】

一、目标原则

◇**总体目标**。坚持以习近平新时代中国特色社会主义思想为指导，紧紧围绕统筹推进"五位一体"总体布局和协调推进"四个全面"战略布局，坚持和加强党的全面领导，充分发挥中国特色社会主义教育的育人优势，以立德树人为根本，以理想信念教育为核心，以社会主义核心价值观为引领，以全面提高人才培养能力为关键，强化基础、突出重点、建立规范、落实责任，一体化构建内容完善、标准健全、运行科学、保障有力、成效显著的高校思想政治工作质量体系，形成全员全过程全方位育人格局，切实提高工作亲和力和针对性，着力培养德智体美全面发展的社会主义建设者和接班人，着力培养担当民族复兴大任的时代新人，不断开创新时代高校思想政治工作新局面。

- 育人格局：三全育人（＿＿＿
＿＿＿＿＿＿＿＿＿＿＿＿＿＿）
- 两个"着力培养"：着力培养
＿＿＿＿＿＿＿＿＿＿＿＿＿＿＿，
着力培养＿＿＿＿＿＿＿＿＿＿＿
＿＿＿＿＿＿＿＿＿＿＿＿＿＿＿

◇**基本原则**。(1)坚持育人导向，突出价值引领。全面统筹办学治校各领域、教育教学各环节、人才培养各方面的育人资源和育人力量，推动知识传授、能力培养与理想信念、价值理念、道德观念的教育有机结合，建立健全系统化育人长效机制。(2)坚持遵循规律，勇于改革创新。遵循思想政治工作规律、教书育人规律和学生成长规律，坚持以师生为中心，把握师生思想特点和发展需求，优化内容供给、改进工作方法、创新工作载体，激活高校思想政治工作内生动力。(3)坚持问题导向，注重精准施策。聚焦重点任务、重点群体、重点领域、重点区域、薄弱环节，强化优势、补齐短板，加强分类指导、着力因材施教，着力破解高校思想政治工作领域存在的不平衡不充分问题，不断提高师生的获得感。(4)坚持协同联动，强化责任落实。加强党对高校思想政治工作的领导，落实主体责任，建立党委统一领导、部门分工负责、全员协同参与的责任体系。加强督导考核，严肃追责问责，把"软指标"变成"硬约束"。

二、基本任务

◇**课程育人质量提升体系**。大力推动以"课程思政"为目标的课堂教学改革，优化课程设置，修订专业教材，完善教学设计，加强教学管理，梳理各门专业课程所蕴含的思想政治教育元素和所承载的思想政治教育功能，融入课堂教学各环节，实现思想政治教育与知识体系教育的有机统一。

◇**科研育人质量提升体系**。发挥科研育人功能，优化科研环节和程序，完善科研评价标准，改进学术评价方法，促进成果转化应用，引导师生树立正确的政治方向、价值取向、学术导向，培养师生至诚报国的理想追求、敢为人先的科学精神、开拓创新的进取意识和严谨求实的科研作风。

◇**实践育人质量提升体系**。坚持理论教育与实践养成相结合，整合各类实践资源，强化项目管理，丰富实践内容，创新实践形式，拓展实践平台，完善支持机制，教育引导师生在亲身参与中增强实践能力、树立家国情怀。

◇**文化育人质量提升体系**。注重以文化人以文育人，深入开展中华优秀传统文化、革命文化、社会主义先进文化教育，推动中国特色社会主义文化繁荣兴盛，牢牢掌握高校意识形态工作领导权，践行和弘扬社会主义核心价值观，优化校风学风，繁荣校园文化，培育大学精神，建设优美环境，滋养师生心灵、涵育师生品行、引领社会风尚。

◇**网络育人质量提升体系**。大力推进网络教育，加强校园网络文化建设与管理，拓展网络平台，丰富网络内容，建强网络队伍，净化网络空间，优化成果评价，推动思想政治工作传统优势同信息技术高度融合，引导师生强化网络意识，树立网络思维，提升网络文明素养，创作网络文化产品，传播主旋律、弘扬正能量，守护好网络精神家园。

◇**心理育人质量提升体系**。坚持育心与育德相结合，加强人文关怀和心理疏导，深入构建教育教学、实践活动、咨询服务、预防干预、平台保障"五位一

● 课堂教学改革的目标：

" ＿＿＿＿＿＿＿＿＿＿＿＿ "

● "五位一体"的心理健康教育工作格局：＿＿＿＿＿＿＿＿、

＿＿＿＿＿＿、＿＿＿＿＿＿、

＿＿＿＿＿＿、＿＿＿＿＿＿

体"的心理健康教育工作格局，着力培育师生理性平和、积极向上的健康心态，促进师生心理健康素质与思想道德素质、科学文化素质协调发展。

◇**管理育人质量提升体系**。把规范管理的严格要求和春风化雨、润物无声的教育方式结合起来，加强教育立法，遵守大学章程，完善校规校纪，健全自律公约，加强法治教育，全面推进依法治教，促进教育治理能力和治理体系现代化，强化科学管理对道德涵育的保障功能，大力营造治理有方、管理到位、风清气正的育人环境。

◇**服务育人质量提升体系**。把解决实际问题与解决思想问题结合起来，围绕师生、关照师生、服务师生，把握师生成长发展需要，提供靶向服务，增强供给能力，积极帮助解决师生工作学习中的合理诉求，在关心人、帮助人、服务人中教育人、引导人。

◇**资助育人质量提升体系**。把"扶困"与"扶智"，"扶困"与"扶志"结合起来，建立国家资助、学校奖助、社会捐助、学生自助"四位一体"的发展型资助体系，构建物质帮助、道德浸润、能力拓展、精神激励有效融合的资助育人长效机制，实现无偿资助与有偿资助、显性资助与隐性资助的有机融合，形成"解困—育人—成才—回馈"的良性循环，着力培养受助学生自立自强、诚实守信、知恩感恩、勇于担当的良好品质。

◇**组织育人质量提升体系**。把组织建设与教育引领结合起来，强化高校各类组织的育人职责，增强工作活力、促进工作创新、扩大工作覆盖、提高辐射能力，发挥高校党委领导核心作用、院（系）党组织政治核心作用和基层党支部战斗堡垒作用，发挥工会、共青团、学生会、学生社团等组织的联系服务、团结凝聚师生的桥梁纽带作用，把思想政治教育贯穿各项工作和活动，促进师生全面发展。

三、主要内容

◇**统筹推进课程育人**。深入推动习近平新时代中国特色社会主义思想进教材、进课堂、进头脑。完善

● 习近平新时代中国特色社会主义思想"三进"：进_____、进_____、进_____

课程设置管理、课程标准和教案评价制度，实施高校课程体系和教育教学创新计划，推动面向全体学生开设提高思想品德、人文素养、认知能力的哲学社会科学课程，创新高校思想政治理论课建设体系。修订各类专业教材，加强课堂教学设计，推进马克思主义理论研究和建设工程教材、思想政治理论课统编教材编写修订，研制课程育人指导意见，充分挖掘和运用各门课程蕴含的思想政治教育元素，作为教材讲义必要章节、课堂讲授重要内容和学生考核关键知识。发挥专业教师课程育人的主体作用，健全课程育人管理、运行体制，将课程育人作为教师思想政治工作的重要环节，作为教学督导和教师绩效考核的重要方面。加强教材使用和课堂教学管理，建立哲学社会科学专业核心课程教材目录，研制引进教材选用管理办法，建立国家优秀教材评选奖励制度，制定高校课堂教学管理指导意见，明确课堂教学的纪律要求。培育选树一批"学科育人示范课程"，建立一批"课程思政研究中心"。

　　◇**着力加强科研育人。**改进科研环节和程序，把思想价值引领贯穿选题设计、科研立项、项目研究、成果运用全过程，把思想政治表现作为组建科研团队的底线要求。完善科研评价标准，改进学术评价方法，健全具有中国特色的学术评价标准和科研成果评价办法，构建集教育、预防、监督、惩治于一体的学术诚信体系，治理遏制学术研究、科研成果不良倾向，组织编写师生学术规范与学术道德读本，在本科生中开设相关专题讲座，在研究生中开设相应公选课程。健全优秀成果评选推广机制，服务国家和区域经济发展，促进全社会思想文化建设。培养师生科学精神和创新意识，实施科研创新团队培育支持计划、科教协同育人计划、产学研合作协同育人计划等项目，引导师生积极参与科技创新团队和科研创新训练，及时掌握科技前沿动态，培养集体攻关、联合攻坚的团队精神和协作意识。加大学术名家、优秀学术团队先进事迹的宣传教育力度。大力培育全国高校黄大年式教师团队，培养选树一批科研育人示范项目、示范团队。

　　◇**扎实推动实践育人。**整合实践资源，拓展实践

●学术诚信体系：集＿＿＿＿＿、＿＿＿＿＿、＿＿＿＿＿、＿＿＿＿＿于一体

平台，依托高新技术开发区、大学科技园、城市社区、农村乡镇、工矿企业、爱国主义教育场所等，建立多种形式的社会实践、创业实习基地。丰富实践内容，创新实践形式，广泛开展社会调查、生产劳动、社会公益、志愿服务、科技发明、勤工助学等社会实践活动，深入开展好大学生暑期"三下乡""志愿服务西部计划"等传统经典项目，组织实施好"牢记时代使命，书写人生华章""百万师生追寻习近平总书记成长足迹""百万师生重走复兴之路""百万师生'一带一路'社会实践专项行动"等新时代社会实践精品项目，探索开展师生志愿服务评价认证。深入推进实践教学改革，分类制订实践教学标准，适度增加实践教学比重，原则上哲学社会科学类专业实践教学不少于总学分（学时）的15%，理工农医类专业不少于25%。加强创新创业教育，开发专门课程，健全课程体系，实施"大学生创新创业训练计划"，支持学生成立创新创业类社团。完善支持机制，推动专业课实践教学、社会实践活动、创新创业教育、志愿服务、军事训练等载体有机融合，形成实践育人统筹推进工作格局，构建"党委统筹部署、政府扎实推动、社会广泛参与、高校着力实施"的实践育人协同体系。培育建设一批实践育人与创新创业示范基地。

◇**深入推进文化育人**。推进中华优秀传统文化教育，实施"中华经典诵读工程""中国传统节日振兴工程"，开展"礼敬中华优秀传统文化""戏曲进校园"等文化建设活动，展示一批体育艺术文化成果，建设一批文化传承基地，引导高雅艺术、非物质文化、民族民间优秀文化走近师生。挖掘革命文化的育人内涵，实施"革命文化教育资源库建设工程"，开展"传承红色基因、担当复兴重任"主题教育活动，组织编排展演一批以革命先驱为原型的舞台剧、以革命精神为主题的歌舞音乐、以革命文化为内涵的网络作品；有效利用重大纪念日契机和重点文化基础设施开展革命文化教育。开展社会主义先进文化教育，开展高校师生社会主义核心价值观主题教育活动，推广展示一批社会主义核心价值观教育典型案例，选树宣传一批践行社会主义核心价值观先进典型。大力繁荣校园文化，创新校园文化品牌，挖掘校史校风校训校歌的教育作用，推进"一校一品"校园文化建设，引导高校建设特色校园文化；实施"高校原创文化经典推广行动计划"，支持师生原创歌剧、舞蹈、音乐、影视等文艺精品扩大影响力和辐射力；广泛开展"我的中国梦"等主题教育活动，推选展示一批高校校园文化建设优秀成果。建设美丽校园，制作发布高校优秀人文景观、自然景观名录，推动实现校园山、水、园、林、路、馆建设达到使用、审美、教育功能的和谐统一。广泛开展文明校园创建，评选"全国文明校园"，把高校建设成为社会主义精神文明高地。

◇**创新推动网络育人**。加强工作统筹，建设高校思想政治工作网，打造信息发布、工作交流和数据分析平台，加强高校思想政治工作信息管理系统共建与资源互享。强化网络意识，提高建网用网管网能力，加强师生网络素养教育，编制《高校师生网络素养指南》，引导师生增强网络安全意识，遵守网络行为规范，养成文明网络生活方式。拓展网络平台，发挥全国高校校园网站联盟作用，推动"易班"和中国大学生在线全国共建，推选展示一批校园网络名站名栏，引领建设校园网络新媒体矩阵。丰富网络内容，开展"大学生网络文化节""高校网络育人优秀作品推选展示""网络文明进校园"等网络文化建设活动，推广展示一批"网络名篇名作"。优化成果评价，建设"高校网络文化研究评价中心"，建立网络文化成果评价认证体系，推动将优秀网络文化成果纳入高校科研成果统计、列为教师职务职称评聘条件、作为师生评奖评优依据。培养网络力量，实施"网络教育名师培育支持计划""校园好网民培养选树计划"，建设一支政治强、业务精、作风硬的网络工作队伍。

◇**大力促进心理育人**。加强知识教育，把心理健康教育课程纳入学校整体教学计划，组织编写大学生心理健康教育示范教材，开发建设《大学生心理健康》等在线课程，实现心理健康知识教育全覆盖。开展宣传活动，举办"5·25"大学生心理健康节等品牌

● "四级"心理预警防控体系：
_____、_____、
_____、_____

活动，充分利用网络、广播、微信公众号、App 等媒体，营造心理健康教育良好氛围，提高师生心理保健能力。强化咨询服务，提高心理健康教育咨询与服务中心建设水平，按照师生比不低于 1∶4000 配备心理健康教育专业教师，每校至少配备 2 名专业教师。加强预防干预，推广应用《中国大学生心理健康筛查量表》"中国大学生心理健康网络测评系统"，提高心理健康素质测评覆盖面和科学性；建立学校、院系、班级、宿舍"四级"预警防控体系，完善心理危机干预工作预案，建立转介诊疗机制，提升工作前瞻性、针对性。完善工作保障，研制高校师生心理健康教育指导意见，保证生均经费投入和心理咨询辅导专用场地面积，建设校内外心理健康教育素质拓展培养基地，培育建设一批"高校心理健康教育示范中心"。

◇**切实强化管理育人**。完善教育法律法规体系，加快制(修)订教育规章，保障师生员工合法权益。健全依法治校、管理育人制度体系，结合大学章程、校规校纪、自律公约修订完善，研究梳理高校各管理岗位的育人元素，编制岗位说明书，明确管理育人的内容和路径，丰富完善不同岗位、不同群体公约体系，引导师生培育自觉、强化自律。加强干部队伍管理，按照社会主义政治家、教育家要求和好干部标准，选好配强各级领导干部和领导班子，制定管理干部培训五年规划，提高各类管理干部育人能力。加强教师队伍管理，严把教师聘用、人才引进政治考核关，依法依规加大对各类违反师德和学术不端行为查处力度，及时纠正不良倾向和问题。加强经费使用管理，科学编制经费预算，确保教育经费投入的育人导向。强化保障功能，健全依法治校评价指标体系，深入开展依法治校创建活动。把育人功能发挥纳入管理岗位考核评价范围，作为评奖评优条件。培育一批"管理育人示范岗"，引导管理干部用良好的管理模式和管理行为影响和培养学生。

◇**不断深化服务育人**。强化育人要求，研究梳理各类服务岗位所承载的育人功能，并作为工作的职责要求，体现在聘用、培训、考核等各环节。明确育人职能，在后勤保障服务中，持续开展"节粮节水节电""节能宣传周"等主题教育活动，推动高校节约型校园建设建档，大力建设绿色校园，实施后勤员工素质提升计划，切实提高后勤保障水平和服务育人能力。在图书资料服务中，建设文献信息资源体系和服务体系，优化服务空间，注重用户体验，提高馆藏利用率和服务效率，开展信息素质教育，引导师生尊重和保护知识产权，维护信息安全。在医疗卫生服务中，制订健康教育教学计划，开展传染病预防、安全应急与急救等专题健康教育活动，培养师生公共卫生意识和卫生行为习惯。在安全保卫服务中，加强人防物防技防建设，全面开展安全教育，提高安保效能，培养师生安全意识和法制观念。增强供给能力，建设校园综合信息服务系统，充分满足师生学习、生活、工作中的合理需求。加强监督考核，落实服务目标责任制，把服务质量和育人效果作为评价服务岗位效能的依据和标准。选树一批服务育人先进典型模范，培育一批高校"服务育人示范岗"。

◇**全面推进资助育人**。加强资助工作顶层设计，建立资助管理规范，完善勤工助学管理办法，构建资助对象、资助标准、资金分配、资金发放协调联动的精准资助工作体系。精准认定家庭经济困难学生，健全四级资助认定工作机制，采用家访、大数据分析和谈心谈话等方式，合理确定认定标准，建立家庭经济困难学生档案，实施动态管理。坚持资助育人导向，在奖学金评选发放环节，全面考察学生的学习成绩、创新发展、社会实践及道德品质等方面的综合表现，培养学生奋斗精神和感恩意识。在国家助学金申请发放环节，深入开展励志教育和感恩教育，培养学生爱党爱国爱社会主义意识。在国家助学贷款办理过程中，深入开展诚信教育和金融常识教育，培养学生法律意识、风险防范意识和契约精神。在勤工助学活动开展环节，着力培养学生自强不息、创新创业的进取精神。在基层就业、应征入伍学费补偿贷款代偿等工作环节中，培育学生树立正确的成才观和就业观。创新资助育人形式，实施"发展型资助的育人行动计划""家庭经济困难学生能力素养培育计划",开展"助学·筑梦·铸人""诚信校园行"等主题教育活动,组织国家奖学金获奖学生担任"学生资助宣传大使"。培育建设一批"发展型资助的育人示范项目",推选展示资助育人优秀案例和先进人物。

◇**积极优化组织育人**。发挥各级党组织的育人保障功能,进一步理顺高校党委的领导体制机制,明确高校党委职责和决策机制,健全和完善高校党委领导下的校长负责制,推动学校各级党组织自觉担负起管党治党、办学治校、育人育才的主体责任。启动实施高校党建工作评估,全面推开校、院(系)党组织书记抓基层党建述职评议。实施教师党支部书记"双带头人"培育工程,分中央和地方两级开展示范培训。实施"高校基层党建对标争先计划",开展"不忘初心、牢记使命"主题教育,遴选培育全国百个院(系)党建工作标杆,培育建设一批先进基层党组织,培养选树一批优秀共产党员、优秀党务工作者,创建示范性网上党建园地,推选展示一批党的建设优秀工作案例。发挥各类群团组织的育人纽带功能,推动工会、共青团、学生会等群团组织创新组织动员、引领教育的载体与形式,更好地代表师生、团结师生、服务师生,支持各类师生社团开展主题鲜明、健康有益、丰富多彩的活动,充分发挥教研室、学术梯队、班级、宿舍在师生成长中的凝聚、引导、服务作用。培育建设一批文明社团、文明班级、文明宿舍。

四、实施保障

◇**强化改革驱动**。推动"三全育人"综合改革,遴选部分工作基础较好的省(区、市)和高校作为"三全育人"综合改革试点。在省级层面,整合育人资源,统筹发挥校内外自然资源、红色资源、文化资源、体育资源、科技资源、国防资源和企事业单位资源的育人功能,带动支持在本地区打造"三全育人共同体",形成学校、家庭和社会教育有机结合的协同育人机制。在学校层面,以《实施纲要》所涵盖的"十大育人体系"为基础,系统梳理归纳各个群体、各个岗位的育人元素，并作为职责要求和考核内容融入整体制度设计和具体操作环节，推动全体教职员工把工作的重音和目标落在育人成效上，切实打通"三全育人"的最后一公里，形成可转化、可推广的一体化育人制度和模式。

◇**搭建工作平台**。建设高校思想政治工作创新发展中心，依托部分省（区、市）和高校建设一批理论和实践研究中心，推动开展党的建设、思想政治教育、意识形态工作、维护安全稳定等方面的理论创新和实践探索。建设省级高校网络思想政治工作中心，支持各省（区、市）建设本地区网络思想政治工作中心，推动各地整合网络建设管理资源，深入开展网络意识形态研判分析、网络舆情研究引导、师生思想政治状况调查、网络文化产品创作生产等工作，统筹推动"易班"和中国大学生在线全国共建共享。建设高校思想政治工作队伍培训研修中心，依托部分省（区、市）教育工作部门和高校建设队伍培训研修中心，以强化理论武装、提升政治引领为重点，组织开展线上线下培训、高级访问研修、学历学位教育、课程体系研发、思政文库建设等工作，不断提高培训研修的覆盖面和受益率，推动理论研究和实践探索成果转化应用。

◇**建强工作队伍**。完善教师评聘和考核机制，把政治标准放在首位，严格教师资格和准入制度。在教师教学评价、职务（职称）评聘、评优奖励中，把思想政治表现和育人功能发挥作为首要指标，引导广大教师不忘立德树人初心，牢记人才培养使命，将更多精力投入到教书育人工作上。加强专门力量建设，推动中央关于高校思想政治工作队伍和党务工作队伍建设的政策要求和量化指标落地。大力培育领军人才，在"长江学者奖励计划"中，加大对思想政治教育相关领域高层次人才倾斜支持力度。加大培养培训力度，开展高校思想政治工作队伍国家示范培训，遴选骨干队伍参加海内外访学研修、在职攻读博士学位。强化项目支持引领，实施"高校思想政治工作中青年杰出人才支持计划"，支持出版理论和实践研究专著，培育一批高校思想政治工作精品项目，建设一批高校思想政治工作名师工作室。

◇**强化组织保障**。成立高校思想政治工作委员会，加强工作统筹、决策咨询和评估督导。设立高校思想政治工作经费专项，保证《实施纲要》各项目顺利实施。健全高校思想政治工作质量评价机制，研究制定高校思想政治工作评价指标体系，创新评价方式，探索引进第三方评价机构。强化高校思想政治工作督导考核，把加强和改进高校思想政治工作纳入高校巡视、"双一流"建设、教学科研评估范围，作为各级党组织和党员干部工作考核的重要内容。各地各高校结合实际，将《实施纲要》实施纳入整体发展规划和年度工作计划，明确路线图、时间表、责任人。

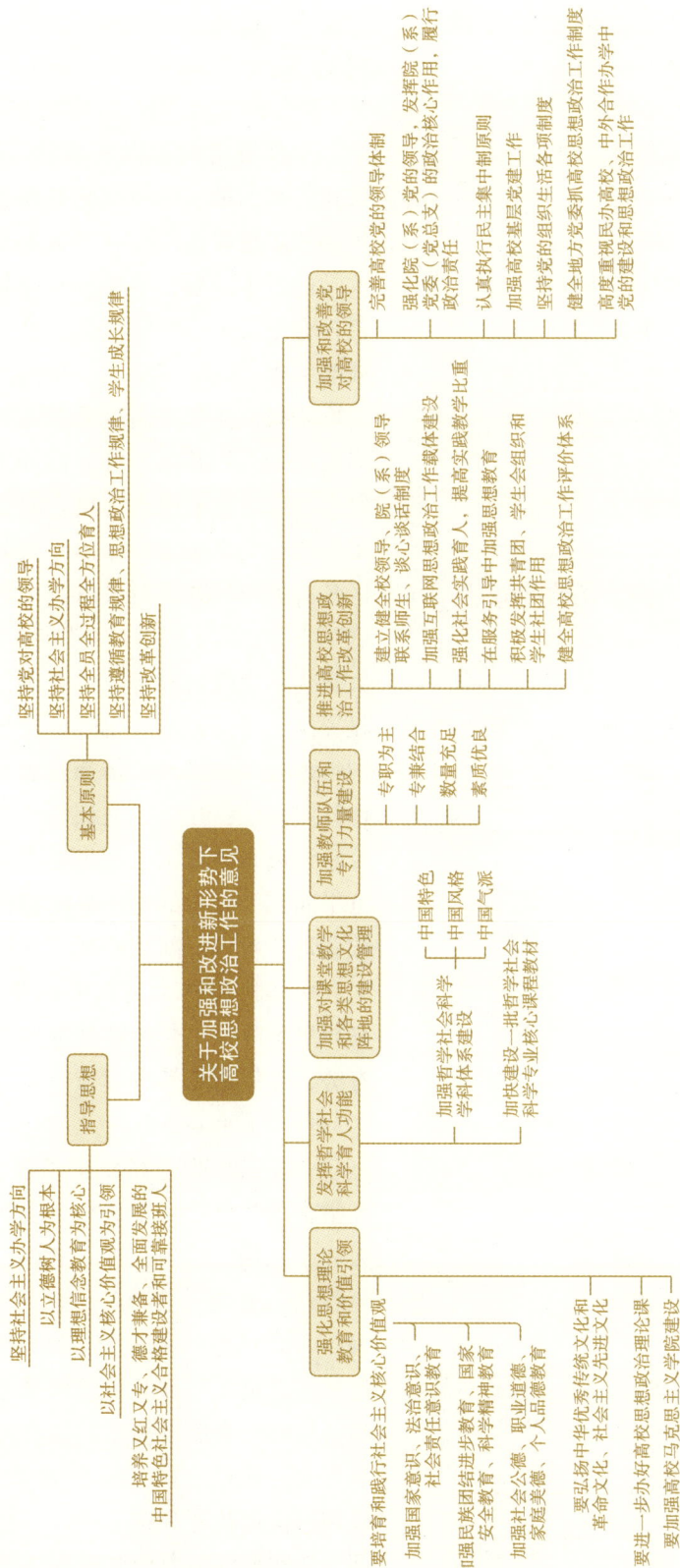

5. 《关于加强和改进新形势下高校思想政治工作的意见》（2017年2月27日）

【思维导图】

关于加强和改进新形势下高校思想政治工作的意见

指导思想
- 坚持社会主义办学方向
- 以立德树人为根本
- 以理想信念教育为核心
- 以社会主义核心价值观为引领
- 培养又红又专、德才兼备、全面发展的中国特色社会主义合格建设者和可靠接班人

基本原则
- 坚持党对高校的领导
- 坚持社会主义办学方向
- 坚持全员全过程全方位育人
- 坚持遵循教育规律、思想政治工作规律、学生成长规律
- 坚持改革创新

强化思想理论教育和价值引领
- 要培育和践行社会主义核心价值观
- 加强国家意识、法治意识、社会责任意识教育
- 加强民族团结进步教育、国家安全教育、科学精神教育
- 加强社会公德、职业道德、家庭美德、个人品德教育
- 要弘扬中华优秀传统文化和革命文化、社会主义先进文化
- 要进一步办好高校思想政治理论课
- 要加强高校马克思主义学院建设

发挥哲学社会科学育人功能
- 加强哲学社会科学学科体系建设
- 加快建设一批学科专业核心课程教材

加强对课堂教学和各类思想文化阵地的建设的管理
- 中国特色
- 中国风格
- 中国气派

加强教师队伍和专门力量建设
- 专职为主
- 专兼结合
- 数量充足
- 素质优良

推进高校思想政治工作改革创新
- 建立健全高校领导、院（系）领导联系师生、谈心谈话制度
- 加强互联网思想政治工作载体建设
- 强化社会实践育人，提高实践教学比重
- 在服务引导中加强思想教育
- 积极发挥共青团、学生会组织和学生社团作用
- 健全高校思想政治工作评价体系

加强和改善党对高校的领导
- 完善高校党的领导体制
- 强化院（系）党的领导，发挥院（系）党委（党总支）的政治核心作用，履行政治责任
- 认真执行民主集中制原则
- 加强高校基层党建工作
- 坚持党的组织生活各项制度
- 健全地方党委抓高校思想政治工作制度、中外合作办学中党的建设和思想政治工作
- 高度重视民办高校思想政治工作

【笔记】

●高校的重要使命：_____
_____
_____

●加强和改进高校思想政治工作的三个"事关"：
事关_____，
事关_____，
事关_____

●中国特色社会主义理论体系"三进"：进_____、
进_____、进_____

●根本：_____
●核心：_____
●引领：_____

【原文摘录】

◇高校肩负着人才培养、科学研究、社会服务、文化传承创新、国际交流合作的重要使命。加强和改进高校思想政治工作，事关办什么样的大学、怎样办大学的根本问题，事关党对高校的领导，事关中国特色社会主义事业后继有人，是一项重大的政治任务和战略工程。

◇我们党历来高度重视高校思想政治工作，探索形成了一系列基本方针原则和工作遵循。党的十八大以来，以习近平同志为核心的党中央把高校思想政治工作摆在突出位置，作出一系列重大决策部署，各地区各有关部门各高校采取有力有效措施，积极主动开展工作，创造了许多成功做法，积累了许多宝贵经验。大学生思想政治教育成效显著，教师思想政治素质明显提高，各类思想文化阵地建设和管理不断加强，中国特色社会主义理论体系进教材、进课堂、进头脑工作扎实有效，社会主义核心价值观建设持续推进，高校意识形态领域主流积极健康向上，广大师生对以习近平同志为核心的党中央拥护信任，对党中央治国理政新理念新思想新战略高度认同，对中国特色社会主义和中华民族伟大复兴中国梦充满信心。总体上看，高校思想政治工作持续加强和改进，呈现出良好发展态势，为保证高等教育改革发展、服务党和国家工作大局作出了重要贡献。

◇加强和改进高校思想政治工作的指导思想是：高举中国特色社会主义伟大旗帜，全面贯彻党的十八大和十八届三中、四中、五中、六中全会精神，以马克思列宁主义、毛泽东思想、邓小平理论、"三个代表"重要思想、科学发展观为指导，深入学习贯彻习近平总书记系列重要讲话精神和治国理政新理念新思想新战略，全面贯彻党的教育方针，坚持社会主义办学方向，扎根中国大地办大学，以立德树人为根本，以理想信念教育为核心，以社会主义核心价值观为引领，切实抓好各方面基础性建设和基础性工作，切实加强和改善党的领导，全面提升思想政治工作水平，紧密团结在以习近平同志为核心的党中央周围，牢固树立政治意识、大局意识、核心意识、看齐意识，坚定不移维护党中央权威和党中央集中统一领导，为实现"两个一百年"奋斗目标、实现中华民族伟大复兴的中国梦，培养又红又专、德才兼备、全面发展的中国特色社会主义合格建设者和可靠接班人。

◇加强和改进高校思想政治工作的基本原则是：(1)坚持党对高校的领导。落实全面从严治党要求，把党的建设贯穿始终，着力解决突出问题，维护党中央权威、保证党的团结统一，牢牢掌握党对高校的领导权。(2)坚持社会主义办学方向。坚持马克思主义指导地位，坚持以人民为中心的发展思想，更好为改革开放和社会主义现代化建设服务、为人民服务。(3)坚持全员全过程全方位育人。把思想价值引领贯穿教育教学全过程和各环节，形成教书育人、科研育人、实践育人、管理育人、服务育人、文化育人、组织育人长效机制。(4)坚持遵循教育规律、思想政治工作规律、学生成长规律。把握师生思想特点和发展需求，注重理论教育和实践活动相结合、普遍要求和分类指导相结合，提高工作科学化精细化水平。(5)坚持改革创新。推进理念思路、内容形式、方法手段创新，增强工作时代感和实效性。

◇要强化思想理论教育和价值引领。把理想信念教育放在首位，切实抓好马克思列宁主义、毛泽东思想学习教育，广泛开展中国特色社会主义理论体系学习教育，深入学习习近平总书记系列重要讲话精神，引导师生深刻领会党中央治国理政新理念新思想新战略，坚定中国特色社会主义道路自信、理论自信、制度自信、文化自信。要培育和践行社会主义核心价值观，把社会主义核心价值观体现到教书育人全过程，引导师生树立正确的世界观、人生观、价值观，加强国家意识、法治意识、社会责任意识教育，加强民族团结进步教育、国家安全教育、科学精神教育，以诚信建设为重点，加强社会公德、职业道德、家庭美德、个人品德教育，提升师生道德素养。要弘扬中华优秀

●培养目标：＿＿＿＿＿＿＿
＿＿＿＿＿＿＿＿＿＿＿＿＿
＿＿＿＿＿＿＿＿＿＿＿＿＿

●加强和改进高校思想政治工作的基本原则（五个"坚持"）：
坚持＿＿＿＿＿＿＿＿＿＿；
坚持＿＿＿＿＿＿＿＿＿＿；
坚持＿＿＿＿＿＿＿＿＿＿；
坚持＿＿＿＿＿＿＿＿＿＿；
坚持＿＿＿＿＿＿＿＿＿＿

●首位：＿＿＿＿＿＿＿＿＿

传统文化和革命文化、社会主义先进文化，实施中华文化传承工程，推动中华优秀传统文化融入教育教学，加强革命文化和社会主义先进文化教育，深化中国共产党史、中华人民共和国史、改革开放史和社会主义发展史学习教育，利用我国改革发展的伟大成就、重大历史事件纪念活动、爱国主义教育基地、国家公祭仪式等组织开展主题教育，弘扬以爱国主义为核心的民族精神和以改革创新为核心的时代精神。要进一步办好高校思想政治理论课，充分发挥思想政治理论课的主渠道作用，深入实施高校思想政治理论课建设体系创新计划，完善教材体系，提高教师素质，创新教学方法，增强教学的吸引力、说服力、感染力。要加强高校马克思主义学院建设，打造马克思主义理论教学、研究、宣传和人才培养的坚强阵地，支持有条件的高校设置马克思主义理论专业，深入实施马克思主义理论研究和建设工程。

◇要发挥哲学社会科学育人功能。强调要加强哲学社会科学学科体系建设，积极构建中国特色、中国风格、中国气派的哲学社会科学学科体系，强化马克思主义理论学科的引领作用，支持有条件的高校在马克思主义理论一级学科下设置党的建设二级学科，实施高校马克思主义理论人才支持培养计划，积极推进学术话语体系创新，加快完善具有中国特色和国际视野的哲学、历史学、经济学、政治学、法学、社会学、民族学、新闻学、人口学、宗教学、心理学等学科，努力建设一批中国特色、世界一流的哲学社会科学学科。加快建设一批哲学社会科学专业核心课程教材。要规范哲学社会科学教材选用，建立国家优秀教材评选奖励制度，完善学术评价体系和评价标准，建立科学权威、公开透明的哲学社会科学成果评价体系，健全优秀成果评选推广机制，提高高校学术委员会建设水平。

◇要加强对课堂教学和各类思想文化阵地的建设管理。充分发掘和运用各学科蕴含的思想政治教育资源，健全高校课堂教学管理办法。要加强对校园各类思想文化阵地的规范管理，加强校园网络安全管理，

● 民族精神：以_____为核心
● 时代精神：以_____为核心

营造风清气正的网络环境。

◇要加强教师队伍和专门力量建设。强调要提升教师思想政治素质，加强思想政治工作，建立中青年教师社会实践和校外挂职制度，加强师德师风建设，增强教师教书育人的责任担当。要完善教师评聘和考核机制，增加课堂教学权重，引导教师将更多精力投入到课堂教学上，完善教师职业道德规范，实施师德"一票否决"。高校思想政治工作队伍和党务工作队伍具有教师和管理人员双重身份，要纳入高校人才队伍建设总体规划，形成一支专职为主、专兼结合、数量充足、素质优良的工作力量。

● 高校思想政治工作队伍和党务工作队伍具有_____和_____双重身份，要纳入高校人才队伍建设总体规划，形成一支_____、_____、_____、_____的工作力量

◇要推进高校思想政治工作改革创新。强调要贴近师生思想实际，以改革创新精神做好高校思想政治工作，建立健全校领导、院（系）领导联系师生、谈心谈话制度，在平等沟通、民主讨论、互动交流中进行思想引导，有的放矢、生动活泼地开展工作，发挥师德楷模、名师大家、学术带头人等的示范引领作用。要加强互联网思想政治工作载体建设，加强学生互动社区、主题教育网站、专业学术网站和"两微一端"建设，运用大学生喜欢的表达方式开展思想政治教育。要强化社会实践育人，提高实践教学比重，组织师生参加社会实践活动，完善科教融合、校企联合等协同育人模式，加强实践教学基地建设，建立健全国家机关、企事业单位、社会团体接收大学生实习实训制度，开设创新创业教育专门课程，增强军事训练实效，建立健全学雷锋志愿服务制度。要在服务引导中加强思想教育，把解决思想问题与解决实际问题结合起来，做到既讲道理又办实事，加强学生学业就业指导，帮助大学生顺利完成学业，加强人文关怀和心理疏导，促进大学生身心和人格健康发展，加强对家庭经济困难学生的资助工作，积极帮助解决教师的合理诉求。积极发挥共青团、学生会组织和学生社团作用。要健全高校思想政治工作评价体系，研究制定内容全面、指标合理、方法科学的评价体系，推动高校思想政治工作制度化。

◇要加强和改善党对高校的领导。要完善高校党

● 我国高校领导体制：_____

_____

的领导体制，坚持和完善普通高校党委领导下的校长负责制，高校党委对本校工作实行全面领导，履行管党治党、办学治校的主体责任，切实发挥领导核心作用。按照社会主义政治家、教育家标准，选好配强高校领导班子特别是党委书记和校长。高校党委书记主持党委全面工作，履行高校思想政治工作和党的建设第一责任人的职责。校长是学校的法人代表，在党委领导下组织实施党委有关决议，行使高等教育法等规定的各项职权。其他党委班子成员履行"一岗双责"，结合业务分工抓好思想政治工作和党的建设工作。要强化院（系）党的领导，发挥院（系）党委（党总支）的政治核心作用，履行政治责任，保证监督党的路线方针政策及上级党组织决定的贯彻执行。认真执行民主集中制原则，通过院（系）党政联席会议讨论和决定本单位重要事项，健全院（系）集体领导、党政分工合作、协调运行的工作机制，提升班子整体功能和议事决策水平。要加强高校基层党建工作，建立健全高校基层党组织，加强教师党支部、学生党支部特别是研究生党支部建设，充分发挥党支部战斗堡垒作用。坚持党的组织生活各项制度，组织党员深入开展"两学一做"学习教育，认真做好在高校优秀青年教师、高校学生中发展党员工作，加强党员日常管理监督。要健全地方党委抓高校思想政治工作制度，切实加强组织领导和工作指导，坚持和完善党委定期研究、领导干部联系高校等制度，建立部门协作常态机制，形成党委统一领导、党政齐抓共管、职能部门组织协调、社会各方积极参与的工作格局。高度重视民办高校、中外合作办学中党的建设和思想政治工作，探索党组织发挥政治核心作用的有效途径，完善政策保障和经费支持，为加强和改进高校思想政治工作创造良好条件。

6.《关于实施中华优秀传统文化传承发展工程的意见》
（2017年1月25日）

【思维导图】

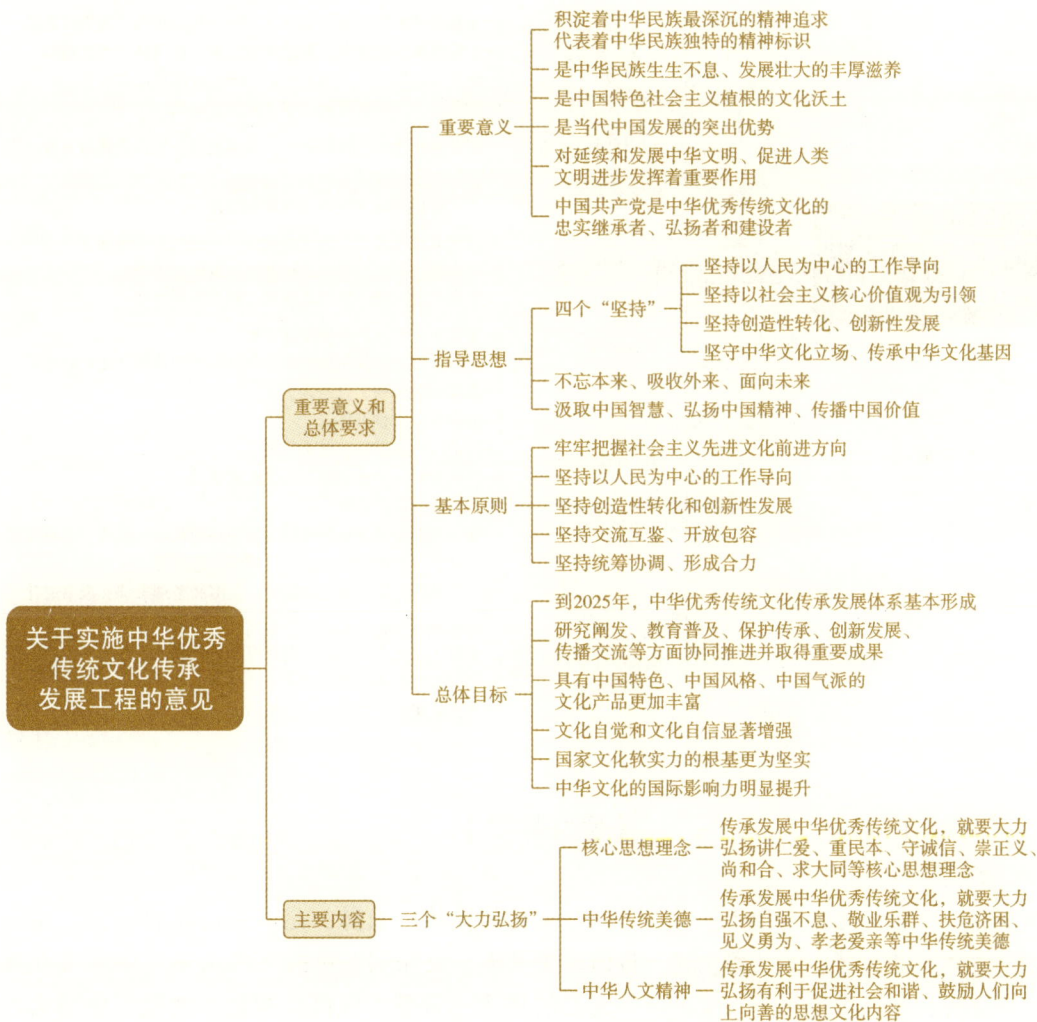

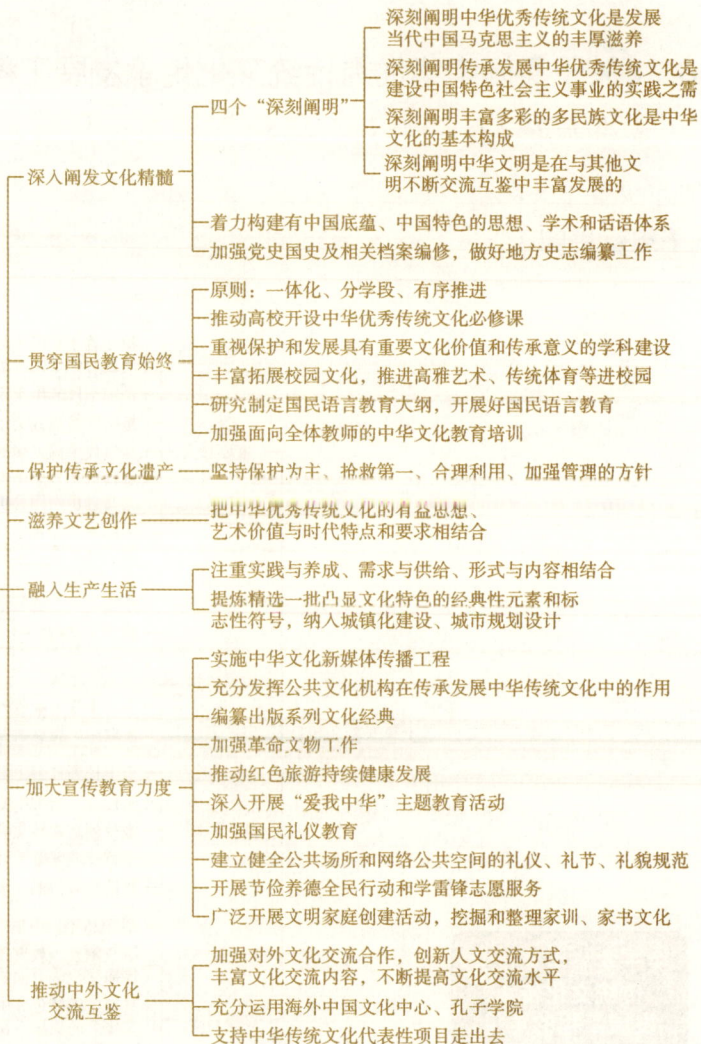

关于实施中华优秀传统文化传承发展工程的意见

重点任务

深入阐发文化精髓
- 四个"深刻阐明"
  - 深刻阐明中华优秀传统文化是发展当代中国马克思主义的丰厚滋养
  - 深刻阐明传承发展中华优秀传统文化是建设中国特色社会主义事业的实践之需
  - 深刻阐明丰富多彩的多民族文化是中华文化的基本构成
  - 深刻阐明中华文明是在与其他文明不断交流互鉴中丰富发展的
- 着力构建有中国底蕴、中国特色的思想、学术和话语体系
- 加强党史国史及相关档案编修，做好地方志编纂工作

贯穿国民教育始终
- 原则：一体化、分学段、有序推进
- 推动高校开设中华优秀传统文化必修课
- 重视保护和发展具有重要文化价值和传承意义的学科建设
- 丰富拓展校园文化，推进高雅艺术、传统体育等进校园
- 研究制定国民语言教育大纲，开展好国民语言教育
- 加强面向全体教师的中华文化教育培训

保护传承文化遗产
- 坚持保护为主、抢救第一、合理利用、加强管理的方针

滋养文艺创作
- 把中华优秀传统文化的有益思想、艺术价值与时代特点和要求相结合

融入生产生活
- 注重实践与养成、需求与供给、形式与内容相结合
- 提炼精选一批凸显文化特色的经典性元素和标志性符号，纳入城镇化建设、城市规划设计

加大宣传教育力度
- 实施中华文化新媒体传播工程
- 充分发挥公共文化机构在传承发展中华传统文化中的作用
- 编纂出版系列文化经典
- 加强革命文物工作
- 推动红色旅游持续健康发展
- 深入开展"爱我中华"主题教育活动
- 加强国民礼仪教育
- 建立健全公共场所和网络公共空间的礼仪、礼节、礼貌规范
- 开展节俭养德全民行动和学雷锋志愿服务
- 广泛开展文明家庭创建活动，挖掘和整理家训、家书文化

推动中外文化交流互鉴
- 加强对外文化交流合作，创新人文交流方式，丰富文化交流内容，不断提高文化交流水平
- 充分运用海外中国文化中心、孔子学院
- 支持中华传统文化代表性项目走出去

【笔记】

▲实施中华优秀传统文化传承发展工程，是建设社会主义文化强国的重大战略任务，对于传承中华文脉、全面提升人民群众文化素养、维护国家文化安全、增强国家文化软实力、推进国家治理体系和治理能力现代化，具有重要意义

【原文摘录】

◇文化是民族的血脉，是人民的精神家园。文化自信是更基本、更深层、更持久的力量。中华文化独一无二的理念、智慧、气度、神韵，增添了中国人民和中华民族内心深处的自信和自豪。

一、重要意义和总体要求

◇中华文化源远流长、灿烂辉煌。在 5000 多年文明发展中孕育的中华优秀传统文化，积淀着中华民族最深沉的精神追求，代表着中华民族独特的精神标识，是中华民族生生不息、发展壮大的丰厚滋养，是中国特色社会主义植根的文化沃土，是当代中国发展的突出优势，对延续和发展中华文明、促进人类文明进步，发挥着重要作用。

◇中国共产党在领导人民进行革命、建设、改革伟大实践中，自觉肩负起传承发展中华优秀传统文化的历史责任，是中华优秀传统文化的忠实继承者、弘扬者和建设者。

◇坚持以人民为中心的工作导向，坚持以社会主义核心价值观为引领，坚持创造性转化、创新性发展，坚守中华文化立场、传承中华文化基因，不忘本来、吸收外来、面向未来，汲取中国智慧、弘扬中国精神、传播中国价值，不断增强中华优秀传统文化的生命力和影响力，创造中华文化新辉煌。

◇基本原则：牢牢把握社会主义先进文化前进方向；坚持以人民为中心的工作导向；坚持创造性转化和创新性发展；坚持交流互鉴、开放包容；坚持统筹协调、形成合力。

◇总体目标：到 2025 年，中华优秀传统文化传承发展体系基本形成，研究阐发、教育普及、保护传承、创新发展、传播交流等方面协同推进并取得重要成果，具有中国特色、中国风格、中国气派的文化产品更加丰富，文化自觉和文化自信显著增强，国家文化软实力的根基更为坚实，中华文化的国际影响力明显提升。

二、主要内容

◇核心思想理念。中华民族和中国人民在修齐治平、尊时守位、知常达变、开物成务、建功立业过程中培育和形成的基本思想理念，如革故鼎新、与时俱进的思想，脚踏实地、实事求是的思想，惠民利民、安民富民的思想，道法自然、天人合一的思想等，可以为人们认识和改造世界提供有益启迪，可以为治国理政提供有益借鉴。传承发展中华优秀传统文化，就要大力弘扬讲仁爱、重民本、守诚信、崇正义、尚和合、求大同等核心思想理念。

◇中华传统美德。中华优秀传统文化蕴含着丰富的道德理念和规范，如天下兴亡、匹夫有责的担当意识，精忠报国、振兴中华的爱国情怀，崇德向善、见贤思齐的社会风尚，孝悌忠信、礼义廉耻的荣辱观念，体现着评判是非曲直的价值标准，潜移默化地影响着中国人的行为方式。传承发展中华优秀传统文化，就要大力弘扬自强不息、敬业乐群、扶危济困、见义勇为、孝老爱亲等中华传统美德。

◇中华人文精神。中华优秀传统文化积淀着多样、珍贵的精神财富，如求同存异、和而不同的处世方法，文以载道、以文化人的教化思想，形神兼备、情景交融的美学追求，俭约自守、中和泰和的生活理念等，是中国人民思想观念、风俗习惯、生活方式、情感样式的集中表达，滋养了独特丰富的文学艺术、科学技术、人文学术，至今仍然具有深刻影响。传承发展中华优秀传统文化，就要大力弘扬有利于促进社会和谐、鼓励人们向上向善的思想文化内容。

三、重点任务

◇深入阐发文化精髓。加强中华文化研究阐释工作，深入研究阐释中华文化的历史渊源、发展脉络、基本走向，深刻阐明中华优秀传统文化是发展当代中国马克思主义的丰厚滋养，深刻阐明传承发展中华优秀传统文化是建设中国特色社会主义事业的实践之需，深刻阐明丰富多彩的多民族文化是中华文化的基本构成，深刻阐明中华文明是在与其他文明不断交流互鉴中丰富发展的，着力构建有中国底蕴、中国特色的思想体系、学术体系和话语体系。

◇贯穿国民教育始终。围绕立德树人根本任务，遵循学生认知规律和教育教学规律，按照一体化、分学段、有序推进的原则，把中华优秀传统文化全方位融入思想道德教育、文化知识教育、艺术体育教育、社会实践教育各环节，贯穿于启蒙教育、基础教育、职业教育、高等教育、继续教育各领域。推动高校开设中华优秀传统文化必修课，在哲学社会科学及相关学科专业和课程中增加中华优秀传统文化的内容。加强中华优秀传统文化相关学科建设，重视保护和发展具有重要文化价值和传承意义的"绝学"、冷门学科。推进职业院校民族文化传承与创新示范专业点建设。丰富拓展校园文化，推进戏曲、书法、高雅艺术、传统体育等进校园，实施中华经典诵读工程，开设中华文化公开课，抓好传统文化教育成果展示活动。研究制定国民语言教育大纲，开展好国民语言教育。加强面向全体教师的中华文化教育培训，全面提升师资队伍水平。

◇**保护传承文化遗产**。大力推广和规范使用国家通用语言文字，保护传承方言文化。开展少数民族特色文化保护工作。实施中华民族音乐传承出版工程、中国民间文学大系出版工程。推动民族传统体育项目的整理研究和保护传承。

◇**滋养文艺创作**。善于从中华文化资源宝库中提炼题材、获取灵感、汲取养分，把中华优秀传统文化的有益思想、艺术价值与时代特点和要求相结合，运用丰富多样的艺术形式进行当代表达，推出一大批底蕴深厚、涵育人心的优秀文艺作品。

◇**融入生产生活**。注重实践与养成、需求与供给、形式与内容相结合，把中华优秀传统文化内涵更好更多地融入生产生活各方面。

◇**加大宣传教育力度**。综合运用各类载体，融通多媒体资源，统筹各方力量，创新表达方式，大力彰显中华文化魅力。实施中华文化新媒体传播工程。充分发挥公共文化机构在传承发展中华优秀传统文化中的作用。编纂出版系列文化经典。深入开展"爱我中华"主题教育活动，展示爱国主义深刻内涵，培育爱国主义精神。加强国民礼仪教育。加大对国家重要礼仪的普及教育与宣传力度。建立健全各类公共场所和网络公共空间的礼仪、礼节、礼貌规范。把优秀传统文化思想理念体现在社会规范中。弘扬孝敬文化、慈善文化、诚信文化等，开展节俭养德全民行动和学雷锋志愿服务。用优良的家风家教培育青少年。加强港澳台中华文化普及和交流。

◇**推动中外文化交流互鉴**。加强对外文化交流合作，创新人文交流方式，丰富文化交流内容，不断提高文化交流水平。

扫一扫，看参考答案

自测题

一、不定项选择题

1. 2019 年 10 月 28 日至 31 日，中国共产党第十九届中央委员会第四次全体会议在北京举行。会议提出，坚持和完善中国特色社会主义制度、推进国家治理体系和治理能力现代化的总目标是（　　）

   A. 到我们党成立一百年时，在各方面制度更加成熟更加定型上取得明显成效

   B. 到二〇三五年，各方面制度更加完善，基本实现国家治理体系和治理能力现代化

   C. 到新中国成立一百年时，全面实现国家治理体系和治理能力现代化，使中国特色社会主义制度更加巩固、优越性充分展现

   D. 到二〇四五年，各方面制度更加完善，整体实现国家治理体系和治理能力现代化

2. 十九届四中全会提出，坚持和完善＿＿＿＿＿＿的社会治理制度，保持社会稳定、维护国家安全。（　　）

   A. 共理　　　　　B. 共建　　　　　C. 共治　　　　　D. 共享

3. 十九届四中全会强调，我国国家制度和国家治理体系具有多方面的显著优势，包括：坚持＿＿＿＿＿＿，坚持＿＿＿＿＿＿，保持政治稳定，确保国家始终沿着社会主义方向前进的显著优势。（　　）

   A. 党的集中统一领导　　　　　　　B. 党的科学理论

   C. 全面依法治国　　　　　　　　　D. 全国一盘棋

4. 十九届四中全会《决定》指出，我国国家制度和国家治理体系具有多方面的显著优势，主要是：坚持共同的＿＿＿＿＿＿、＿＿＿＿＿＿、＿＿＿＿＿＿，弘扬中华优秀传统文化、革命文化、社会主义先进文化，促进全体人民在思想上精神上紧紧团结在一起的显著优势。（　　）

   A. 理想信念　　　B. 价值理念　　　C. 道德观念　　　D. 法治观念

5. 十九届四中全会《决定》指出，我国国家制度和国家治理体系具有多方面的显著优势，主要是：坚持＿＿＿＿＿＿、＿＿＿＿＿＿，善于＿＿＿＿＿＿、＿＿＿＿＿＿，使社会始终充满生机活力的显著优势。（　　）

   A. 改革创新　　　B. 与时俱进　　　C. 自我完善　　　D. 自我发展

   E. 自我革命　　　F. 以人为本

6. 十九届四中全会《决定》指出，我国国家制度和国家治理体系具有多方面的显著优势，主要是：坚持党指挥枪，确保人民军队绝对忠诚于党和人民，有力保障国家＿＿＿＿＿＿、＿＿＿＿＿＿、＿＿＿＿＿＿的显著优势。（　　）

   A. 主权　　　　　B. 安全　　　　　C. 发展利益　　　D. 国际地位

7. 十九届四中全会《决定》指出，要_____；要_____；要_____；要_____；要健全提高党的执政能力和领导水平制度；要完善全面从严治党制度。（　　）

    A. 建立不忘初心、牢记使命的制度

    B. 完善坚定维护党中央权威和集中统一领导的各项制度

    C. 健全党的全面领导制度

    D. 健全为人民执政、靠人民执政各项制度

    E. 坚持立党为公、执政为民

    F. 确保全党遵守党章

8. 十九届四中全会《决定》指出，确保全党遵守党章，恪守党的性质和宗旨，坚持用共产主义远大理想和中国特色社会主义共同理想凝聚全党、团结人民，用习近平新时代中国特色社会主义思想_____、_____、_____，夯实党执政的思想基础。（　　）

    A. 武装全党　　　　　　　　　　B. 教育人民

    C. 指导工作　　　　　　　　　　D. 推进建设

9. 十九届四中全会《决定》指出，全面贯彻党的基本理论、基本路线、基本方略，持续推进党的理论创新、实践创新、制度创新，使一切工作顺应_____、符合_____、体现_____，确保党始终走在时代前列、得到人民衷心拥护。（　　）

    A. 时代潮流　　　　　　　　　　B. 发展规律

    C. 人民愿望　　　　　　　　　　D. 人民需求

10. 十九届四中全会《决定》指出，推动全党增强"_____"、坚定"_____"、做到"_____"，自觉在思想上政治上行动上同以习近平同志为核心的党中央保持高度一致，坚决把维护习近平总书记党中央的核心、全党的核心地位落到实处。（　　）

    A. 四个意识　　　　　　　　　　B. 四个自信

    C. 两个维护　　　　　　　　　　D. 四个全面

11. 十九届四中全会《决定》指出，健全维护党的集中统一的组织制度，形成党的_____、_____、_____上下贯通、执行有力的严密体系，实现党的组织和党的工作全覆盖。（　　）

    A. 中央组织　　　　　　　　　　B. 地方组织

    C. 基层组织　　　　　　　　　　D. 中层组织

12. 十九届四中全会会议强调，_____是人民军队的建军之本、强军之魂。（　　）

    A. 实现国防和军队现代化　　　　B. 全心全意为人民服务

    C. 以人为本　　　　　　　　　　D. 党对人民军队的绝对领导

13. 十九届四中全会提出，坚持和完善独立自主的和平外交政策，推动_____。（　　）

    A. 统筹国内国际两个大局　　　　B. 构建人类命运共同体

    C. 促进共同发展　　　　　　　　D. 构建社会共同体

14. 十九届四中全会《决定》指出，新中国成立七十年来，我们党领导人民创造了世所罕见的经济快速发展奇迹和社会长期稳定奇迹，中华民族迎来了从站起来、富起来

到强起来的伟大飞跃。实践证明，中国特色社会主义制度和国家治理体系是：
（　　）

A. 以马克思主义为指导、植根中国大地、具有深厚中华文化根基、深得人民拥护的制度和治理体系

B. 具有强大生命力和巨大优越性的制度和治理体系

C. 能够持续推动拥有近十四亿人口大国进步和发展、确保拥有五千多年文明史的中华民族实现"两个一百年"奋斗目标进而实现伟大复兴的制度和治理体系

D. 马克思主义中国化最新成果、能够指导中国特色社会主义伟大实践的制度和治理体系

15. 党的十八大以来，中国特色社会主义理论体系（　　）工作扎实有效。

Λ. 进校园
B. 进教材
C. 进课堂
D. 进头脑

16. 要培育和践行社会主义核心价值观，把社会主义核心价值观体现到教书育人全过程，引导师生树立正确的（　　）。

A. 世界观
B. 是非观
C. 人生观
D. 价值观

17. 加强革命文化和社会主义先进文化教育，深化（　　）学习教育，利用我国改革发展的伟大成就、重大历史事件纪念活动、爱国主义教育基地、国家公祭仪式等组织开展主题教育。

A. 中国共产党史
B. 中华人民共和国史
C. 改革开放史
D. 社会主义发展史

18. 《高校思想政治工作质量提升工程实施纲要》指出，要一体化构建（　　）、成效显著的高校思想政治工作质量体系。

A. 内容完善
B. 标准健全
C. 运行科学
D. 保障有力

19. 引导师生树立正确的政治方向、价值取向、学术导向，培养师生（　　）。

A. 至诚报国的理想追求
B. 敢为人先的科学精神
C. 开拓创新的进取意识
D. 严谨求实的科研作风

20. 树立网络思维，提升网络文明素养，创作网络文化产品，（　　），守护好网络精神家园。

A. 守好一段渠
B. 种好责任田
C. 传播主旋律
D. 弘扬正能量

21. 发挥（　　）等组织的联系服务、团结凝聚师生的桥梁纽带作用，把思想政治教育贯穿各项工作和活动，促进师生全面发展。

A. 工会
B. 共青团
C. 学生会
D. 学生社团

22. 构建"（　　）"的实践育人协同体系。

A．党委统筹部署　　　　　　　　B．政府扎实推动

C．社会广泛参与　　　　　　　　D．高校着力实施

23．丰富网络内容，开展（　　）等网络文化建设活动，推广展示一批"网络名篇名作"。

A．"大学生网络文化节"　　　　　B．"高校网络育人优秀作品推选展示"

C．"网络文明进校园"　　　　　　D．"校园好网民"

24．《新时代爱国主义教育实施纲要》的总体要求有（　　）。

A．坚持把实现中华民族伟大复兴的中国梦作为鲜明主题

B．坚持爱党爱国爱社会主义相统一

C．坚持以维护祖国统一和民族团结为着力点

D．坚持以立为本、重在建设

E．坚持立足中国又面向世界

25．《关于实施中华优秀传统文化传承发展工程的意见》的基本原则为（　　）。

A．牢牢把握社会主义先进文化前进方向

B．坚持以人民为中心的工作导向

C．坚持创造性转化和创新性发展

D．坚持交流互鉴、开放包容

E．坚持统筹协调、形成合力

F．坚持爱党爱国爱社会主义相统一

二、填空题

1．十九届四中全会提出，坚持和完善人民当家作主制度体系，发展社会主义＿＿＿＿。

2．十九届四中全会提出，坚持和完善中国特色社会主义＿＿＿＿，提高党依法治国、依法执政能力。

3．十九届四中全会提出，坚持和完善社会主义基本经济制度，推动经济＿＿＿＿发展。

4．十九届四中全会提出，坚持和完善繁荣发展社会主义＿＿＿＿的制度，巩固全体人民团结奋斗的共同思想基础。

5．十九届四中全会提出，坚持和完善统筹城乡的＿＿＿＿制度，满足人民日益增长的美好生活需要。

6．十九届四中全会提出，坚持和完善＿＿＿＿对人民军队的绝对领导制度，确保人民军队忠实履行新时代革命任务。

7．十九届四中全会提出，必须践行绿水青山就是金山银山的理念，坚持节约资源和保护环境的基本国策，坚持＿＿＿＿＿＿＿为主的方针，坚定走生产发展、生活富裕、生态良好的文明发展道路，建设美丽中国。

8．十九届四中全会提出，坚持和完善党的领导制度体系，提高党＿＿＿＿＿＿＿＿

_____水平。

9. 十九届四中全会提出，坚持和完善中国特色社会主义行政体制，构建职责明确、_____的政府治理体系。

10. 十九届四中全会提出，坚持和完善生态文明制度体系，促进人与自然_____。

11. 十九届四中全会提出，坚持和完善"_____"制度体系，推进祖国和平统一。

12. 十九届四中全会强调，坚持和完善中国特色社会主义制度、推进国家治理体系和治理能力_____，是全党的一项重大战略任务。

13. 十九届四中全会提出，中国特色社会主义制度是党和人民在长期实践探索中形成的_____制度体系，我国国家治理一切工作和活动都依照中国特色社会主义制度展开，我国国家治理体系和治理能力是中国特色社会主义制度及其执行能力的集中体现。

14. 十九届四中全会强调，我国国家制度和国家治理体系具有多方面的显著优势，包括：坚持_____当家作主，发展人民民主，密切联系群众，紧紧依靠人民推动国家发展的显著优势。

15. 十九届四中全会强调，我国国家制度和国家治理体系具有多方面的显著优势，包括：坚持全面依法治国，社会主义法治国家，切实保障社会_____和人民权利的显著优势。

16. 十九届四中全会强调，要把我国制度优势更好地转化为国家_____，为实现"两个一百年"奋斗目标、实现中华民族伟大复兴的中国梦提供有力保证。

17. 十九届四中全会《决定》指出，我国国家制度和国家治理体系具有多方面的显著优势，主要是：坚持全国_____，调动各方面积极性，集中力量办大事的显著优势。

18. 十九届四中全会《决定》指出，我国国家制度和国家治理体系具有多方面的显著优势，主要是：坚持_____一律平等，筑牢中华民族共同体意识，实现共同团结奋斗、共同繁荣发展的显著优势。

19. 十九届四中全会《决定》指出，我国国家制度和国家治理体系具有多方面的显著优势，主要是：坚持_____为主体、多种所有制经济共同发展和按劳分配为主体、多重分配方式并存，把社会主义制度和市场经济有机结合起来，不断解放和发展社会生产力的显著优势。

20. 十九届四中全会《决定》指出，我国国家制度和国家治理体系具有多方面的显著优势，主要是：坚持以人民为中心的发展思想，不断保障和改善民生、增进人民福祉，走_____道路的显著优势。

21. 十九届四中全会《决定》指出，我国国家制度和国家治理体系具有多方面的显著优势，主要是：坚持_____、选贤任能，聚天下英才而用之，培养造就更多更优秀人才的显著优势。

22. 十九届四中全会《决定》指出，我国国家制度和国家治理体系具有多方面的显著优势，主要是：坚持"一国两制"，保持香港、澳门长期繁荣稳定，促进祖国_____的显著优势。

23. 十九届四中全会《决定》指出，我国国家制度和国家治理体系具有多方面的显著优势，主要是：坚持独立自主和对外开放相统一，积极参与_____，为构建人类命运共同体不断作出贡献的显著优势。

24. 十九届四中全会《决定》指出，中国共产党领导是中国特色社会主义最本质的特征，是中国特色社会主义制度的最大优势，党是最高_____领导力量。

25. 十九届四中全会《决定》指出，把不忘初心、牢记使命作为加强_____的永恒课题和全体党员、干部的终身课题，形成长效机制，坚持不懈锤炼党员、干部忠诚干净担当的政治品格。

26. 十九届四中全会《决定》指出，健全党中央对重大工作的领导体制，强化党中央决策议事协调机构职能作用，完善推动党中央重大决策落实机制，严格执行向_____
____请示报告制度，确保令行禁止。

27. 十九届四中全会《决定》指出，完善党领导人大、政府、政协、监察机关、审判机关、检察机关、武装力量、人民团体、企事业单位、基层群众自治组织、社会组织等制度，健全各级党委（党组）工作制度，确保党在各种组织中发挥_____作用。

28. 十九届四中全会《决定》指出，完善党和国家_____体系，把党的领导贯彻到党和国家所有机构履行职责全过程，推动各方面协调行动、增强合力。

29. 《高校思想政治工作质量提升工程实施纲要》指出，要形成_____育人格局，切实提高工作_____和_____。

30. 全面统筹办学治校各领域、教育教学各环节、人才培养各方面的育人资源和育人力量，推动知识传授、能力培养与_____、_____、道德观念的教育有机结合，建立健全系统化育人长效机制。

31. 大力推动以"_____"为目标的课堂教学改革，优化课程设置，修订专业教材。

32. 心理育人质量提升体系，坚持_____与_____相结合。

33. 加强人文关怀和心理疏导，深入构建_____、_____、_____、
_____、平台保障"五位一体"的心理健康教育工作格局，着力培育师生_____、_____的健康心态，促进师生心理健康素质与思想道德素质、科学文化素质协调发展。

34. 强化科学管理对道德涵育的保障功能，大力营造_____、_____、
__的育人环境。

35. 服务育人质量提升体系要求把_____与_____结合起来，围绕师生、关照师生、服务师生。

36. 构建集_____、_____、_____、_____于一体的学术诚信体系，治理遏制

学术研究、科研成果不良倾向。

37. 丰富实践内容，创新实践形式，广泛开展_____、_____、_____、志愿服务、_____、_____等社会实践活动。

38. 适度增加实践教学比重，原则上哲学社会科学类专业实践教学不少于总学分（学时）的_____%，理工农医类专业不少于_____%。

39. 完善支持机制，推动_____、社会实践活动、_____、志愿服务、_____等载体有机融合，形成实践育人统筹推进工作格局。

40. 加强师生网络素养教育，编制《_____》，引导师生增强网络安全意识，遵守网络行为规范。

41. 强化咨询服务，提高心理健康教育咨询与服务中心建设水平，按照师生比不低于_____配备心理健康教育专业教师，每校至少配备_____名专业教师。

42. 提高心理健康素质测评覆盖面和科学性；建立_____、_____、_____、_____"四级"预警防控体系。

43. 在后勤保障服务中，持续开展"_____""_____"等主题教育活动，推动高校节约型校园建设建档，大力建设绿色校园。

44. 健全_____级资助认定工作机制，采用_____、_____和____等方式，合理确定认定标准，建立家庭经济困难学生档案。

45. 在奖学金评选发放环节，全面考察学生的学习成绩、创新发展、社会实践及道德品质等方面的综合表现，培养学生_____和_____。

46. 高校肩负着_____、_____、_____、_____的重要使命。

47. 加强和改进高校思想政治工作，全面贯彻党的教育方针，坚持社会主义办学方向，扎根中国大地办大学，须以_____为根本，以_____为核心，以_____为引领，切实抓好各方面基础性建设和基础性工作，切实加强和改善党的领导。

48. 以_____为重点，加强社会公德、职业道德、家庭美德、个人品德教育，提升师生道德素养。

49. 引导教师将更多精力投入到课堂教学上，完善教师职业道德规范，实施师德"_____"。

50. 高校思想政治工作队伍和党务工作队伍具有_____和_____双重身份，要纳入高校人才队伍建设总体规划，形成一支_____、_____、_____、_____的工作力量。

51. 要在服务引导中加强思想教育，把_____与_____结合起来，做到既讲道理又办实事。

52. 要完善高校党的领导体制，坚持和完善普通高校_____领导下的_____负责制，高校党委对本校工作实行全面领导，履行_____、_____的主体责任，切实发挥领导核心作用。

53. _____是中华民族的民族心、民族魂。

54. 新时代爱国主义教育坚持把_____作为鲜明主题，坚持_____相统一，坚持以_____为着力点。

55. 要把_____作为爱国主义教育的重中之重。

56. 传承发展中华优秀传统文化，就要大力弘扬_____、_____、_____、_____、_____、_____等核心思想理念。

57. 传承发展中华优秀传统文化，就要大力弘扬_____、_____、_____、_____等中华传统美德。

58. 传承发展中华优秀传统文化，就要大力弘扬_____、_____的思想文化内容。

59. _____是国家统一之基、民族团结之本、精神力量之魂。

60. 新时代民族团结进步创建工作要坚持以_____为根本方向，坚持以_____为根本途径，坚持以_____为总目标。

三、改错题

1. 遵循思想政治工作规律、教书育人规律和学生成长规律，坚持以学生为中心，把握学生思想特点和发展需求，优化内容供给、改进工作方法、创新工作载体，激活高校思想政治工作内生动力。

2. 梳理各门专业课程所蕴含的思想政治教育元素和所承载的思想政治教育功能，融入课堂教学各环节，实现思想政治教育与知识体系教育的有机统一。

3. 发挥思想政治理论课教师课程育人的主体作用，健全课程育人管理、运行体制，将课程育人作为教师思想政治工作的重要环节，作为教学督导和教师绩效考核的重要方面。

4. 改进科研环节和程序，把思想价值引领贯穿选题设计、科研立项、项目研究、成果运用全过程，把思想政治表现作为组建科研团队的基本要求。

5. 坚持党对高校的领导。落实全面从严治党要求，把党的指导贯穿始终，着力解决突出问题，维护党中央权威、保证党的团结统一，牢牢掌握党对高校的领导权。

6. 要强化思想理论教育和价值引领。把思想政治教育放在首位。

7. 要弘扬中华传统文化和革命文化、社会主义先进文化，实施中华文化传承工程，推动中华优秀传统文化融入教育教学。

8. 要把大学生作为爱国主义教育的重中之重，推动爱国主义教育进课堂、进教材、进头脑。

四、简答题

1. 《高校思想政治工作质量提升工程实施纲要》指出，高校思想政治工作的目标是要着力培养什么样的人？

2. 高校思想政治工作质量提升的基本原则是什么？

3. 简述"十大"育人体系。

4. 资助育人质量提升体系中发展型资助体系是指什么、资助育人长效机制是指什么？资助育人质量提升体系拟形成什么样的良性循环、培养受助学生怎样的良好品质？

5. 为什么加强和改进高校思想政治工作是一项重大的政治任务和战略工程？

6. 加强和改进高校思想政治工作的基本原则是什么？

7. 简述新时代爱国主义教育的基本内容。

8. 简述新时代爱国主义教育的实践载体。

9. 高校应采取哪些措施实施中华优秀传统文化传承教育？

10. 如何开展新时代民族团结进步创建工作？

第二篇

专题梳理

本篇聚焦辅导员应履行的工作职责，主要从四个方面以专题的形式，对辅导员应知应会的重要知识进行了梳理，并以要点方式呈现，方便读者迅速把握重点，同时点面结合，帮助读者从整体上理解和消化吸收。

一、党团建设类

1.《中国共产党问责条例》（2019年9月1日起施行）

【思维导图】

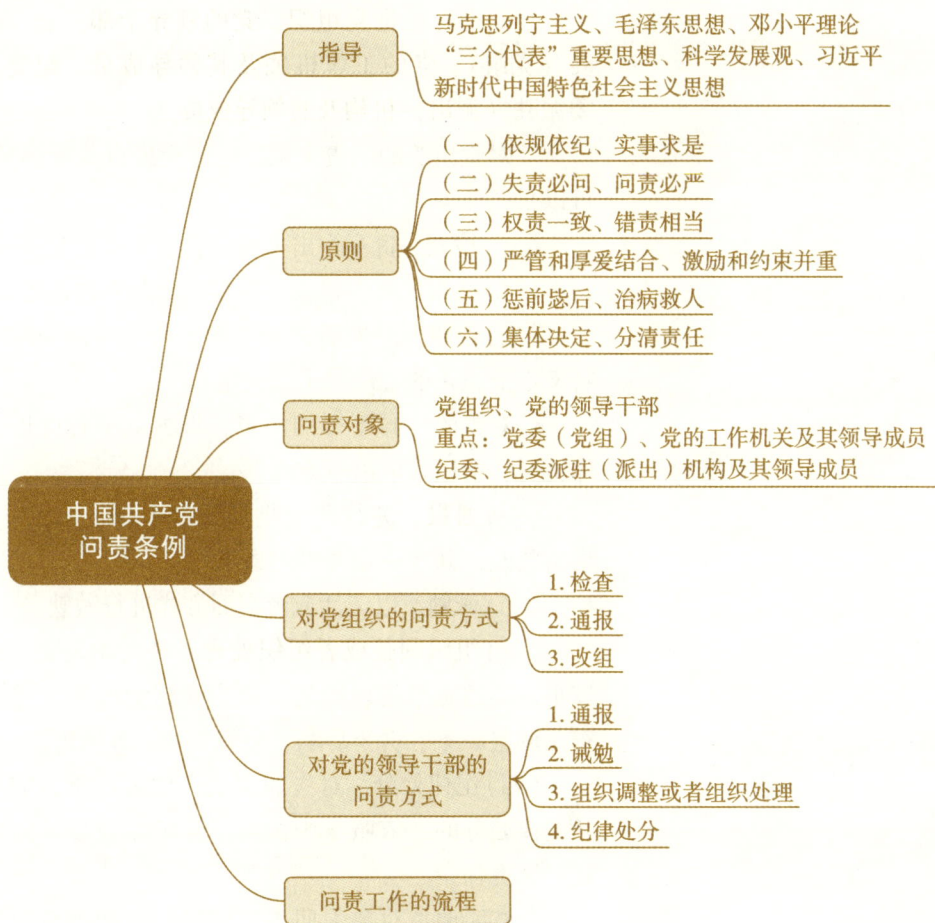

中国共产党
问责条例

- 指导 —— 马克思列宁主义、毛泽东思想、邓小平理论
"三个代表"重要思想、科学发展观、习近平
新时代中国特色社会主义思想

- 原则
  - （一）依规依纪、实事求是
  - （二）失责必问、问责必严
  - （三）权责一致、错责相当
  - （四）严管和厚爱结合、激励和约束并重
  - （五）惩前毖后、治病救人
  - （六）集体决定、分清责任

- 问责对象 —— 党组织、党的领导干部
  重点：党委（党组）、党的工作机关及其领导成员
  纪委、纪委派驻（派出）机构及其领导成员

- 对党组织的问责方式
  - 1. 检查
  - 2. 通报
  - 3. 改组

- 对党的领导干部的问责方式
  - 1. 通报
  - 2. 诫勉
  - 3. 组织调整或者组织处理
  - 4. 纪律处分

- 问责工作的流程

【笔记】

◎该条例自 2019 年 9 月 1 日起施行

【原文摘录】

◇党的问责工作应当坚持以下原则：

（一）依规依纪、实事求是；

（二）失责必问、问责必严；

（三）权责一致、错责相当；

（四）严管和厚爱结合、激励和约束并重；

（五）惩前毖后、治病救人；

（六）集体决定、分清责任。

◇问责对象是党组织、党的领导干部，重点是党委（党组）、党的工作机关及其领导成员，纪委、纪委派驻（派出）机构及其领导成员。

◇对党组织的问责，根据危害程度以及具体情况，可以采取以下方式：

（一）检查。责令作出书面检查并切实整改。

（二）通报。责令整改，并在一定范围内通报。

（三）改组。对失职失责，严重违犯党的纪律、本身又不能纠正的，应当予以改组。

◇对党的领导干部的问责，根据危害程度以及具体情况，可以采取以下方式：

（一）通报。进行严肃批评，责令作出书面检查、切实整改，并在一定范围内通报。

（二）诫勉。以谈话或者书面方式进行诫勉。

（三）组织调整或者组织处理。对失职失责、危害较重，不适宜担任现职的，应当根据情况采取停职检查、调整职务、责令辞职、免职、降职等措施。

（四）纪律处分。对失职失责、危害严重，应当给予纪律处分的，依照《中国共产党纪律处分条例》追究纪律责任。

◇查明调查对象失职失责问题后，调查组应当撰写事实材料，与调查对象见面，听取其陈述和申辩，并记录在案；对合理意见，应当予以采纳。调查对象应当在事实材料上签署意见，对签署不同意见或者拒不签署意见的，调查组应当作出说明或者注明情况。

◇问责决定应当由有管理权限的党组织作出。

◇问责决定作出后，应当及时向被问责党组织、被问责领导干部及其所在党组织宣布并督促执行。涉及组织调整或者组织处理的，相应手续应当在 1 个月内办理完毕。被问责领导干部应当向作出问责决定的党组织写出书面检讨，并在民主生活会、组织生活会或者党的其他会议上作出深刻检查。

◇实行终身问责，对失职失责性质恶劣、后果严重的，不论其责任人是否调离转岗、提拔或者退休等，都应当严肃问责。

◇有下列情形之一的，可以不予问责或者免予问责：

（一）在推进改革中因缺乏经验、先行先试出现的失误，尚无明确限制的探索性试验中的失误，为推动发展的无意过失；

（二）在集体决策中对错误决策提出明确反对意见或者保留意见的；

（三）在决策实施中已经履职尽责，但因不可抗力、难以预见等因素造成损失的。

◇有下列情形之一，可以从轻或者减轻问责：

（一）及时采取补救措施，有效挽回损失或者消除不良影响的；

（二）积极配合问责调查工作，主动承担责任的；

（三）党内法规规定的其他从轻、减轻情形。

◇有下列情形之一，应当从重或者加重问责：

（一）对党中央、上级党组织三令五申的指示要求，不执行或者执行不力的；

（二）在接受问责调查和处理中，不如实报告情况，敷衍塞责、推卸责任，或者唆使、默许有关部门和人员弄虚作假，阻扰问责工作的；

（三）党内法规规定的其他从重、加重情形。

◇问责对象对问责决定不服的，可以自收到问责决定之日起 1 个月内，向作出问责决定的党组织提出书面申诉。作出问责决定的党组织接到书面申诉后，应当在 1 个月内作出申诉处理决定，并以书面形式告知提出申诉的党组织、领导干部及其所在党组织。申诉期间，不停止问责决定的执行。

2.《中国共产党党员教育管理工作条例》（2019年5月6日起施行）

【思维导图】

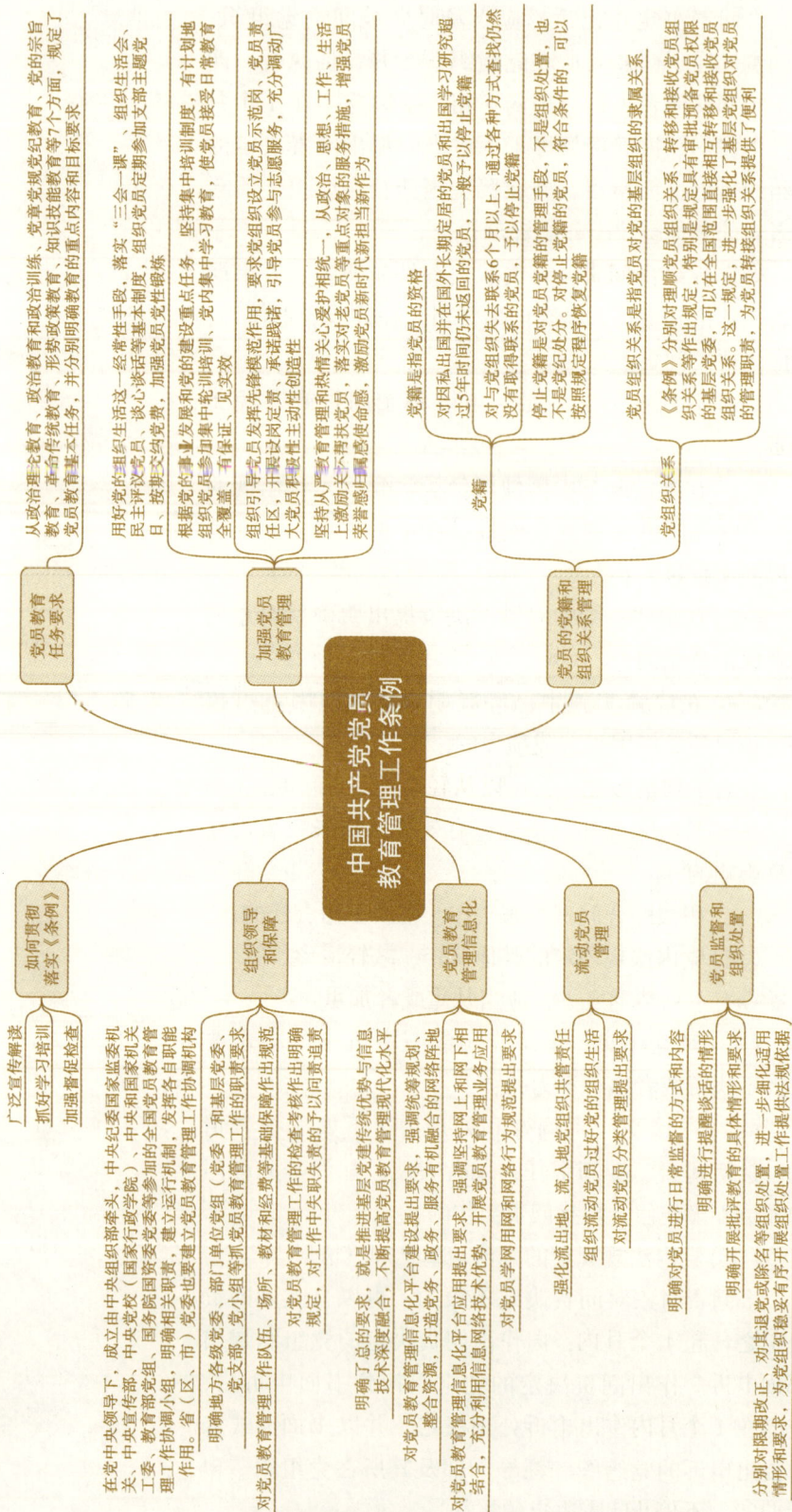

思维导图中心主题：**中国共产党党员教育管理工作条例**

党员教育任务要求
- 从政治理论教育、政治教育和政治训练、党章党规党纪教育、知识技能教育、形势政策教育等7个方面，规定了党员教育基本任务，并分别明确教育的重点内容和目标要求

加强党员教育管理
- 用好党的组织生活这一经常性手段，落实"三会一课"、组织生活会、民主评议党员、谈心谈话等基本制度，组织党员定期参加党日主题党日，按季交纳党费，加强党员党性锻炼
- 根据党的事业发展和党员队伍建设重点任务，坚持集中培训制度，党内集中学习教育，有计划地组织党员参加培训，使党员接受日常教育全覆盖、有保证、见实效
- 组织引导党员发挥先锋模范作用，要求党组织设立党员示范岗、党员责任区，开展设岗定责、承诺践诺，激励党员参与志愿服务，引导党员新时代新担当新作为
- 坚持从严教育管理和热情关心爱护相统一，从政治思想、工作、生活上激励关怀归属感使命感，落实对老党员重点对象的服务措施，增强党员

党员的党籍和组织关系管理
- 党籍是党员的资格
  - 对因私出国并在国外长期居住的党员和出国学习研究超过5年时间仍未返回的党员，一般予以停止党籍
  - 对与党组织失去联系6个月以上，通过各种方式查找仍然没有取得联系的党员，予以停止党籍
  - 停止党籍只是对党员党籍的管理手段，不是组织处置，不是党纪处分。对停止党籍的党员，符合条件的，可以按照规定程序恢复党籍
- 党组织关系
  - 党员组织关系是党员对党的基层组织的隶属关系
  - 《条例》分别对理顺党员组织关系、转移和接收党员组织关系等作出规定，特别是规定全国范围直接相互转移和接收党员组织关系，进一步强化了基层党组织对党员的管理服务，为党员转接组织关系提供了便利

如何贯彻落实《条例》
- 广泛宣传解读
- 抓好学习培训
- 加强督查促进检查

组织领导和保障
- 在党中央领导下，成立由中央组织部牵头，中央宣传部、中央党校（国家行政学院）、中央和国家机关工委、教育部党组、国务院国资委党委等参加的全国党员教育管理工作协调小组，发挥牵头抓总作用。省（区、市）党委也要建立运行有效的党员教育管理工作协调机构
- 明确地方各级党委（党委）和基层党委、党支部、党小组等基础党组织党员教育管理工作的职责要求
- 对党员教育管理工作队伍、教材和经费等基础保障作出明确规定，对工作中失职失责的予以问责追责

党员教育管理信息化
- 明确了总的要求，就推进基层党建传统优势与信息技术深度融合
- 对党员教育管理信息化平台建设提出要求、整合资源，打造全国党员网络教育平台，强调统筹规划、服务高效应用
- 对党员学网用网网络行为规范提出要求，强调坚持网上和网下相结合，开展互联网+党建，充分利用互联网信息技术优势

流动党员管理
- 强化流出党员对党的组织生活的责任
- 组织流动党员过好党的组织生活
- 对流动党员分类管理提出要求

党员监督处置
- 明确对党员进行日常监督的方式和内容
- 明确进行提醒谈话的情形
- 明确开展民主评议党员、组织处置，进一步细化适用情形和要求
- 分别对限期改正、劝其退党或除名等组织处置的具体情形和要求，为党组织稳妥有序开展组织处置工作提供法规依据

【原文摘录】

第一章　总则

◇党员教育管理是党的建设基础性经常性工作。党组织应当加强党员教育管理，引导党员坚定共产主义远大理想和中国特色社会主义共同理想，增强"四个意识"、坚定"四个自信"、做到"两个维护"，增强党性，提高素质，认真履行义务，正确行使权利，充分发挥先锋模范作用。

◇党员教育管理工作坚持教育、管理、监督、服务相结合，推进"两学一做"学习教育常态化制度化。

第二章　学习贯彻习近平新时代中国特色社会主义思想

◇把用习近平新时代中国特色社会主义思想武装全党作为党员教育管理的首要政治任务。组织党员读原著、学原文、悟原理。建立以学习贯彻习近平新时代中国特色社会主义思想为中心内容的党员教育教材体系。坚持集中教育和经常性教育相结合，组织培训和个人自学相结合。弘扬理论联系实际的马克思主义学风，自觉做习近平新时代中国特色社会主义思想坚定信仰者和忠实实践者。

第三章　党员教育基本任务

◇加强政治理论教育，突出政治教育和政治训练，强化党章党规党纪教育，加强党的宗旨教育，进行革命传统教育，开展形势政策教育，注重知识技能教育。

第四章　党员日常教育管理主要方式

◇党支部应当运用"三会一课"制度，对党员进行经常性的教育管理。党员应当按期参加党员大会、党小组会和上党课。党支部应每月开展 1 次主题党日，每年至少召开 1 次组织生活会，一般每年开展 1 次民主评议党员。党员每年集中学习培训时间一般不少于 32 学时。党员应当按期交纳党费。鼓励和引导党员参与志愿服务。

第五章　党籍和党员组织关系管理

◇经党支部党员大会通过、基层党委审批接收的预备党

【笔记】

◎2019 年 3 月 29 日，中共中央政治局召开会议，审议《中国共产党党员教育管理工作条例》，自 2019 年 5 月 6 日起施行

▲"四个意识"：政治意识、大局意识、核心意识、看齐意识

▲"四个自信"：道路自信、理论自信、制度自信、文化自信

▲"两个维护"：坚决维护习近平总书记党中央的核心、全党的核心地位，坚决维护党中央权威和集中统一领导

▲"两学一做"：学党章党规、学系列讲话，做合格党员

▲"三会一课"：党员大会、支委会、党小组会和党课

▲党员组织关系是指党员对党的基层组织的隶属关系

员，自通过之日起，即取得党籍。

◇对因私出国并在国外长期定居的党员，出国学习研究超过5年仍未返回的党员，一般予以停止党籍。

◇对与党组织失去联系6个月以上、通过各种方式查找仍然没有取得联系的党员，予以停止党籍。

◇停止党籍2年后确实无法取得联系的，按照自行脱党予以除名

◇每个党员都必须编入党的一个支部、小组或者其他特定组织。

◇党员工作单位、经常居住地发生变动的，或者外出学习、工作、生活6个月以上并且地点相对固定的，应当转移组织关系。

第六章　党员监督和组织处置

◇监督方式：严格组织生活、听取群众意见、检查党员工作等。

◇监督内容：遵守党章党规党纪特别是政治纪律和政治规矩情况，遵守宪法法律法规和道德规范情况，参加组织生活情况，履行党员义务、联系服务群众、发挥先锋模范作用情况等。

◇没有正当理由，连续6个月不参加党的组织生活，或者不交纳党费，或者不做党所分配的工作，按照自行脱党予以除名。

第七章　流动党员管理

◇高校党组织对组织关系保留在学校的高校毕业生流动党员，应当继续履行管理职责。党员组织关系保留时间一般不超过2年，对符合转出组织关系条件的及时转出。

第八章　党员教育管理信息化

略。

第九章　组织领导和工作保障

◇基层党委履行抓党员教育管理的基本职责。党支部按照党章和党内有关规定，履行相关工作职责。党小组应当落实党支部关于党员教育管理工作的要求和任务。

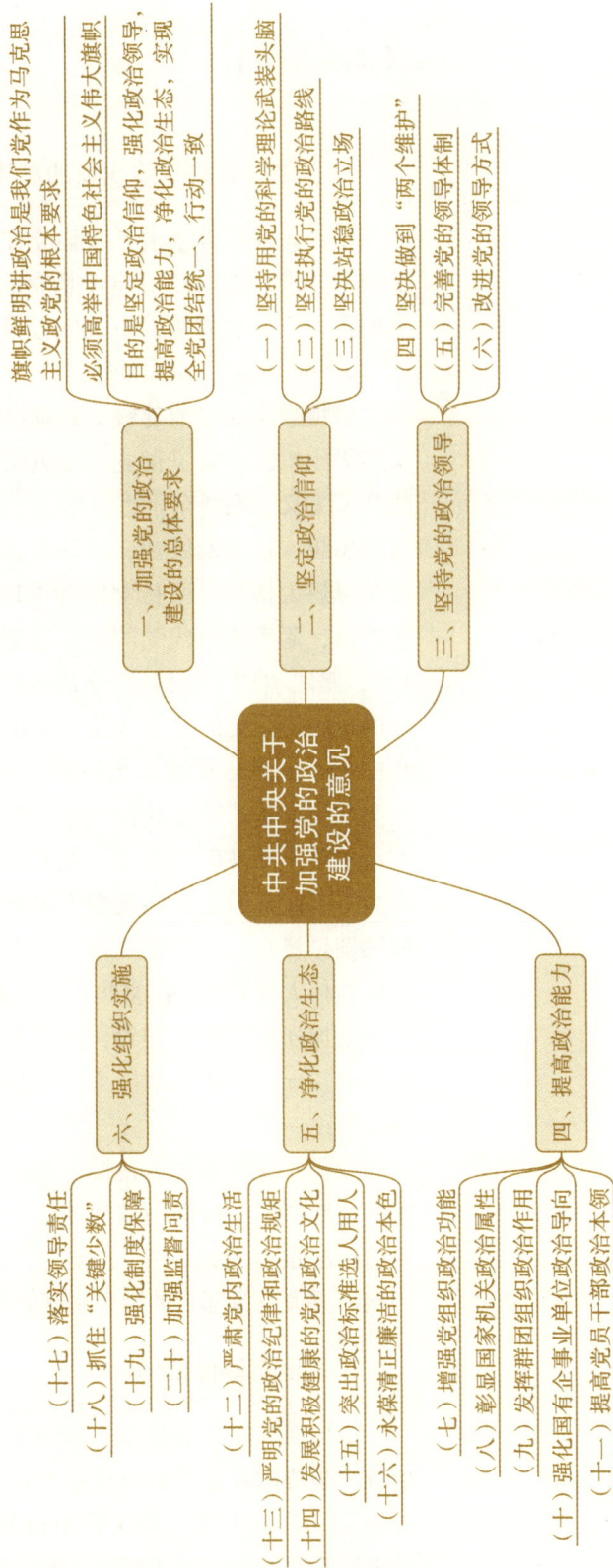

3.《中共中央关于加强党的政治建设的意见》（2019年1月31日）

【思维导图】

中共中央关于加强党的政治建设的意见

一、加强党的政治建设的总体要求
- 旗帜鲜明讲政治是我们党作为马克思主义政党的根本要求
- 必须高举中国特色社会主义伟大旗帜
- 目的是坚定政治信仰、强化政治领导、提高政治能力、净化政治生态、实现全党团结统一、行动一致

二、坚定政治信仰
- （一）坚持用党的科学理论武装头脑
- （二）坚定执行党的政治路线
- （三）坚决站稳政治立场

三、坚持党的政治领导
- （四）坚决做到"两个维护"
- （五）完善党的领导体制
- （六）改进党的领导方式

四、提高政治能力
- （七）增强党组织政治功能
- （八）彰显国家机关政治属性
- （九）发挥群团组织政治作用
- （十）强化国有企事业单位政治导向
- （十一）提高党员干部政治本领

五、净化政治生态
- （十二）严明党的政治纪律和政治规矩
- （十三）严肃党内政治生活
- （十四）发展积极健康的党内政治文化
- （十五）突出政治标准选人用人
- （十六）永葆清正廉洁的政治本色

六、强化组织实施
- （十七）落实领导责任
- （十八）抓住"关键少数"
- （十九）强化制度保障
- （二十）加强监督问责

【笔记】

【原文摘录】

一、加强党的政治建设的总体要求

◇旗帜鲜明讲政治是我们党作为马克思主义政党的根本要求。党的政治建设是党的根本性建设，决定党的建设方向和效果，事关统揽推进伟大斗争、伟大工程、伟大事业、伟大梦想。

◇加强党的政治建设，必须高举中国特色社会主义伟大旗帜，全面贯彻党的十九大精神，坚持以马克思列宁主义、毛泽东思想、邓小平理论、"三个代表"重要思想、科学发展观、习近平新时代中国特色社会主义思想为指导，坚持党的基本理论、基本路线、基本方略，落实新时代党的建设总要求，增强"四个意识"，坚定"四个自信"，坚决维护习近平总书记党中央的核心、全党的核心地位，坚决维护党中央权威和集中统一领导，把准政治方向，坚持党的政治领导，夯实政治根基，涵养政治生态，防范政治风险，永葆政治本色，提高政治能力，把我们党建设得更加坚强有力，确保我们党始终成为中国特色社会主义事业的坚强领导核心，为实现"两个一百年"奋斗目标和中华民族伟大复兴的中国梦提供坚强政治保证。

◇加强党的政治建设，目的是坚定政治信仰，强化政治领导，提高政治能力，净化政治生态，实现全党团结统一、行动一致。

▲加强党的政治建设"五要"

◇要以党章为根本遵循；要突显党的政治建设的根本性地位；要以党的政治建设为统领；要坚持问题导向，注重"靶向治疗"；要把党的政治建设融入党和国家重大决策部署的制定和落实全过程。

二、坚定政治信仰

◇加强党的政治建设，必须坚持马克思主义指导地位，坚持用习近平新时代中国特色社会主义思想武装全党、教育人民，夯实思想根基，牢记初心使命，凝聚同心共筑中国梦的磅礴力量。

（一）坚持用党的科学理论武装头脑

◇马克思主义是我们立党立国的根本指导思想。

◇要深入学习习近平新时代中国特色社会主义思想。要坚定理想信念，牢固树立共产主义远大理想和中国特色社会主义共同理想。要坚定"四个自信"。领导干部要带头学理论、强信念。

（二）坚定执行党的政治路线

◇党在社会主义初级阶段的基本路线作为党的政治路线，是党和国家的生命线、人民的幸福线，必须坚决捍卫、坚定执行。

◇全面贯彻执行党的政治路线，把以经济建设为中心同坚持四项基本原则、坚持改革开放两个基本点统一于中国特色社会主义伟大实践。 ▲"一个中心，两个基本点"

◇坚持党的政治路线，必须全面贯彻实施新时代中国特色社会主义基本方略，统筹推进"五位一体"总体布局和协调推进"四个全面"战略布局，为实现"两个一百年"奋斗目标不懈努力。

▲"五位一体"总体布局：经济、政治、文化、社会和生态文明建设

（三）坚决站稳政治立场

◇政治立场事关根本。全党必须始终坚定马克思主义立场，坚持党性和人民性相统一，坚决站稳党性立场和人民立场。

▲"四个全面"战略布局：全面建成小康社会、全面深化改革、全面依法治国、全面从严治党

三、坚持党的政治领导

◇党是最高政治领导力量，党的领导是中国特色社会主义最本质的特征，是中国特色社会主义制度的最大优势。加强党的政治建设，必须坚持和加强党的全面领导，完善党的领导体制，改进党的领导方式，承担起执政兴国的政治责任。

（四）坚决做到"两个维护"

◇事在四方，要在中央。坚持和加强党的全面领导，最重要的是坚决维护党中央权威和集中统一领导；坚决维护党中央权威和集中统一领导，最关键的是坚决维护习近平总书记党中央的核心、全党的核心地位。

（五）完善党的领导体制

◇坚持党总揽全局、协调各方，建立健全坚持和加强党的全面领导的制度体系，为把党的领导落实到

改革发展稳定、内政外交国防、治党治国治军各领域各方面各环节提供坚实制度保障。

(六)改进党的领导方式

◇着眼于党把方向、谋大局、定政策、促改革，强化战略思维、创新思维、辩证思维、法治思维、底线思维，正确制定和坚决执行党的路线方针政策，不断增强党的政治领导力、思想引领力、群众组织力、社会号召力。

◇要坚持民主集中制这一根本领导制度，要坚持群众路线这一基本领导方法，要坚持依法执政这一基本领导方式。

四、提高政治能力

◇加强党的政治建设，关键是要提高各级各类组织和党员干部的政治能力。

(七)增强党组织政治功能

◇党的力量来自组织。政治属性是党组织的根本属性，政治功能是党组织的基本功能，要认真贯彻落实新时代党的组织路线，不断强化各级各类党组织的政治属性和政治功能。

◇党中央是党的最高领导机关。党支部要担负起直接教育党员、管理党员、监督党员和组织群众、宣传群众、凝聚群众、服务群众的职责，发挥好战斗堡垒作用。党员要强化党的意识和组织观念，自觉做到思想上认同组织、政治上依靠组织、工作上服从组织、感情上信赖组织。

(八)彰显国家机关政治属性

略。

(九)发挥群团组织政治作用

◇工会、共青团、妇联等群团组织是党领导下的政治组织，政治性是群团组织的灵魂。

◇各群团组织要认真履行政治职责，充分发挥联系人民群众的桥梁和纽带作用，加大政治动员、政治引领、政治教育工作力度，更好承担起引导群众听党话、跟党走的政治任务，把自己联系的群众最广泛最紧密地团结在党的周围。要坚定不移坚持党的领导，坚定不移走中国特色社会主义群团发展道路，不折不扣落实党中央关于群团改革的决策部署，切实增强群团组织的政治性、先进性、群众性。

（十）强化国有企事业单位政治导向

略。

（十一）提高党员干部政治本领

◇党员干部特别是领导干部要加强政治能力训练和政治实践历练，切实提高把握方向、把握大势、把握全局的能力和辨别政治是非、保持政治定力、驾驭政治局面、防范政治风险的能力。

五、净化政治生态

◇加强党的政治建设，必须把营造风清气正的政治生态作为基础性、经常性工作，浚其源、涵其林，养正气、固根本，锲而不舍、久久为功，实现正气充盈、政治清明。

（十二）严肃党内政治生活

◇营造良好政治生态，必须严格执行《关于新形势下党内政治生活的若干准则》，着力提高党内政治生活质量。

◇增强党内政治生活的政治性、时代性、原则性、战斗性。

（十三）严明党的政治纪律和政治规矩

◇政治纪律是党最根本、最重要的纪律，是净化政治生态的重要保证。

◇要把坚决做到"两个维护"作为首要政治纪律，严格执行《中国共产党纪律处分条例》，严肃查处违反政治纪律的行为，坚持"五个必须"，严肃查处"七个有之"问题。

（十四）发展积极健康的党内政治文化

◇坚持"三严三实"，大力弘扬忠诚老实、公道正派、实事求是、清正廉洁等价值观，充分利用各类爱国主义教育基地和党性教育基地对广大党员干部进行教育和熏陶，增强党员干部的政治定力、纪律定力、道德定力、拒腐定力。

◇大力倡导清清爽爽的同志关系、规规矩矩的上

▲"五个必须"：必须维护党中央权威，决不允许背离党中央要求另搞一套；必须维护党的团结，决不允许在党内培植个人势力；必须遵循组织程序，决不允许擅作主张、我行我素；必须服从组织决定，决不允许搞非组织活动；必须管好领导干部亲属和身边工作人员，决不允许他们擅权干政、谋取私利

▲"七个有之"：是习近平总书记在十八届四中全会上指出的无视政治纪律和政治规矩的一些突出问题

"一些人无视党的政治纪律和政治规矩，为了自己的所谓仕途，为了自己的所谓影响力，搞任人唯亲、排斥异己的有之，搞团团伙伙、拉帮结派的有之，搞匿名诬告、制造谣言的有之，搞收买人心、拉动选票的有之，搞封官许愿、弹冠相庆的有之，搞自行其是、阳奉阴违的有之，搞尾大不掉、妄议中央的也有之，如此等等。"——《在中共十八届四中全会第二次全体会议上的讲话》（2014 年 10 月 23 日）

▲"三严三实"：严以修身、严以用权、严以律己；谋事要实、创业要实、做人要实

下级关系、干干净净的政商关系。

◇推动中华优秀传统文化创造性转化、创新性发展。

◇发扬革命文化，传承红色基因，弘扬革命精神。

◇弘扬社会主义先进文化，推进社会主义核心价值观宣传教育。

◇坚决抵制庸俗腐朽的政治文化。

(十五) 突出政治标准选人用人

◇要坚持党管干部原则，贯彻新时期好干部标准，始终把政治标准放在第一位，注重选拔任用牢固树立"四个意识"、自觉坚定"四个自信"、坚决做到"两个维护"、全面贯彻执行党的理论和路线方针政策、忠诚干净担当的干部，对政治不合格的干部实行"一票否决"，已经在领导岗位的坚决调整。

(十六) 永葆清正廉洁的政治本色

◇坚决反对腐败，建设廉洁政治，是涵养政治生态的必要条件和重要任务。

◇强化不敢腐的震慑，扎紧不能腐的笼子，增强不想腐的自觉。

六、强化组织实施

(十七) 落实领导责任

(十八) 抓住"关键少数"

(十九) 强化制度保障

(二十) 加强监督问责

金句

◎◇ 旗帜鲜明讲政治是我们党作为马克思主义政党的根本要求。

◎◇ 浚其源、涵其林，养正气、固根本，锲而不舍、久久为功，实现正气充盈、政治清明。

◎◇ 信念如磐、意志如铁，政治坚定、绝对忠诚，清正廉洁、担当负责。

◎◇ 做勇于斗争的"战士"，不做爱惜羽毛的"绅士"。

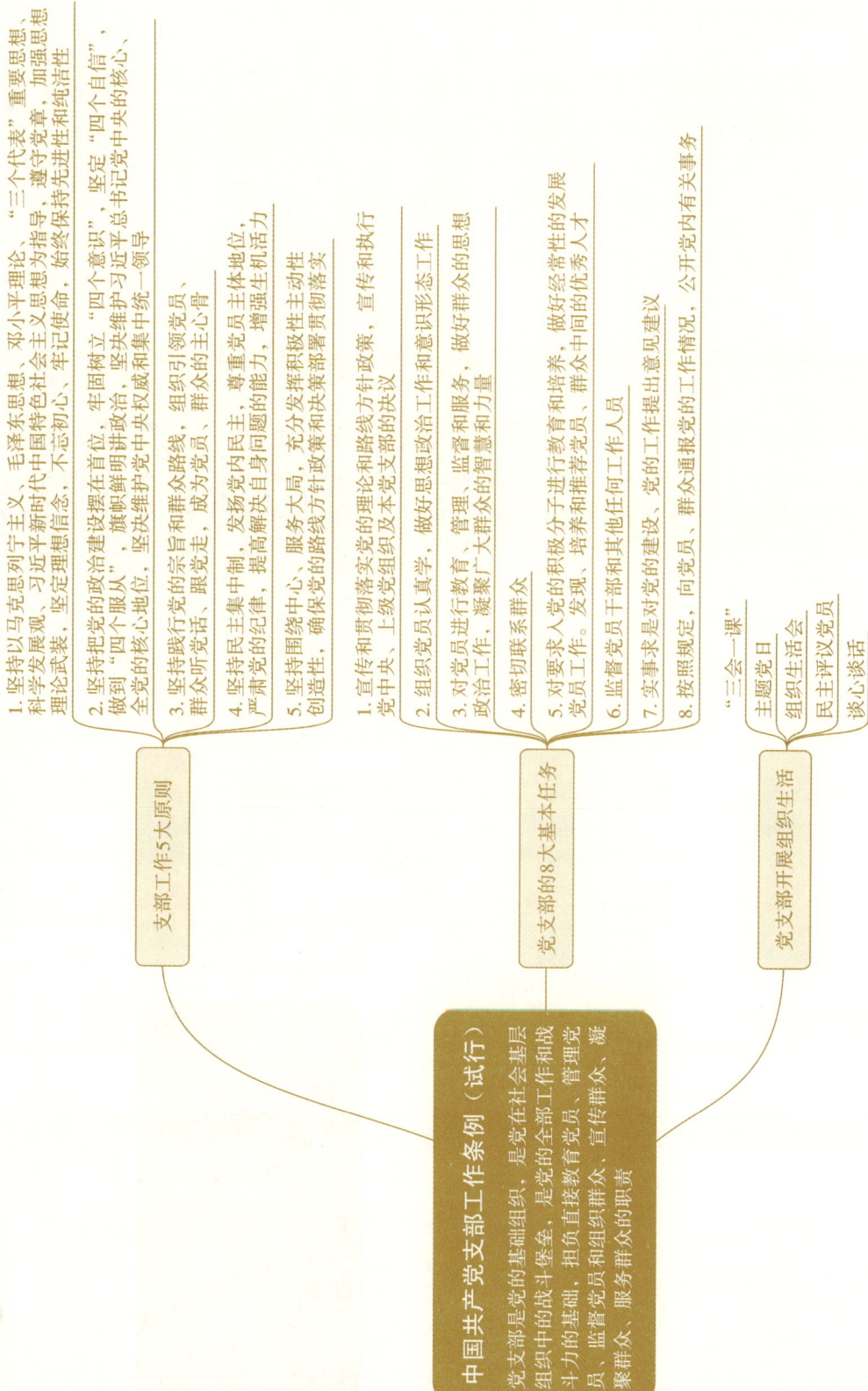

4.《中国共产党支部工作条例（试行）》（2018年10月28日起施行）

【思维导图】

中国共产党支部工作条例（试行）

党支部是党的基础组织，是党在社会基层组织中的战斗堡垒，是党的全部工作和战斗力的基础。担负直接教育党员、管理党员、监督党员和组织群众、宣传群众、凝聚群众、服务群众的职责

支部工作5大原则

1. 坚持以马克思列宁主义、毛泽东思想、邓小平理论、"三个代表"重要思想、科学发展观、习近平新时代中国特色社会主义思想为指导，遵守党章，加强思想理论武装，坚定理想信念，不忘初心，牢记使命，始终保持先进性和纯洁性

2. 坚持把党的政治建设在首位，牢固树立"四个意识"，坚定"四个自信"，做到"四个服从"，旗帜鲜明讲政治，坚决维护习近平总书记党中央的核心、全党的核心地位，坚决维护党中央集中统一领导

3. 坚持践行党的宗旨和群众路线，组织引领党员，群众听党话、跟党走，成为党员、群众的主心骨

4. 坚持民主集中制，发扬党内民主，尊重党员主体地位，严肃党的纪律，提高解决自身问题的能力，增强生机活力

5. 坚持围绕中心、服务大局，充分发挥积极性主动性创造性，确保党的路线方针政策和决策部署贯彻落实

党支部的8大基本任务

1. 宣传和贯彻落实党的理论和路线方针政策，宣传执行党中央、上级党组织及本党支部的决议

2. 组织党员认真学，做好思想政治工作和意识形态工作

3. 对党员进行教育、管理、监督和服务，做好群众的思想政治工作，凝聚广大群众的智慧和力量

4. 密切联系群众

5. 对要求入党的积极分子进行教育和培养，做好经常性的发展党员工作。发现、培养和推荐党员，群众中间的优秀人才

6. 监督党员干部和其他任何工作人员

7. 实事求是对党的建设、党的工作提出意见建议

8. 按照规定，向党员、群众通报党的工作情况，公开党内有关事务

党支部开展组织生活

"三会一课"
主题党日
组织生活会
民主评议党员
谈心谈话

中国共产党支部工作条例（试行）

党支部是党的基础组织，是党在社会基层组织中的战斗堡垒，是党的全部工作和战斗力的基础，担负直接教育党员、管理党员、监督党员和组织群众、宣传群众、凝聚群众、服务群众的职责

党支部的工作机制

党支部党员大会
- 职权：听取和审查党支部委员会的工作报告；按照规定开展党支部选举工作，推荐出席上级代表大会候选人，选举出席上级党代表大会代表；讨论和接收预备党员和预备党员转正，延长预备期或者取消预备党员资格；讨论决定对党员的表彰、表扬，组织处置和纪律处分；决定其他重要事项
- 程序及要求：党支部党员大会议题提交表决前，应当经过充分讨论。表决必须有半数以上有表决权的党员到会方可进行，赞成人数超过应到会有表决权的党员的半数为通过

党支部委员会
- 职责：对全部工作进行讨论，作出决定
- 程序及要求：党支部委员会会议须有半数以上委员到会方可进行，一般应当经党支部委员会会议讨论决定等

党小组
- 职权：主要落实党支部工作要求，完成党支部安排的任务。组织党员参加政治学习，谈心谈话，开展批评和自我评议，纪检委员等

党支部委员会建设
- 党支部委员会组成（党支部委员会设书记和组织委员、宣传委员、纪检委员等）
- 党支部委员会任期及选举（村、社区党支部委员会每届任期5年，其他基层单位党支部委员会每届任期3年）
- 党支部设置（党支部设置一般以单位、区域为主，以单独组建为主要方式）
- 党支部书记选任条件（党支部书记应当具备良好政治素质，热爱党的工作，具有一定的政策理论水平，组织协调能力示群众工作本领，一般应当有1年以上党龄）
- 党支部书记培训和激励措施（党支部书记培养纳入党员、干部教育培训规划）
- 党支部书记管理监督（党支部书记每年应当向上级党组织和党支部党员大会述职，接受评议考核）

党支部工作的保障和落实
- 各级党委（党组）主体责任：各级党委（党组）应当把党支部建设作为最重要的基本建设。各级党委（党组）书记应当带头建立党支部工作联系点
- 党委组织部门具体责任：党委组织部门应当经常对党支部建设情况进行分析研判，加强分类指导和督促检查
- 监督同责：村、社区党支部工作纳入县级党委巡察监督工作内容

【原文摘录】

【笔记】

第一章 总则

◇党支部是党的基础组织，是党组织开展工作的基本单元，是党在社会基层组织中的战斗堡垒，是党的全部工作和战斗力的基础，担负直接教育党员、管理党员、监督党员和组织群众、宣传群众、凝聚群众、服务群众的职责。

◎该条例自 2018 年 10 月 28 日起施行

第二章 组织设置

◇凡是有正式党员 3 人以上的，都应当成立党支部。党支部党员人数一般不超过 50 人。

◇根据工作需要，上级党委可以直接作出在基层单位成立党支部的决定。

◇临时党支部主要组织党员开展政治学习，教育、管理、监督党员，对入党积极分子进行教育培养等，一般不发展党员、处分处置党员，不收缴党费，不选举党代表大会代表和进行换届。

第三章 基本任务

◇高校中的党支部，保证监督党的教育方针贯彻落实，巩固马克思主义在高校意识形态领域的指导地位，加强思想政治引领，筑牢学生理想信念根基，落实立德树人根本任务，保证教学科研管理各项任务完成。

第四章 工作机制

◇党支部党员大会是党支部的议事决策机构，由全体党员参加，一般每季度召开 1 次。

◇党支部委员会是党支部日常工作的领导机构。一般每月召开 1 次，根据需要可以随时召开，对党支部重要工作进行讨论、作出决定等。

◇党小组主要落实党支部工作要求，完成党支部安排的任务。一般每月召开 1 次，组织党员参加政治学习、谈心谈话、开展批评和自我批评等。

第五章　组织生活

◇党员领导干部应当带头参加所在党支部或者党小组组织生活。

◇党支部应当组织党员按期参加党员大会、党小组会和上党课，定期召开党支部委员会会议。

◇"三会一课"应当突出政治学习和教育，突出党性锻炼，以"两学一做"为主要内容，结合党员思想和工作实际，确定主题和具体方式，做到形式多样、氛围庄重。

◇党支部每月相对固定1天开展主题党日，组织党员集中学习、过组织生活、进行民主议事和志愿服务等。主题党日开展前，党支部应当认真研究确定主题和内容；开展后，应当抓好议定事项的组织落实。

◇党支部每年至少召开1次组织生活会，一般安排在第四季度，也可以根据工作需要随时召开。

◇党支部一般每年开展1次民主评议党员，组织党员对照合格党员标准，对照入党誓词，联系个人实际进行党性分析。

◇党支部应当注重分析党员思想状况和心理状态。

第六章　党支部委员会建设

◇有正式党员7人以上的党支部，应当设立党支部委员会。党支部委员会由3至5人组成，一般不超过7人。

◇党支部委员会设书记和组织委员、宣传委员、纪检委员等，必要时可以设1名副书记。

◇正式党员不足7人的党支部，设1名书记，必要时可以设1名副书记。

◇党支部委员会由党支部党员大会选举产生，党支部书记、副书记一般由党支部委员会会议选举产生，不设委员会的党支部书记、副书记由党支部党员大会选举产生。

第七章　领导和保障

略。

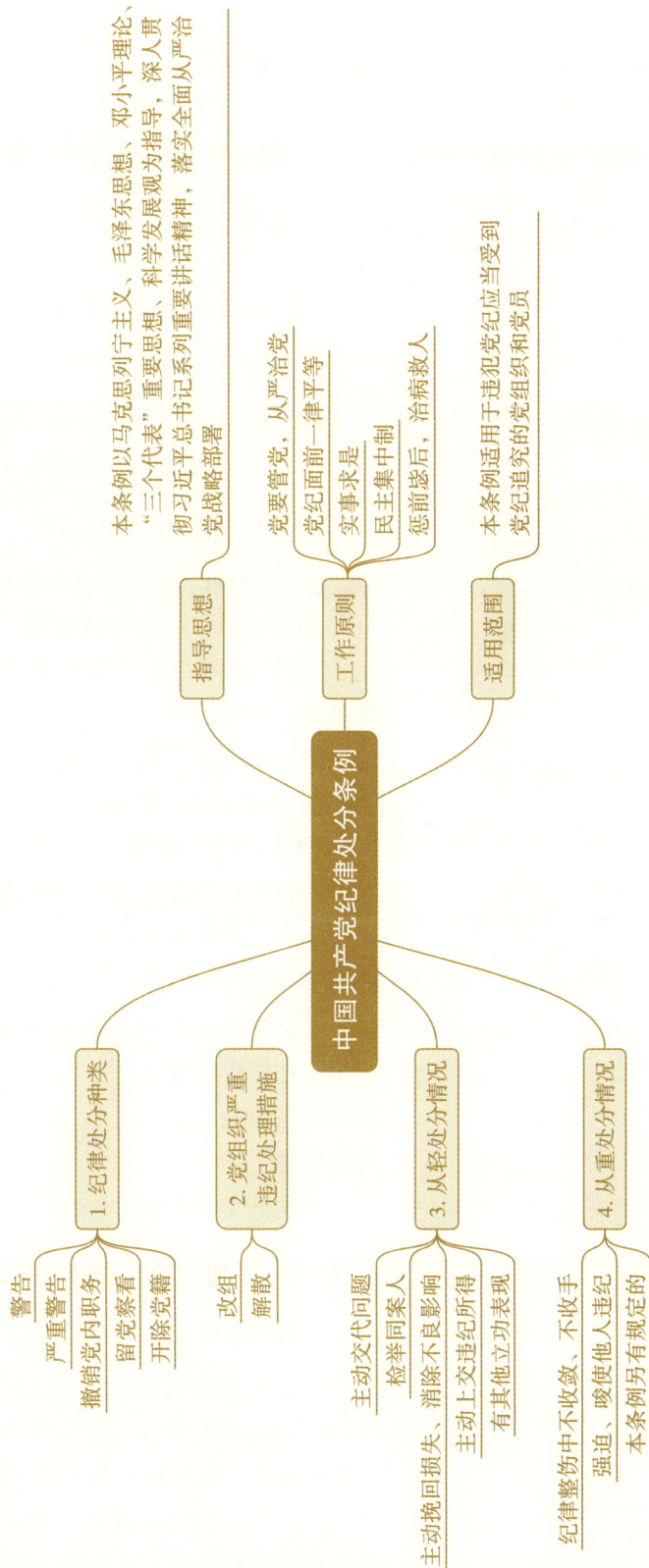

5.《中国共产党纪律处分条例》（2018年10月1日起施行）

【思维导图】

中国共产党纪律处分条例

指导思想
本条例以马克思列宁主义、毛泽东思想、邓小平理论、"三个代表"重要思想、科学发展观为指导，深入贯彻习近平总书记系列重要讲话精神，落实全面从严治党战略部署

工作原则
党要管党、从严治党
党纪面前一律平等
实事求是
民主集中制
惩前毖后、治病救人

适用范围
本条例适用于违犯党纪应当受到党纪追究的党组织和党员

1. 纪律处分种类
警告
严重警告
撤销党内职务
留党察看
开除党籍

2. 党组织严重违纪处理措施
改组
解散

3. 从轻处分情况
主动交代问题
检举同案人
消除不良影响
主动上交违纪所得
有其他立功表现

4. 从重处分情况
纪律整饬中不收敛、不收手
强迫、唆使他人违纪
本条例另有规定的

【笔记】

◎该条例自 2018 年 10 月 1 日起
施行

【原文摘录】

第一章　指导思想、原则和适用范围

◇党章是最根本的党内法规，是管党治党的总
规矩。

◇党的纪律处分工作应当坚持以下原则：①坚持
党要管党、全面从严治党。②党纪面前一律平等。
③实事求是。④民主集中制。⑤惩前毖后、治病救人。

第二章　违纪与纪律处分

◇对党员的纪律处分种类：

（一）警告；（二）严重警告；（三）撤销党内职务；
（四）留党察看；（五）开除党籍。

◇对于违犯党的纪律的党组织，上级党组织应当
责令其作出检查或者进行通报批评。对于严重违犯党
的纪律、本身又不能纠正的党组织，上一级党的委员
会在查明核实后，根据情节严重的程度，可以予以：
（一）改组；（二）解散。

◇党员受到警告处分一年内、受到严重警告处分
一年半内，不得在党内提升职务和向党外组织推荐担
任高于其原任职务的党外职务。

◇留党察看处分，分为留党察看一年、留党察看
二年。党员受留党察看处分期间，没有表决权、选举
权和被选举权。党员受到留党察看处分，其党内职务
自然撤销。

◇党员受到开除党籍处分，五年内不得重新入党。

第三章　纪律处分运用规则

◇有下列情形之一的，可以从轻或者减轻处分：

（一）主动交代本人应当受到党纪处分的问题的；

（二）在组织核实、立案审查过程中，能够配合核
实审查工作，如实说明本人违纪违法事实的；

（三）检举同案人或者其他人应当受到党纪处分或
者法律追究的问题，经查证属实的；

（四）主动挽回损失、消除不良影响或者有效阻止危害结果发生的；

（五）主动上交违纪所得的；

（六）有其他立功表现的。

◇有下列情形之一的，应当从重或者加重处分：

（一）强迫、唆使他人违纪的；

（二）拒不上交或者退赔违纪所得的；

（三）违纪受处分后又因故意违纪应当受到党纪处分的；

（四）违纪受到党纪处分后，又被发现其受处分前的违纪行为应当受到党纪处分的；

（五）本条例另有规定的。

第四章 对违法犯罪党员的纪律处分

略。

第五章 其他规定

◇预备党员违犯党纪，情节较轻，可以保留预备党员资格的，党组织应当对其批评教育或者延长预备期；情节较重的，应当取消其预备党员资格。

◇党纪处分决定作出后，应当在一个月内向受处分党员所在党的基层组织中的全体党员及其本人宣布。

◇党员对所受党纪处分不服的，可以依照党章及有关规定提出申诉。

第六章 分则

◇有详细的"对违反政治纪律的处分""对违反组织纪律行为的处分""对违反廉洁纪律行为的处分""对违反群众纪律行为的处分""对违反工作纪律行为的处分""对违反生活纪律行为的处分"。

6. 《普通高等学校学生党建工作标准》（2017年2月28日）

【思维导图】

普通高等学校学生党建工作标准

目标要求
- 全面从严治党合格
- 共产党员行为和作风合格
- 贯彻落实党中央治国理政新理念新思想新战略合格
- 改革发展稳定的各项工作合格

发展党员
- 发展原则
  - 控制总量、优化结构、提高质量、发挥作用
  - 始终把政治标准放在首位
  - 认真把入党自愿原则和个别吸收原则
- 发展程序
  - 认真落实培养、预审、公示、谈话、审批和接收、转正等程序及要求
- 发展质量
  - 强化发展质量，严把发展关口，严格政治审查
  - 综合素质作为发展学生党员的重要考察内容

党员管理
- 党内组织生活
  - 政治性、时代性、原则性、战斗性强
  - 坚持"三会一课"制度
  - 坚决防止表面化、形式化、娱乐化、庸俗化
  - 坚持组织生活会制度
  - 坚持民主评议制度
  - 深入开展批评与自我批评
- 党员日常管理
- 党员权利保障

作用发挥
- 党组织作用发挥
  - 有效开展学习、从政治、思想、学习、工作和生活上关心爱护学生党员
  - 坚持以人为本、服务型、创新型党组织创建
  - 领导和支持学生党组织发挥好组织带动、工作推动、队伍监督作用
- 党员作用发挥
  - 做党的路线方针政策的宣传者
  - 做朋辈帮扶、互助友爱的践行者
  - 做就业创业、志愿服务国家需要的先行者
  - 做钻研科学文化知识，勇攀科学高峰的探索者

组织领导
- 领导体制
  - 党委统一领导
  - 组织部门牵头抓总
  - 各部门协同配合
- 工作机制
  - 院（系）党组织负责实施
  - 以"两学一做"为基本内容
  - 以"三会一课"为基本制度
  - 学生党支部具体落实
- 学生党支部设置
  - 扩大党的覆盖面
  - 坚持按期换届
  - 创新支部工作方法，保障支部工作条件
  - 推动学生党建工作队伍建设
  - 确保学生党建工作力量配置
- 入党积极分子队伍
  - 定期开展专题培训
  - 职业化建设
  - 人选积极分子队伍作一次培养状况分析
- 要求：守信念、重品行、有本领、政治当、讲奉献
  - 院（系）党组织每年对入党积极分子队伍作一次培养状况分析

教育培养
- 发展对象培养
  - 规范程序，严格把关
  - 健全发展对象谈心谈话和政治审查制度
  - 对发展对象应进行短期集中培训
- 预备党员教育
  - 党的组织生活，听取本人汇报
  - 个别谈心、集中培训、实践锻炼
- 党员继续教育
  - 有计划、有落实、有落实
  - 以增强党性与党员意识
  - 以提高思想政治素质为目标
- 党员教育方式载体
  - 以校、院党校为主体，基层组织专题学习为重点
  - 网络学习教育和党性实践教育为辅助，主题教育实践教育为支撑
  - 多层次、多渠道的学生党员经常性学习教育体系
- 以加强党的执政能力建设、先进性和纯洁性建设为主线

【原文摘录】

【笔记】

一、组织领导

1. 领导体制

◇工作格局：党委统一领导，组织部门牵头抓总，学生工作（研究生工作）、宣传、共青团、党校、教务、人事等部门协同配合，院（系）党组织负责实施、学生党支部具体落实。

2. 工作机制

◇坚持以"两学一做"为基本内容，以"三会一课"为基本制度，以党支部为基本单位，形成学生党建工作常态化长效化机制。

3. 学生党支部设置

◇按照有利于发挥党支部战斗堡垒作用和党员先锋模范作用、有利于开展党员教育管理服务活动的原则，在按年级或院（系）设置学生党支部的基础上，根据实际需要，探索依托重大项目组、课题组和学生公寓、社区、社团组织等建立党组织。

◇学生党支部委员会任期根据支部设置方式设定为两年或三年，坚持按期换届。合理控制学生党支部党员人数规模，一般在30人以内。

4. 学生党建工作队伍建设

◇按照守信念、重品行、有本领、敢担当、讲奉献的要求，选优配强学生党支部书记和支部委员、专兼职组织员。

◇注重从优秀辅导员、骨干教师、优秀大学生党员中选拔学生党支部书记。

◇落实专职思想政治工作人员和党务工作人员不低于全校师生人数的1%的要求，确保学生党建工作力量配置，每个院（系）至少配备1~2名专职组织员，按师生比不低于1：200的比例设置专职辅导员岗位。

二、教育培养

5. 入党积极分子培养

◇党组织收到入党申请书后，应当在一个月内与入党申请人谈话，指派培养联系人了解入党积极分子思想状况。在入党申请人中采取党员推荐、群团组织推优等方式，支部委员会（不设支部委员会的由支部大会）研究决定，并报上级党组织备案的程序确定入党积极分子。入党积极分子参加党校学习、开展集中培训，并定期向党组织进行书面或口头思想汇报。党支部每半年对入党积极分子进行一次考察。院（系）党组织每年对入党积极分子队伍作一次培养状况分析。

6. 发展对象培养

◇严格落实入党积极分子一年以上培养教育和考察的要求，党支部书记、培养联系人、入党介绍人和组织员都要承担起培养教育的责任。规范程序，严格把关，对基本具备党员条件的入党积极分子，在听取党小组、培养联系人、党员和群众意见的基础上，经支部委员会讨论同意并报上级党组织备案后，列为发展对象。为每一名发展对象确定两名正式党员作为入党介绍人，介绍人认真履行责任。健全落实发展对象谈心谈话和政治审查制度。对发展对象应进行短期集中培训，时间一般不少于3天（或不少于24个学时），培训突出思想入党和政治引领，并结合社会实践和志愿服务等进行党情国情教育。发展对象要定期向党组织进行书面思想汇报。

7. 预备党员教育

◇院（系）党组织及时将学校党委批准的预备党员编入党支部和党小组，并认真做好预备期的培养考察记录。院（系）党组织通过党的组织生活、听取本人汇报、个别谈心、集中培训、实践锻炼等方式，对预备党员进行系统教育和综合考察，重点考察预备期的思想政治表现、个人党性分析和学习工作情况。严格执行预备党员转正的组织程序和要求。

8. 党员继续教育

◇党员每年集中培训时间一般不少于32个学时。

9. 党员教育方式载体

略。

三、发展党员

10. 发展原则

◇按照**控制总量、优化结构、提高质量、发挥作用**的总要求。

◇始终把**政治标准**放在首位。

◇坚持**入党自愿原则**和**个别吸收原则，成熟一个，发展一个**。禁止**突击发展**，反对"关门主义"。

11. 发展程序

◇认真落实培养、预审、公示、谈话、审批和接收、转正等程序及要求。

12. 发展质量

◇把综合素质作为发展学生党员的重要考察内容，全面考察思想政治、能力素质、道德品行、现实表现等方面的具体标准，注重学生的一贯表现和关键时刻表现、自我评价和群众评议、学习情况和社会实践情况，防止把**学习成绩**作为党员发展的唯一条件。

四、党员管理

13. 党内组织生活

◇党内政治生活的**政治性、时代性、原则性、战斗性**强。

◇党的组织生活经常、认真、严肃，坚持不懈用好**批评和自我批评**这个武器，坚持"**三会一课**"制度，坚持**组织生活会**制度，坚持**谈心谈话**制度，坚持**民主评议**制度，**每年至少召开一次专题组织生活会**。

14. 党员日常管理

◇党员组织隶属关系明晰。

◇严格执行学生党员党组织关系接转规定。

◇严格落实流动党员和出国境党员管理实施办法。

◇学生党员基本信息统计工作严谨规范。

◇严格落实党费收缴、使用和管理工作。

◇加强党员日常管理监督。

15. 党员权利保障

◇落实党员的知情权、参与权、选举权和监督权，保障党员申辩申诉等权利，支持学生党员广泛参与班级、院（系）和学校管理工作。

五、作用发挥

16. 党组织作用发挥

◇在引领优良班风、校风、学风、践行社会主义核心价值观和维护学校改革发展稳定大局中发挥战斗堡垒作用。

17. 党员作用发挥

◇党员先锋模范作用发挥充分，严格遵守党章与党纪党规，带头遵守国家法律和校纪校规，做遵纪守法的标杆；带头践行社会主义核心价值观，做"勤学、修德、明辨、笃实"的表率；带头落实"四个合格"目标要求，做党的路线方针政策的宣传者，做朋辈帮扶、互助友爱的践行者，做就业创业、志愿服务国家需要的争先者，做钻研科学知识、勇攀科学高峰的探索者。研究生党员在学术研究、恪守学术道德中的模范带头作用发挥充分，毕业生党员在创新创业中的导向和示范作用突出。定期开展评选表彰优秀学生党员工作，通过选树先进典型，用身边人、身边事教育影响其他学生。团结和带领广大学生为推动形成优良党风、校风、学风做贡献。

六、条件保障

略。

▲"四个合格"：高等学校党的建设实现全面从严治党合格、贯彻落实党中央治国理政新理念新思想新战略合格、共产党员行为和作风合格、改革发展稳定的各项工作合格

7.《中国共产党廉洁自律准则》（2016年1月1日起施行）

【思维导图】

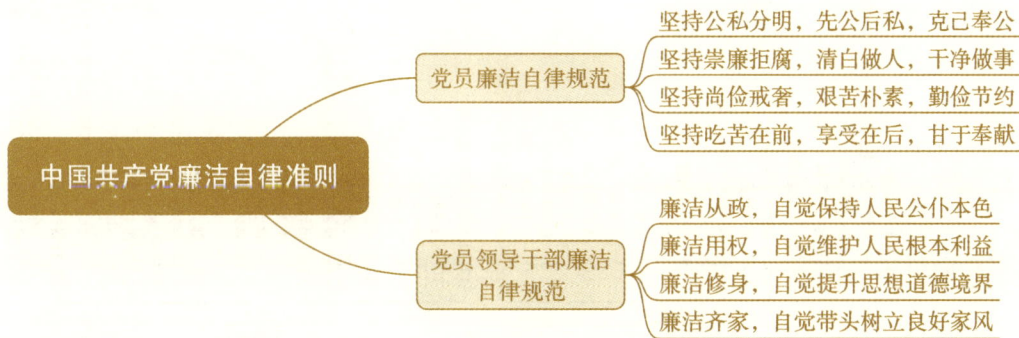

中国共产党廉洁自律准则
- 党员廉洁自律规范
  - 坚持公私分明，先公后私，克己奉公
  - 坚持崇廉拒腐，清白做人，干净做事
  - 坚持尚俭戒奢，艰苦朴素，勤俭节约
  - 坚持吃苦在前，享受在后，甘于奉献
- 党员领导干部廉洁自律规范
  - 廉洁从政，自觉保持人民公仆本色
  - 廉洁用权，自觉维护人民根本利益
  - 廉洁修身，自觉提升思想道德境界
  - 廉洁齐家，自觉带头树立良好家风

【原文摘录】

中国共产党全体党员和各级党员领导干部必须坚定共产主义理想和中国特色社会主义信念，必须坚持全心全意为人民服务根本宗旨，必须继承发扬党的优良传统和作风，必须自觉培养高尚道德情操，努力弘扬中华民族传统美德，廉洁自律，接受监督，永葆党的先进性和纯洁性。

◇党员廉洁自律规范

坚持公私分明，先公后私，克己奉公。

坚持崇廉拒腐，清白做人，干净做事。

坚持尚俭戒奢，艰苦朴素，勤俭节约。

坚持吃苦在前，享受在后，甘于奉献。

◇党员领导干部廉洁自律规范

廉洁从政，自觉保持人民公仆本色。

廉洁用权，自觉维护人民根本利益。

廉洁修身，自觉提升思想道德境界。

廉洁齐家，自觉带头树立良好家风。

【笔记】

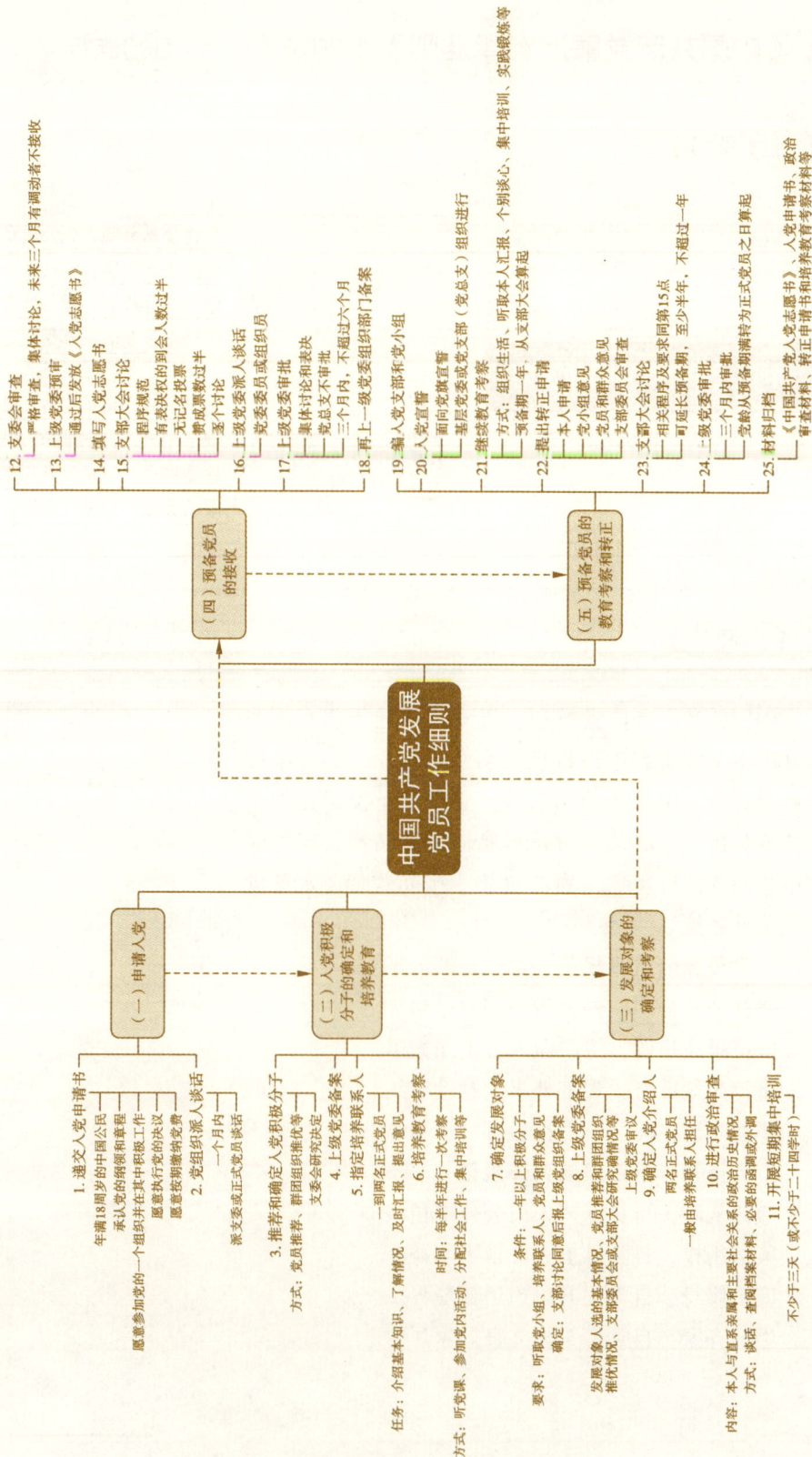

8.《中国共产党发展党员工作细则》（2014年5月28日起施行）

【思维导图】

中国共产党发展党员工作细则

（一）申请入党

1. 递交入党申请书
   - 年满18周岁的中国公民
   - 承认党的纲领和章程
   - 愿意参加党的一个组织并在其中积极工作
   - 愿意执行党的决议
   - 愿意按期缴纳党费
2. 党组织派人谈话
   - 一个月内
   - 派支委或正式党员谈话

（二）入党积极分子的培养教育

3. 推荐和确定入党积极分子
   - 党员推荐、群团组织推优等
   - 支委会研究决定
4. 上级党委备案
5. 指定培养联系人
   - 一到两名正式党员
6. 培养教育和考察
   - 任务：办基本知识、了解情况、提出意见
   - 方式：听党课、参加党内活动、及时汇报、集中培训等
   - 时间：每半年进行一次考察
   - 时间：每年进行一次培训，分配社会工作、分配任务

（三）发展对象的确定和考察

7. 确定发展对象
   - 条件：一年以上积极分子
   - 确定：听取党小组、培养联系人、党员和群众意见
8. 上级党委备案
   - 发展对象人选的基本情况、党员推荐和群团组织推优情况、支部委员会或党支部大会研究确定情况等
9. 确定入党介绍人
   - 两名正式党员
   - 一般由培养联系人担任
10. 进行政治审查
    - 内容：本人与直系亲属和主要社会关系的政治历史情况
    - 方式：谈话、查阅档案材料、必要的函调或外调
11. 开展短期集中培训
    - 不少于三天（或不少于二十四学时）

（四）预备党员的接收

12. 支委会审查
    - 严格审查、集体讨论、未满三个月有调动者不接收
13. 上级党委预审
    - 通过后发放《入党志愿书》
14. 填写入党志愿书
15. 支部大会讨论
    - 程序规范
    - 有表决权的到会人数过半
    - 无记名投票
    - 赞成票数过半
16. 上级党委派人谈话
    - 党委委员或组织员
17. 上级党委审批
    - 集体讨论和表决
    - 党总支不审批
    - 三个月内，不超过六个月
18. 再由上一级党组织部门备案

（五）预备党员的教育考察和转正

19. 编入党支部和党小组
20. 入党宣誓
    - 面向党旗宣誓
    - 基层党委或党支部（党总支）组织进行
21. 继续教育考察
    - 方式：组织生活、听取本人汇报、个别谈心、集中培训、实践锻炼等
    - 预备期一年，从支部大会算起
22. 提出转正申请
    - 本人申请
    - 党小组意见
    - 党员和群众意见
    - 支部委员会审查
23. 支部大会讨论
    - 相关程序及要求同第15点
24. 上级党委审批
    - 可延长预备期，至少半年，不超过一年
    - 三个月内审批
    - 党龄从预备期满转为正式党员之日算起
25. 材料归档
    - 《中国共产党入党志愿书》、入党申请书、政治审查材料、转正申请书和培养教育考察材料等

第一章 总则

◇党的基层组织应当把吸收具有马克思主义信仰、共产主义觉悟和中国特色社会主义信念，自觉践行社会主义核心价值观的先进分子入党，作为一项经常性重要工作。

◇发展党员工作应当按照控制总量、优化结构、提高质量、发挥作用的总要求，坚持党章规定的党员标准，始终把政治标准放在首位；坚持入党自愿原则和个别吸收原则，成熟一个，发展一个。

◇禁止突击发展，反对"关门主义"。

第二章 入党积极分子的确定和培养教育

◇年满十八岁的中国工人、农民、军人、知识分子和其他社会阶层的先进分子，承认党的纲领和章程，愿意参加党的一个组织并在其中积极工作、执行党的决议和按期交纳党费的，可以申请加入中国共产党。

◇党组织收到入党申请书后，应当在一个月内派人同入党申请人谈话，了解基本情况。

◇在入党申请人中确定入党积极分子，应当采取党员推荐、群团组织推优等方式产生人选，由支部委员会（不设支部委员会的由支部大会）研究决定，并报上级党委备案。

◇党组织应当指定一至两名正式党员作入党积极分子的培养联系人。

◇党组织应当采取吸收入党积极分子听党课、参加党内有关活动，给他们分配一定的社会工作以及集中培训等方法，对入党积极分子进行教育。

◇党支部每半年对入党积极分子进行一次考察。基层党委每年对入党积极分子队伍状况作一次分析。针对存在的问题，采取改进措施。

◇入党积极分子培养教育时间可连续计算。

第三章　发展对象的确定和考察

◇对经过一年以上培养教育和考察、基本具备党员条件的入党积极分子，在听取党小组、培养联系人、党员和群众意见的基础上，支部委员会讨论同意并报上级党委备案后，可列为发展对象。

◇发展对象应当有两名正式党员作入党介绍人。受留党察看处分、尚未恢复党员权利的党员，不能作入党介绍人。

◇党组织必须对发展对象进行政治审查。政治审查的基本方法是：同本人谈话、查阅有关档案材料、找有关单位和人员了解情况以及必要的函调或外调。

◇审查情况应当形成结论性材料。

◇基层党委应当对发展对象进行短期集中培训。培训时间一般不少于三天（或不少于二十四个学时）。

第四章　预备党员的接收

◇支部委员会应当对发展对象进行严格审查，经集体讨论认为合格后，报具有审批权限的基层党委预审。

◇发展对象未来三个月内将离开工作、学习单位的，一般不办理接收预备党员的手续。

◇经基层党委预审合格的发展对象，由支部委员会提交支部大会讨论。

▲注意到会人数、赞成票数的具体要求

◇召开讨论接收预备党员的支部大会，有表决权的到会人数必须超过应到会有表决权人数的半数。

◇与会党员对发展对象能否入党进行充分讨论，并采取无记名投票方式进行表决。赞成人数超过应到会有表决权的正式党员的半数，才能通过接收预备党员的决议。

◇支部大会讨论两个以上的发展对象入党时，必须逐个讨论和表决。

◇党总支不能审批预备党员，但应当对支部大会通过接收的预备党员进行审议。

◇党委审批前，应当指派党委委员或组织员同发展对象谈话。

◇党委审批预备党员，必须集体讨论和表决。

◇党委对党支部上报的接收预备党员的决议，应当在三个月内审批，并报上级党委组织部门备案。如遇特殊情况可适当延长审批时间，但不得超过六个月。

第五章　预备党员的教育、考察和转正

◇预备党员的预备期为一年。预备期从支部大会通过其为预备党员之日算起。

◇预备党员预备期满，党支部应当及时讨论其能否转为正式党员。认真履行党员义务、具备党员条件的，应当按期转为正式党员；需要继续考察和教育的，可以延长一次预备期，延长时间不能少于半年，最长不超过一年；不履行党员义务、不具备党员条件的，应当取消其预备党员资格。

◇预备党员违犯党纪，情节较轻，尚可保留预备党员资格的，应当对其进行批评教育或延长预备期；情节较重的，应当取消其预备党员资格。

◇预备党员转正的手续是：本人向党支部提出书面转正申请；党小组提出意见；党支部征求党员和群众的意见；支部委员会审查；支部大会讨论、表决通过；报上级党委审批。

◇党员的党龄，从预备期满转为正式党员之日算起。

◇基层党组织对转入的预备党员，在其预备期满时，如认为有必要，可推迟讨论其转正问题，推迟时间不超过六个月。转为正式党员的，其转正时间自预备期满之日算起。

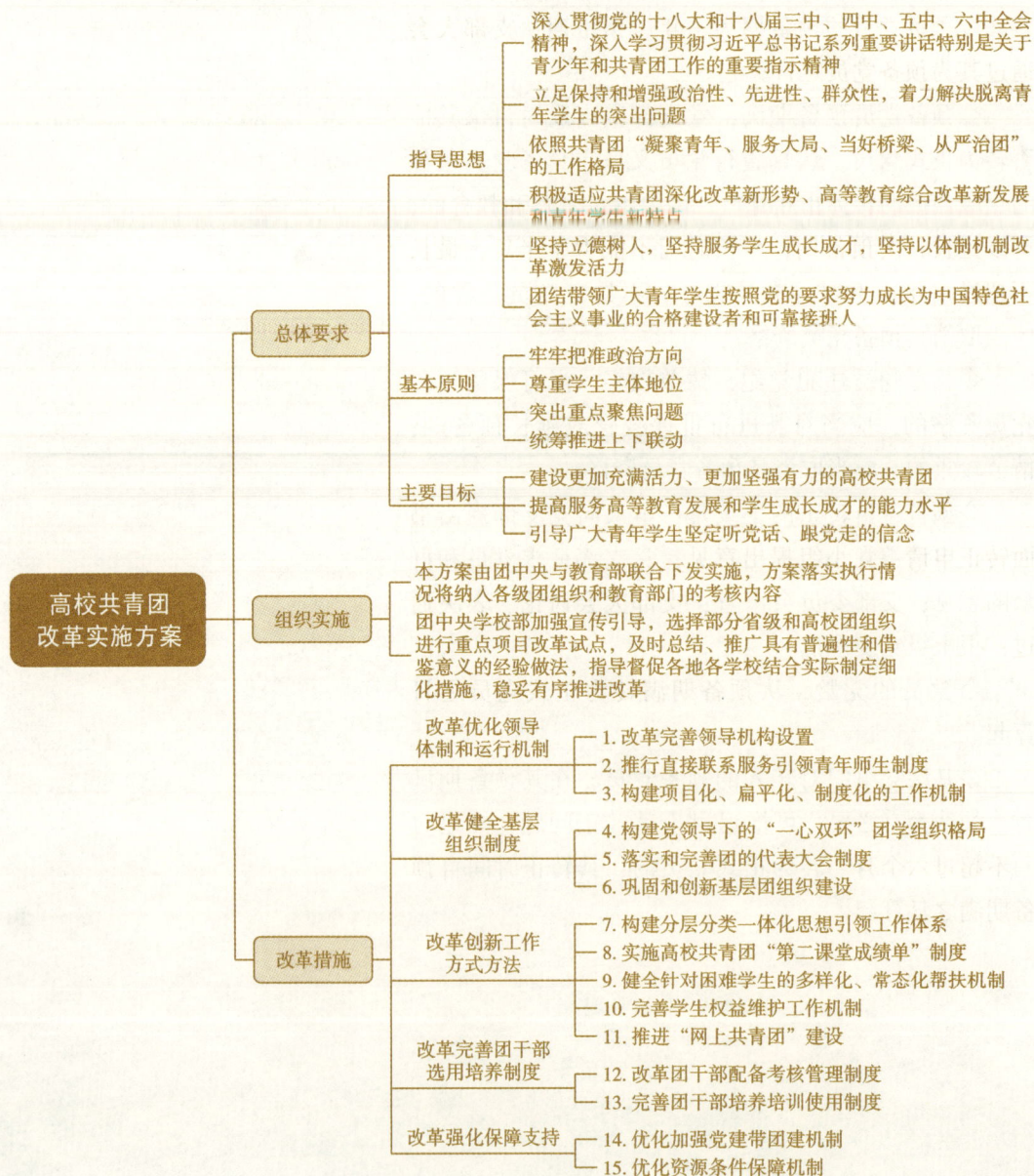

9.《高校共青团改革实施方案》（2016年11月14日）

【思维导图】

高校共青团改革实施方案

- 总体要求
  - 指导思想
    - 深入贯彻党的十八大和十八届三中、四中、五中、六中全会精神，深入学习贯彻习近平总书记系列重要讲话特别是关于青少年和共青团工作的重要指示精神
    - 立足保持和增强政治性、先进性、群众性，着力解决脱离青年学生的突出问题
    - 依照共青团"凝聚青年、服务大局、当好桥梁、从严治团"的工作格局
    - 积极适应共青团深化改革新形势、高等教育综合改革新发展和青年学生新特点
    - 坚持立德树人，坚持服务学生成长成才，坚持以体制机制改革激发活力
    - 团结带领广大青年学生按照党的要求努力成长为中国特色社会主义事业的合格建设者和可靠接班人
  - 基本原则
    - 牢牢把准政治方向
    - 尊重学生主体地位
    - 突出重点聚焦问题
    - 统筹推进上下联动
  - 主要目标
    - 建设更加充满活力、更加坚强有力的高校共青团
    - 提高服务高等教育发展和学生成长成才的能力水平
    - 引导广大青年学生坚定听党话、跟党走的信念
- 组织实施
  - 本方案由团中央与教育部联合下发实施，方案落实执行情况将纳入各级团组织和教育部门的考核内容
  - 团中央学校部加强宣传引导，选择部分省级和高校团组织进行重点项目改革试点，及时总结、推广具有普遍性和借鉴意义的经验做法，指导督促各地各学校结合实际制定细化措施，稳妥有序推进改革
- 改革措施
  - 改革优化领导体制和运行机制
    - 1. 改革完善领导机构设置
    - 2. 推行直接联系服务引领青年师生制度
    - 3. 构建项目化、扁平化、制度化的工作机制
  - 改革健全基层组织制度
    - 4. 构建党领导下的"一心双环"团学组织格局
    - 5. 落实和完善团的代表大会制度
    - 6. 巩固和创新基层团组织建设
  - 改革创新工作方式方法
    - 7. 构建分层分类一体化思想引领工作体系
    - 8. 实施高校共青团"第二课堂成绩单"制度
    - 9. 健全针对困难学生的多样化、常态化帮扶机制
    - 10. 完善学生权益维护工作机制
    - 11. 推进"网上共青团"建设
  - 改革完善团干部选用培养制度
    - 12. 改革团干部配备考核管理制度
    - 13. 完善团干部培养培训使用制度
  - 改革强化保障支持
    - 14. 优化加强党建带团建机制
    - 15. 优化资源条件保障机制

【原文摘录】

【笔记】

一、总体要求

(一)指导思想

◇深入贯彻党的十八大和十八届三中、四中、五中、六中全会精神,深入学习贯彻习近平总书记系列重要讲话特别是关于青少年和共青团工作的重要指示精神,立足保持和增强政治性、先进性、群众性,着力解决脱离青年学生的突出问题,依照共青团"凝聚青年、服务大局、当好桥梁、从严治团"的工作格局,积极适应共青团深化改革新形势、高等教育综合改革新发展和青年学生新特点,始终把握思想政治引领这一核心任务,坚持立德树人,坚持服务学生成长成才,坚持以体制机制改革激发活力,着力推进组织创新和工作创新,团结带领广大青年学生按照党的要求努力成长为中国特色社会主义事业的合格建设者和可靠接班人,为协调推进"五位一体"总体布局和"四个全面"战略布局、实现"两个一百年"奋斗目标作贡献。

◎2016 年 11 月 14 日,共青团中央、教育部联合发布《高校共青团改革实施方案》

(二)基本原则

◇牢牢把准政治方向,尊重学生主体地位,突出重点聚焦问题,统筹推进上下联动。

(三)主要目标

◇紧紧围绕保持和增强政治性、先进性、群众性这一基本要求,突出基础制度创新和组织活力提升,建设更加充满活力、更加坚强有力的高校共青团,巩固提升在全团的基础性、战略性、源头性地位和作用,直接联系服务引领青年学生取得重要成效,工作有效覆盖面不断扩大,组织吸引力凝聚力不断增强,服务高等教育发展和学生成长成才的能力水平不断提高,广大青年学生听党话、跟党走的信念更加坚定。

二、改革措施

(一)改革优化领导体制和运行机制

◇1. 改革完善领导机构设置。改革完善领导机构设置，加强团教协作，在全国和省级层面由共青团组织和教育部门共同成立高校共青团工作指导委员会、建立健全联席会议制度，加强工作统筹指导和督导。充分发挥专业化协同工作平台的作用。建立健全分类型、分区域的高校共青团工作交流组织机制。支持和鼓励高校团委根据工作实际合理设置和调整工作机构。

◇2. 推行直接联系服务引领青年师生制度。落实全团"团干部直接联系青年（'1+100'）""大宣传大调研""常态化下沉基层""向基层服务对象报到"等制度安排。实行"驻校蹲班"直接联系基层团支部制度。建立健全高校共青团工作活动开展"众创众筹众评"制度。定期以多种形式召开面向高校青年师生的恳谈会、通报会等。

◇3. 构建项目化、扁平化、制度化的工作机制。对重点工作实施项目化管理，着力打造若干面向青年学生的团学工作品牌。努力实现高校共青团各级组织间工作审批、指令发布、信息交流的科学层级化和有效扁平化。加强高校共青团的制度和规范建设。明确高校共青团不同层级组织的核心任务。建立健全高校共青团上级组织对下级组织的评价考核制度。注重对基层的直接支持指导。

（二）改革健全基层组织制度

◇4. 构建党领导下的"一心双环"团学组织格局。以团委为核心和枢纽，以学生会组织为学生自我服务、自我管理、自我教育、自我监督的主体组织，以学生社团及相关学生组织为外围延伸手臂。

◇5. 落实和完善团的代表大会制度。严格执行校级和院系团的代表大会定期召开制度；增强代表性，提高基层团支部、非团学干部的团员学生和青年教职工的代表比例；畅通代表参与渠道，推行代表常任制、提案制和大会发言制度，建立校级和院系团组织定期向团的常任代表报告工作和听取意见建议的制度。坚持团内民主。

◇6. 巩固和创新基层团组织建设。深入实施高校基层团支部"活力提升"工程。发挥校级团委主体作用；强化院系团组织建设；强化研究生团组织建设；

巩固<mark>班级团支部建设</mark>；推行班级团支部与班委会一体化运行机制。针对高校内的青年教师和青年职工等群体，加强联系服务引导；注重促进青年教师密切联系学生，教学相长、共同提高。

（三）改革创新工作方式方法

◇7. 构建分层分类一体化思想引领工作体系。着眼思想政治引领和价值引领，以学习宣传贯彻习近平总书记系列重要讲话精神、中国特色社会主义和中国梦宣传教育、培育和践行社会主义核心价值观为主要内容，遵循青年学生成长和思想教育引导的客观规律，改革创新思想引领工作面向不同类型学校、不同阶段学生、不同精神需求的目标、内容和方法，构建分层分类一体化工作体系。

◇8. 实施高校共青团"第二课堂成绩单"制度。围绕高校育人的中心任务，在引导青年学生坚持学业为主的同时，针对学习就业创业、创新创造实践、身体心理情感、志愿公益和社会参与等普遍需求，推动工作的规范化、课程化、制度化。

◇9. 健全针对困难学生的多样化、常态化帮扶机制。加大高校共青团对经济困难、学业困难、心理问题、人际沟通困难、上进心不足及毕业未就业等学生群体的帮扶力度。

◇10. 完善学生权益维护工作机制。以促进教育公平和维护学生合法权益为出发点，关注校园弱势群体，关注普遍性利益诉求，完善维护高校学生权益的组织化渠道和机制。

◇11. 推进"网上共青团"建设。加快高校共青团互联网战略转型，将"青年之声"平台建设成反映学生呼声、回应学生诉求、维护学生权益、服务学生成长的统一品牌和重要窗口。结合全团"智慧团建"系统实施，实现基础团务、团员管理和团的信息统计网络化。提升新媒体运用能力和水平，统筹建好网络工作队伍，加强网络文化内容供给。

（四）改革完善团干部选用培养制度

◇12. 改革团干部配备考核管理制度。打造专职、挂职、兼职相结合的高校共青团干部队伍。在高校校级及院系级团组织，普遍建立从青年教师中、学生中选任兼职、挂职副书记制度。从严选拔、从严管理高校共青团干部。

◇13. 完善团干部培养培训使用制度。加强作风建设，持续深入开展团干部健康成长教育，按照"三严三实"的要求，教育引导高校共青团干部筑牢理想根基、强化宗旨意识、践行群众路线、勇于开拓创新。建立完善全国、省、高校分级培训体系，建设以理想信念、党性作风、团的业务能力、新知识新观点新技能等为重点的核心课程和线上资源共享平台。坚持严格要求和关心培养相结合，逐步完善高校团干部校内转岗和校外流动的制度安排。建立健全对学生骨干的选拔考核、培养使用、淘汰退出等机制，努力打造信念坚定、品学兼优、朝气蓬勃、心系同学的学生骨干队伍。

（五）改革强化保障支持

◇14. 优化加强党建带团建机制。将团的建设纳入高校党的建设总体格局；将共青团工作作为检查考核高校（院系）党建工作的重要内容，占比不低于10%。高校党委每年至少召开1次专题会议研究团的工作。高校团委书记为党员的，作为高校党委委员候选人提名人选。完善高校团组织"受同级党组织领导、同时受团的上级组织领导"的双重领导体制。将"推荐优秀团员作入党积极分子人选"作为高校基层团组织的重要工作职责，将推优纳入学校党员发展工作规划。

◇15. 优化资源条件保障机制。支持团组织按照团章独立自主地开展工作，高校校级团委须单独设置，已经合并或归属其他部门的必须予以纠正。高校团委的领导职数、专职干部编制数，根据学校规模和工作需求确定。高校按在校生人均每年不低于20元的标准划拨校级团委日常工作经费，并在活动场所、设备、时间等方面对团的工作予以保障。

三、组织实施

略。

自 测 题

扫一扫，看参考答案

一、不定项选择题

1. 坚持集中教育和经常性教育相结合，组织培训和个人自学相结合，采取（　　）、组织生活、在线学习培训等方式，形成习近平新时代中国特色社会主义思想学习教育长效机制，推动党员学深悟透、入脑入心。

A. 集中轮训　　　　　　　　　　　B. 党委（党组）理论学习中心组学习

C. 理论宣讲　　　　　　　　　　　D. 专家授课

2. 党组织应当通过（　　）、检查党员工作等多种方式，监督党员遵守党章党规党纪特别是政治纪律和政治规矩情况，遵守宪法法律法规和道德规范情况，参加组织生活情况，履行党员义务、联系服务群众、发挥先锋模范作用情况等。

A. 严格组织生活　　　　　　　　　B. 开展专业技术学习

C. 听取群众意见　　　　　　　　　D. 平时生活

3. 加强党的政治建设，必须（　　）。

A. 坚定政治信仰　　　B. 坚持党的政治领导　　　C. 提高政治能力

D. 净化政治生态　　　E. 强化组织实施

4. 习近平新时代中国特色社会主义思想是当代中国马克思主义、21世纪马克思主义，是全党全国人民为实现中华民族伟大复兴而奋斗的行动指南，是经过实践检验、富有时间伟力的强大（　　）武器，必须长期坚持并不断发展。

A. 理论　　　　　　B. 思想　　　　　　C. 行动　　　　　　D. 政治

5. 坚持党纵览全局、协调各方，建立健全坚持和加强党的全面领导的制度体系，为把党的领导落实到（　　）各领域各方面各环节提供坚实制度保障。

A. 改革发展稳定　　　B. 人民和谐幸福　　　C. 内政外交国防　　　D. 治党治国治军

6. 新时期要注重选拔任用（　　）的干部，对政治不合格的干部试行"一票否决"，已经在领导岗位的坚决调整。

A. 牢固树立"四个意识"　　　　　　B. 自觉坚定"四个自信"

C. 坚决做到"两个维护"　　　　　　D. 全面贯彻执行党的理论和路线方针政策

E. 忠诚干净担当

7. 《中共中央关于加强党的政治建设的意见》指出，坚持集成联动，完善党内（　　）制度体系有关制度，健全国家法律体系有关规定，在各类章程中明确提出有关要求，做到相辅相成、有机统一。

A. 法治　　　　　　B. 法规　　　　　　C. 法制　　　　　　D. 法律

8. 下列属于党支部支委要求的是（　　）。

    A. 守信念   B. 重品行   C. 有本领

    D. 敢担当   E. 讲奉献   F. 有原则

9. 学生党支部书记可以从（　　　）选拔。

    A. 优秀辅导员   B. 骨干教师   C. 优秀大学生党员

10. 预备党员转正重点考察预备党员预备期的（　　　）。

    A. 思想政治表现   B. 个人党性分析   C. 思想汇报质量   D. 学习工作情况

11. 党的纪律处分工作原则为（　　　）。

    A. 坚持党要管党、全面从严治党   B. 党纪面前一律平等

    C. 实事求是   D. 民主集中制

    E. 惩前毖后、治病救人   F. 批评与自我批评

12. 党员受到警告处分的，（　　　）内不得在党内提升职务。

    A. 一年   B. 二年   C. 三年   D. 四年

13. 受到留党察看处分的党员，在恢复党员权利后（　　　）内，不得在党内担任和向党外组织推荐担任与其原职务相当或者高于原职务的职务。

    A. 六个月   B. 一年   C. 两年   D. 三年

14. 在干部选拔任用工作中，有任人唯亲、排斥异己、封官许愿、说情干预、跑官要官、突击提拔或者调整干部等违反干部选拔任用规定行为，情节严重的，给予（　　　）处分。

    A. 严重警告   B. 撤销党内职务   C. 留党察看   D. 开除党籍

15. 留党察看期间，受处分的党员不享有下列哪些权利：（　　　）。

    A. 表决权   B. 选举权   C. 被选举权   D. 申诉权

16. 党的问责工作的原则有（　　　）。

    A. 依规依纪、实事求是   B. 失责必问、问责必严

    C. 权责一致、错责相当   D. 严管和厚爱结合、激励和约束并重

    E. 惩前毖后、治病救人   F. 集体决定、分清责任

17. 对党组织的问责，可以采取（　　　）的方式。

    A. 检查   B. 通报   C. 改组   D. 组织处理

18. 党支部党员大会是党支部的议事决策机构，由全体党员参加，一般每季度召开（　　　）次。

    A. 1   B. 2   C. 3   D. 4

19. 正式党员（　　　）人以上的党支部，应当设立党支部委员会。

    A. 5   B. 5   C. 7   D. 8

20. 党支部每月相对固定1天开展主题党日，组织党员＿＿＿＿、＿＿＿＿、＿＿＿＿和＿＿＿＿等。（　　　）

    A. 集中学习   B. 过组织生活

    C. 进行民主议事   D. 志愿服务

21. 党支部委员会设_____和_____、_____、_____等，必要时可以设 1 名副书记。
（　　）

    A. 书记　　　　　　　　B. 组织委员　　　　　　C. 宣传委员　　　　　　D. 纪检委员

22. 共青团工作的核心任务是（　　）。

    A. 丰富大学生课余生活　　　　　　　　B. 思想政治引领

    C. 价值观引领　　　　　　　　　　　　D. 服务党的建设

23. 高校共青团的特性有（　　）。

    A. 政治性　　　　　　　B. 先进性　　　　　　　C. 基础性　　　　　　　D. 群众性

24. 高校团委的工作任务有（　　）。

    A. 思想引领　　　　　　B. 素质拓展　　　　　　C. 权益服务　　　　　　D. 组织提升

25. 《高校共青团改革实施方案》指出，要健全针对困难学生的多样化、常态化帮扶机
制。加大高校共青团对经济困难、_____、_____、人际沟通困难、上进心不足及
_____等学生群体的帮扶力度，积极动员和整合校内、社会等方面资源，推进实施
"学生导师计划"、"心理阳光工程"、"千校万岗"高校毕业生就业精准帮扶行动、
节假日送温暖等工作，帮助他们适应大学生活，顺利完成学业，积极融入社会。
（　　）

    A. 学业困难　　　　　　　　　　　　　B. 心理问题

    C. 情感问题　　　　　　　　　　　　　D. 毕业生未就业

26. 《高校共青团改革实施方案》要求，在高校校级及院系级团组织，普遍建立从青年教
师中选任至少_____名兼职或挂职副书记、从学生中选任至少_____名兼职副书记
的制度；校级、院系级团委班子成员中，挂职和兼职副书记的比例不低于_____。
（　　）

    A. 1　2　50%　　　　　　　　　　　　B. 2　1　50%

    C. 1　2　30%　　　　　　　　　　　　D. 2　1　30%

27. 《高校共青团改革实施方案》要求，要优化加强党建带团建机制，将团的建设纳入高
校党的建设总体格局，将共青团工作作为检查考核高校（院系）党建工作的重要内
容，占比不低于（　　）。

    A. 20%　　　　　　　　B. 10%　　　　　　　　C. 30%　　　　　　　　D. 50%

二、填空题

1. 《中国共产党党员教育管理工作条例》规定，加强党的宗旨教育，引导党员践行全心
全意_____的根本宗旨，贯彻党的群众路线，提高群众工作本领，密切联
系服务群众。

2. 《中国共产党党员教育管理工作条例》规定，适应时代发展要求，充分运用_____
技术和_____手段，改进党员教育管理工作，推进基层党建传统优势与信息技术深
度融合，不断提高党员教育管理现代化水平。

3. 经党支部党员大会通过、基层党委审批接收的预备党员，自＿＿＿＿＿＿＿之日起，即取得党籍。

4. ＿＿＿＿＿＿＿＿＿是中国特色社会主义最本质的特征，是中国特色社会主义制度的最大优势。

5. 党的根本领导制度是＿＿＿＿＿＿＿＿，党的基本领导方法是＿＿＿＿＿＿＿＿，党的基本领导方式是＿＿＿＿＿＿＿＿。

6. 党组织的根本属性是＿＿＿＿＿＿＿＿，基本功能是＿＿＿＿＿＿＿＿。

7. 严肃党内政治生活，着力增强党内政治生活的＿＿＿＿＿＿＿＿、＿＿＿＿＿＿＿＿、＿＿＿＿＿＿＿＿、＿＿＿＿＿＿＿＿。

8. 贯彻新时期好干部标准，始终把＿＿＿＿＿＿＿＿放在第一位，对政治不合格的干部实行＿＿＿＿＿＿＿＿。

9. 要把＿＿＿＿＿＿＿＿＿＿＿＿＿作为首要政治纪律。

10. ＿＿＿＿＿＿＿＿是群团组织的灵魂。

11. ＿＿＿＿＿＿＿＿＿＿，＿＿＿＿＿＿＿＿＿＿，是涵养政治生态的必要条件和重要任务。

12. 强化＿＿＿＿＿＿的震慑，扎紧＿＿＿＿＿＿的笼子，增强＿＿＿＿＿＿的自觉。

13. 《中共中央关于加强党的政治建设的意见》指出，改进党的领导方式，着眼于党＿＿＿＿＿＿、＿＿＿＿＿＿、＿＿＿＿＿＿、＿＿＿＿＿＿，强化战略思维、创新思维、辩证思维、法治思维、底线思维，正确制定和坚决执行党的路线方针政策，不断增强党的政治领导力、思想引领力、群众组织力、社会号召力。

14. 中国共产党发展党员工作流程为＿＿＿＿＿＿＿＿＿＿＿＿＿＿＿＿＿＿＿＿＿＿、＿＿＿＿＿＿＿＿＿＿＿＿、＿＿＿＿＿＿＿＿＿＿＿＿、＿＿＿＿＿＿＿＿＿＿＿＿、＿＿＿＿＿＿＿＿＿＿＿＿。

15. 发展党员始终把＿＿＿＿＿＿＿＿放在首位，坚持＿＿＿＿＿＿＿＿原则和＿＿＿＿＿＿＿＿原则。

16. 预备党员的预备期为＿＿＿＿＿＿＿＿。

17. 党员的党龄，从＿＿＿＿＿＿＿＿＿＿＿＿＿之日算起。

18. 高校学生党建工作的基本内容为＿＿＿＿＿＿＿＿，基本制度为＿＿＿＿＿＿＿＿，基本单位为＿＿＿＿＿＿＿＿。

19. 党内政治生活的特点有＿＿＿＿＿＿、＿＿＿＿＿＿、＿＿＿＿＿＿、＿＿＿＿＿＿。

20. 为每一名发展对象确定＿＿＿＿＿＿＿＿＿＿＿＿作为入党介绍人。

21. 入党积极分子需要＿＿＿＿＿＿＿＿培养教育和考察。

22. ＿＿＿＿＿＿＿＿是最根本的党内法规，是管党治党的总规矩。

23. 党员的纪律处分种类为＿＿＿＿＿＿＿＿＿、＿＿＿＿＿＿＿＿＿、＿＿＿＿＿＿＿＿＿、＿＿＿＿＿＿＿＿＿、＿＿＿＿＿＿＿＿＿。

24. 问责决定应当由＿＿＿＿＿＿＿＿的党组织作出。

25. 对党的领导干部的问责，可以采取＿＿＿＿＿＿、＿＿＿＿＿＿、＿＿＿＿＿＿的方式。

26. 党支部的职责为＿＿＿＿＿＿＿＿、＿＿＿＿＿＿＿＿、＿＿＿＿＿＿＿＿和＿＿＿＿＿＿＿＿、＿＿＿＿＿＿＿＿

_____、_____。

27. "三会一课"是_____、_____、_____、_____。

28. 党支部党员大会是党支部的_____。

29. 凡是有正式党员_____人以上的，都应该成立党支部。

30. 表决必须有_____有表决权的党员到会方可进行，赞成人数超过_____有表决权的党员的半数为通过。

31. 《高校共青团改革实施方案》指出，共青团的工作格局是_____、服务大局、_____、从严治团。

32. 高校共青团改革的目标是，建设更加充满活力、更加坚强有力的高校共青团，巩固提升在全团的基础性、战略性、源头性地位和作用，直接_____青年学生取得重要成效，工作有效覆盖面不断扩大，组织吸引力凝聚力不断增强，服务_____发展和_____的能力水平不断提高，广大青年学生听党话、跟党走的信念更加坚定。

33. 高校共青团"一心双环"团学组织格局是指在高校党委领导下，以_____为核心和枢纽，以_____为学生自我服务、自我管理、自我教育、自我监督的主体组织，以_____及相关学生组织为外围延伸手臂。

34. 高校共青团工作要着眼_____和价值引领，以学习宣传贯彻_____、中国特色社会主义和中国梦宣传教育、培育和践行_____为主要内容，遵循青年学生成长和思想教育引导的客观规律，构建分层分类一体化工作体系。

35. 完善团干部培养培训使用制度，要加强作风建设，持续深入开展团干部健康成长教育，教育引导高校共青团干部_____、强化宗旨意识、_____、勇于开拓创新。

36. 《高校共青团改革实施方案》要求，建立健全对学生骨干的选拔考核、培养使用、淘汰退出等机制，努力打造_____、品学兼优、朝气蓬勃、_____的学生骨干队伍。

三、辨析题

1. 对因私出国并在国外长期定居的党员，出国学习研究超过3年仍未返回的党员，一般予以停止党籍。

2. 对停止党籍的党员，不可以恢复党籍。

3. 高校党组织可以为毕业生流动党员持续保留组织关系，直至符合转出组织关系条件。

4. 入党介绍人必须是正式党员。

5. 召开讨论接收预备党员的支部大会，到会人数必须超过应到会人数的半数。

6. 支部大会讨论接收预备党员时，应采取举手投票的方式进行表决。

7. 党员的入党日期，为预备期满转为正式党员之日。

8. 基层党委（党总支）要对预备党员进行审批。

9. 党组织可以无限延长预备党员的预备期。

10.《中国共产党入党志愿书》是由省级党委组织部门制定，可自行印制。

11. 预备党员违犯党纪，直接取消其预备党员资格。

12. 党员必须服从党纪处分，不可以申诉。

13. 问责条例只针对在任期间，离职或者退休后，不再追究责任。

14. 查明调查对象失职失责问题后，调查组应当撰写事实材料，不用听取调查对象的意见，直接到调查对象单位进行宣布。

15. 问责对象申诉期间，可以不执行问责决定。

16. 党支部党员人数越多越好。

17. 根据工作需要，上级党委可以直接作出在基层单位成立党支部的决定。

18. 党支部必须设立党支部委员会。

19. 党小组组长必须由党支部指定。

20. 民主评议党员可以结合组织生活会一并进行。

21.《高校共青团改革实施方案》要求，高校校级团委专职干部每人每个学期直接联系1个以上基层团支部。

22. 高校的各级学生会组织，由同级团委归口指导。

23. 高校团组织能够独立自主地开展工作，因此只受团的上级组织领导。

四、简答题

1. 简述党员教育的基本任务。

2. 简述党员日常教育管理的主要方式。

3. 简述入党介绍人的主要任务。

4. 简述高校发展党员的流程。

5. 简述制定《中国共产党支部工作条例（试行）》的目的。

6. 党支部党员大会的职权有哪些？

7.《高校共青团改革实施方案》的基本原则是什么？

五、主题演讲

1. 新时代如何引导青年学生坚定政治信仰。

2. 如何引导学生党员充分发挥先锋模范作用。

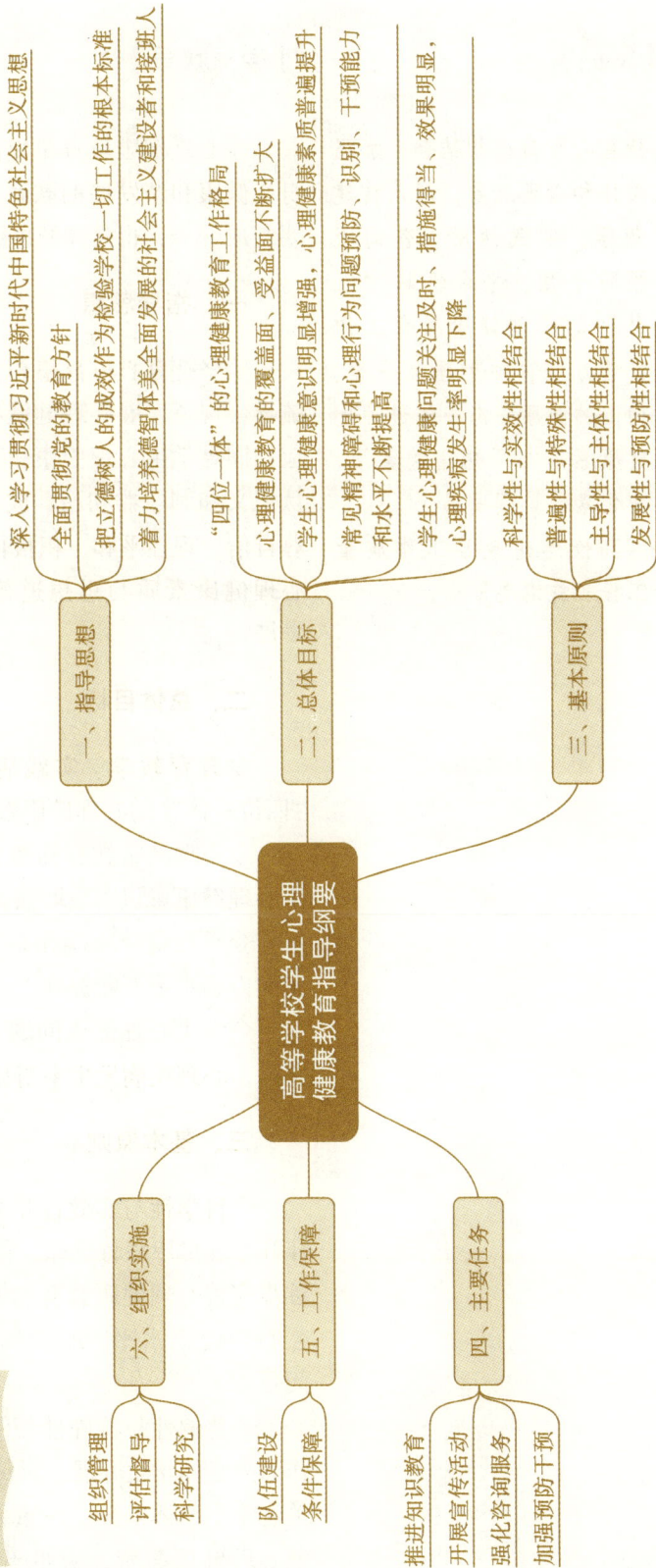

二、管理服务类

1.《高等学校学生心理健康教育指导纲要》（2018年7月4日）

【思维导图】

一、指导思想
- 深入学习贯彻习近平新时代中国特色社会主义思想
- 全面贯彻党的教育方针
- 把立德树人的成效作为检验学校一切工作的根本标准
- 着力培养德智体美全面发展的社会主义建设者和接班人

二、总体目标
- "四位一体"的心理健康教育工作格局
- 心理健康教育的覆盖面、受益面不断扩大
- 学生心理健康意识明显增强，心理健康素质普遍提升
- 常见精神障碍和心理行为问题预防、识别、干预能力和水平不断提高
- 学生心理健康问题关注及时、措施得当、效果明显，心理疾病发生率明显下降

三、基本原则
- 科学性与实效性相结合
- 普遍性与特殊性相结合
- 主导性与主体性相结合
- 发展性与预防性相结合

高等学校学生心理健康教育指导纲要

六、组织实施
- 组织管理
- 评估督导
- 科学研究

五、工作保障
- 队伍建设
- 条件保障

四、主要任务
- 推进知识教育
- 开展宣传活动
- 强化咨询服务
- 加强预防干预

【笔记】

▲坚持育心与育德相结合，加强人文关怀和心理疏导，深入构建教育教学、实践活动、咨询服务、预防干预、平台保障"五位一体"的心理健康教育工作格局，着力培育师生理性平和、积极向上的健康心态，促进师生心理健康素质与思想道德素质、科学文化素质协调发展。
——《高校思想政治工作质量提升工程实施纲要》

【原文摘录】

◇心理健康教育是提高大学生心理素质、促进其身心健康和谐发展的教育，是高校人才培养体系的重要组成部分，也是高校思想政治工作的重要内容。

一、指导思想

◇坚持育心与育德相统一，加强人文关怀和心理疏导，规范发展心理健康教育与咨询服务，更好地适应和满足学生心理健康教育服务需求，引导学生正确认识义和利、群和己、成和败、得和失，培育学生自尊自信、理性平和、积极向上的健康心态，促进学生心理健康素质与思想道德素质、科学文化素质协调发展。

二、总体目标

◇教育教学、实践活动、咨询服务、预防干预"四位一体"的心理健康教育工作格局基本形成。

◇心理健康教育的覆盖面、受益面不断扩大，学生心理健康意识明显增强，心理健康素质普遍提升。

◇常见精神障碍和心理行为问题预防、识别、干预能力和水平不断提高。

◇学生心理健康问题关注及时、措施得当、效果明显，心理疾病发生率明显下降。

三、基本原则

◇科学性与实效性相结合。根据学生身心发展规律和心理健康教育规律，科学开展心理健康教育工作，逐步完善心理健康教育和咨询服务体系，切实提高学生心理健康水平，有效解决学生思想、心理和行为问题。

◇普遍性与特殊性相结合。坚持心理健康教育工作面向全体学生开展，对每个学生心理健康发展负责，关注学生个体差异，注重方式方法创新，分层分类开展心理健康教育，满足不同学生群体心理健康服务需求。

◇**主导性与主体性**相结合。充分发挥心理健康教育教师、心理咨询师、辅导员、班主任等育人主体的主导作用，强化家校育人合力。尊重学生主体地位，充分调动学生主动性、积极性，培养自主自助维护心理健康的意识和能力。

◇**发展性与预防性**相结合。加强心理健康知识的普及和传播，充分挖掘学生心理潜能，培养积极心理品质，促进学生身心和谐发展。重视心理问题的及时疏导，加强心理危机预防干预，最大限度预防和减少严重心理危机个案的发生。

四、主要任务

◇**推进知识教育**。健全心理健康教育课程体系，完善心理健康教育教材体系，创新心理健康教育教学手段。

◇**开展宣传活动**。加强宣传普及，拓展传播渠道，创新宣传方式，发挥学生主体作用，强化家校育人合力。

◇**强化咨询服务**。优化心理咨询服务平台；完善心理健康教育与咨询体制机制；实施分类引导；建立心理健康数据安全保护机制。

◇**加强预防干预**。完善心理测评方式；健全心理危机预防和快速反应机制，建立心理危机转介诊疗机制。

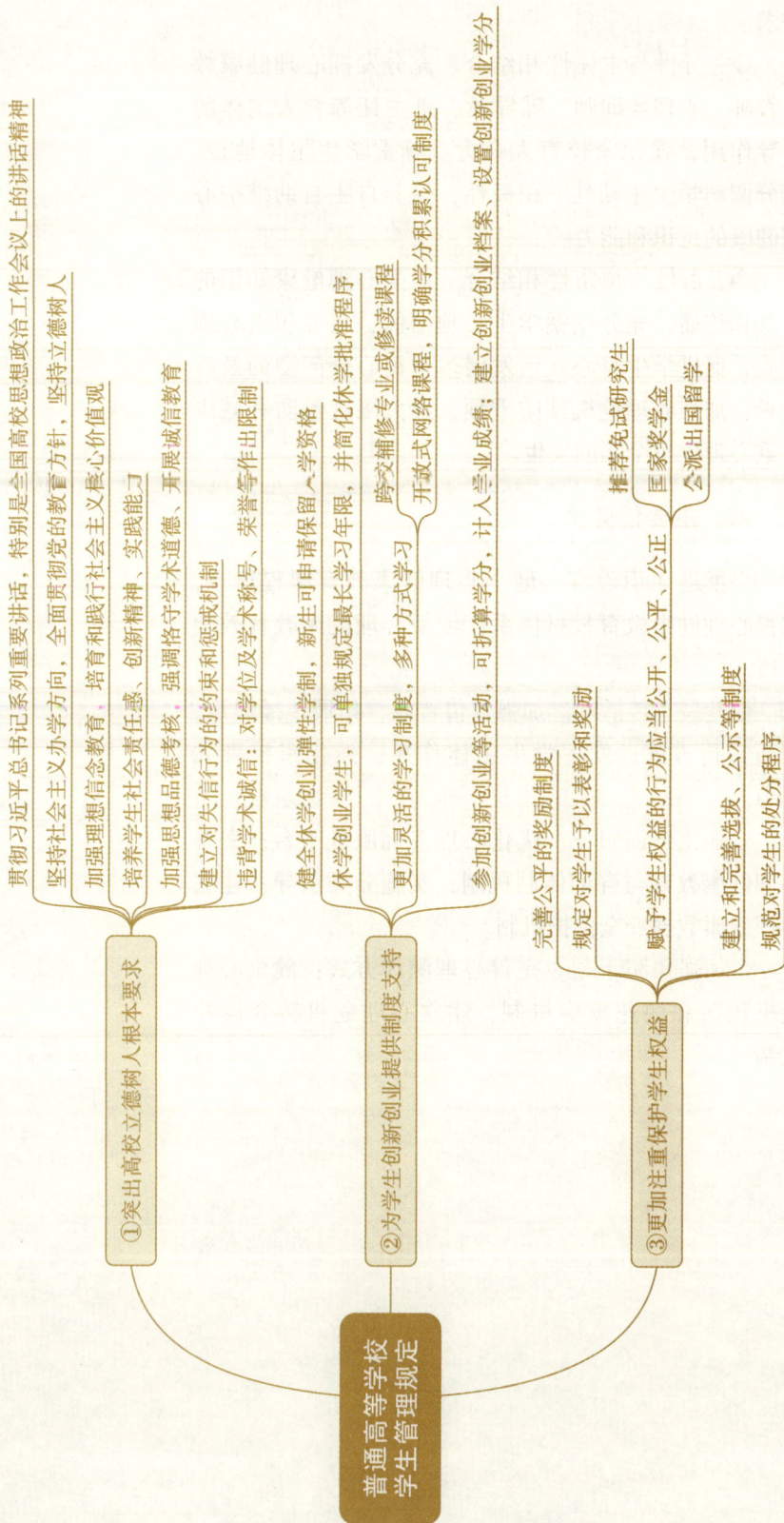

2.《普通高等学校学生管理规定》（2017年9月1日起施行）

【思维导图】

普通高等学校学生管理规定

①突出高校立德树人根本要求
- 贯彻习近平总书记系列重要讲话，特别是全国高校思想政治工作会议上的讲话精神
- 坚持社会主义办学方向，全面贯彻党的教育方针，坚持立德树人
- 加强理想信念教育，培育和践行社会主义核心价值观
- 培养学生社会责任感、创新精神、实践能力
- 加强思想品德考核，强调严守学术道德，开展诚信教育
- 建立对失信行为的约束和惩戒机制
- 违背学术诚信，对学位及学术称号、荣誉等作出限制

②为学生创新创业提供制度支持
- 健全休学创业弹性学制，新生可申请保留入学资格
- 休学创业学生，可单独规定最长学习年限，并简化休学批准程序
- 更加灵活的学习制度，多种方式学习
- 跨专业辅修专业或修读课程
- 开放式网络课程，明确学业分积累认可制度
- 参加创新创业等活动，可折算学分，计入学业成绩；建立创新创业档案，设置创新创业学分

③更加注重保护学生权益
- 完善公平的奖励制度
- 规定对学生的行为应当公开、公平、公正
- 赋予学生权益的行为以表彰和奖励
- 建立和完善选拔、公示等制度
- 规范对学生的处分程序
- 推荐免试研究生
- 国家奖学金
- 公派出国留学

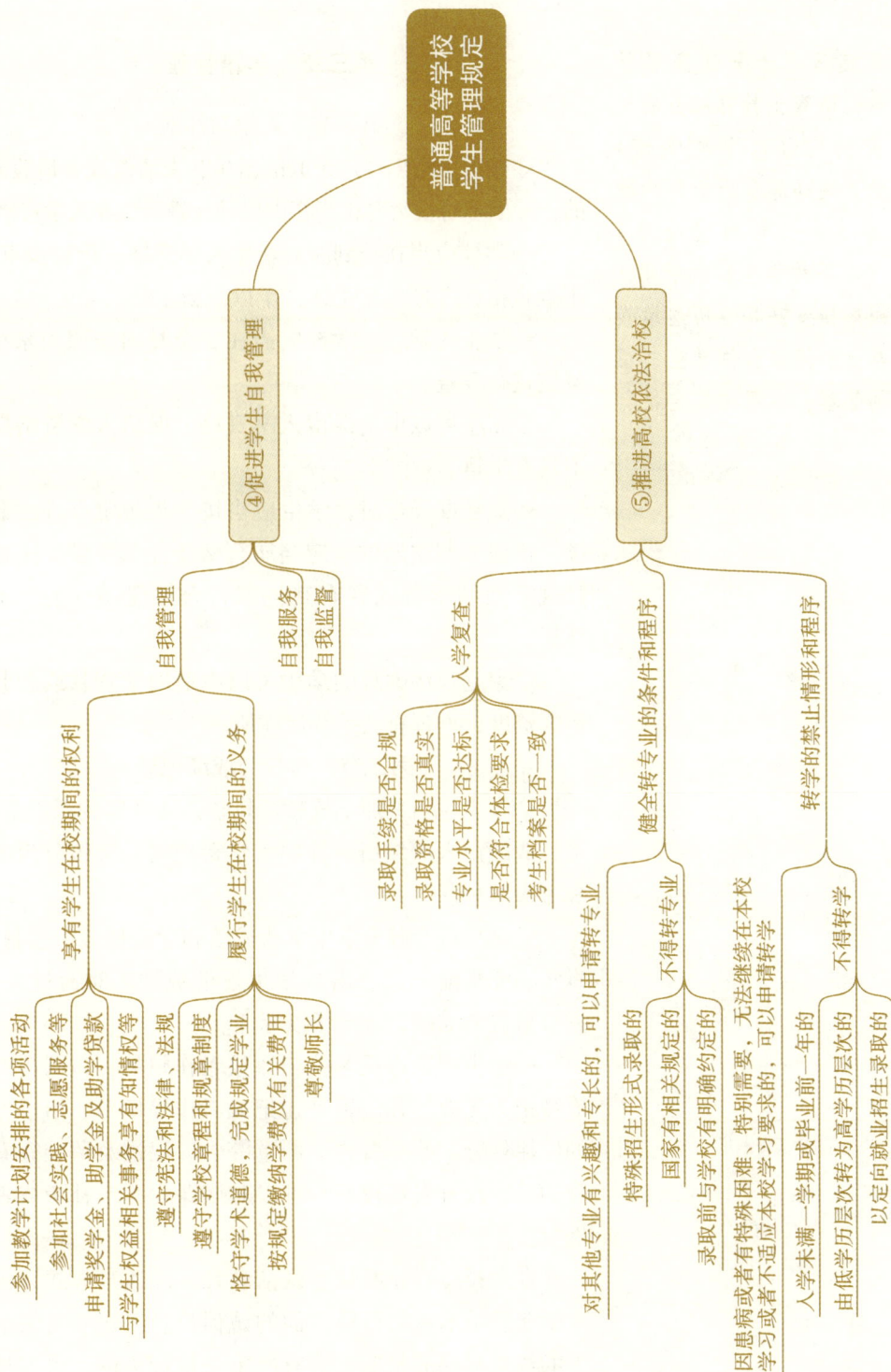

普通高等学校学生管理规定

④促进学生自我管理

自我管理

享有学生在校期间的权利

参加教学计划安排的各项活动

参加社会实践、志愿服务等

申请奖学金、助学金及助学贷款

与学生权益相关事务享有知情权等

遵守宪法和法律、法规

遵守学校章程和规章制度

恪守学术道德，完成规定学业

按规定缴纳学费及有关费用

尊敬师长

履行学生在校期间的义务

自我服务

自我监督

⑤推进高校依法治校

入学复查

录取手续是否合规

录取资格是否真实

专业水平是否达标

是否符合体检要求

考生档案是否一致

健全转专业的条件和程序

对其他专业有兴趣和专长的，可以申请转专业

特殊招生形式录取的

国家有相关规定的

录取前与学校有明确约定的

不得转专业

转学的禁止情形和程序

因患病或者有特殊困难、特别需要，无法继续在本校学习或者不适应本校学习要求的，可以申请转学

人学未满一学期或毕业前一年的

由低学历层次转为高学历层次的

以定向就业招生录取的

不得转学

【笔记】

◎该规定适用于普通高等学校、承担研究生教育任务的科学研究机构（以下称学校）对接受普通高等学历教育的研究生和本科、专科（高职）学生（以下称学生）的管理

◎学校对接受高等学历继续教育的学生、港澳台侨学生、留学生的管理，参照该规定执行

【原文摘录】

第三章　学籍管理

第一节　入学与注册

◇按国家招生规定录取的新生，未请假或者请假逾期的，除因不可抗力等正当事由以外，视为放弃入学资格。

◇学校应当在报到时对新生入学资格进行初步审查，审查合格的办理入学手续，予以注册学籍。

◇学生入学后，学校应当在3个月内按照国家招生规定进行复查。

◇新生可以申请保留入学资格。保留入学资格期间不具有学籍。

◇每学期开学时，学生应当按学校规定办理注册手续。不能如期注册的，应当履行暂缓注册手续。未按学校规定缴纳学费或者有其他不符合注册条件的，不予注册。

◇家庭经济困难的学生可以申请助学贷款或者其他形式资助，办理有关手续后注册。

第二节　考核与成绩记载

◇学生应当参加学校教育教学计划规定的课程考核，考核成绩记入成绩册，并归入学籍档案。考核分为考试和考查两种。

◇学校应当健全学生学业成绩和学籍档案管理制度，真实、完整地记载、出具学生学业成绩，对通过补考、重修获得的成绩，应当予以标注。

◇学生严重违反考核纪律或者作弊的，该课程考核成绩记为无效，并应视其违纪或者作弊情节，给予相应的纪律处分。给予警告、严重警告、记过及留校察看处分的，经教育表现较好，可以对该课程给予补考或者重修机会。

◇学校应当开展学生诚信教育，以适当方式记录学生学业、学术、品行等方面的诚信信息，建立对失信行为的约束和惩戒机制；对有严重失信行为的，可以规定给予相应的纪律处分，对违背学术诚信的，可以对其获

得学位及学术称号、荣誉等作出限制。

第三节 转专业与转学

◇学生在学习期间对其他专业有兴趣和专长的，可以申请转专业；以特殊招生形式录取的学生，国家有相关规定或者录取前与学校有明确约定的，不得转专业。

◇因患病或者有特殊困难、特别需要，无法继续在本校学习或者不适应本校学习要求的，可以申请转学。

第四节 休学与复学

◇休学学生应当办理手续离校。学生休学期间，学校应为其保留学籍，但不享受在校学习学生待遇。休学期满前应当在学校规定的期限内提出复学申请，经学校复查合格，方可复学。

◇新生和在校学生应征参加中国人民解放军（含中国人民武装警察部队），学校应当保留其入学资格或者学籍至退役后 2 年。

第六节 毕业与结业

◇学生在学校规定学习年限内，修完教育教学计划规定内容，成绩合格，达到学校毕业要求的，学校应当准予毕业，并在学生离校前发给毕业证书。符合学位授予条件的，学位授予单位应当颁发学位证书。

◇学生提前完成教育教学计划规定内容，获得毕业所要求的学分，可以申请提前毕业。

◇对退学学生，学校应当发给肄业证书或者写实性学习证明。

第七节 学业证书管理

◇对违反国家招生规定取得入学资格或者学籍的，学校应当取消其学籍，不得发给学历证书、学位证书；已发的学历证书、学位证书，学校应当依法予以撤销。

◇对以作弊、剽窃、抄袭等学术不端行为或者其他不正当手段获得学历证书、学位证书的，学校应当依法予以撤销。

◇被撤销的学历证书、学位证书已注册的，学校应当予以注销并报教育行政部门宣布无效。

第四章 校园秩序与课外活动

◇学校应当坚持教育与宗教相分离原则。任何组织和个人不得在学校进行宗教活动。

◇学生团体应当在宪法、法律、法规和学校管理制度范围内活动，接受学校的领导和管理。学生团体邀请校外组织、人员到校举办讲座等活动，需经学校批准。

◇学生举行大型集会、游行、示威等活动，应当按法律程序和有关规定获得批准。对未获批准的，学校应当依法劝阻或者制止。

第五章　奖励与处分

◇学校对学生予以表彰和奖励，以及确定推荐免试研究生、国家奖学金、公派出国留学人选等赋予学生利益的行为，应当建立公开、公平、公正的程序和规定，建立和完善相应的选拔、公示等制度。

◇对有违反法律法规、本规定以及学校纪律行为的学生，学校应当给予批评教育，并可视情节轻重，给予如下纪律处分：警告；严重警告；记过；留校察看；开除学籍。

◇学校对学生作出处分，应当出具处分决定书。处分决定书应当包括下列内容：学生的基本信息；作出处分的事实和证据；处分的种类、依据、期限；申诉的途径和期限；其他必要内容。

◇除开除学籍处分以外，给予学生处分一般应当设置6到12个月期限，到期按学校规定程序予以解除。解除处分后，学生获得表彰、奖励及其他权益，不再受原处分的影响。

◇对学生的奖励、处理、处分及解除处分材料，学校应当真实完整地归入学校文书档案和本人档案。

第六章　学生申诉

◇学校应当成立学生申诉处理委员会，负责受理学生对处理或者处分决定不服提起的申诉。

◇学生申诉处理委员会应当由学校相关负责人、职能部门负责人、教师代表、学生代表、负责法律事务的相关机构负责人等组成，可以聘请校外法律、教育等方面专家参加。

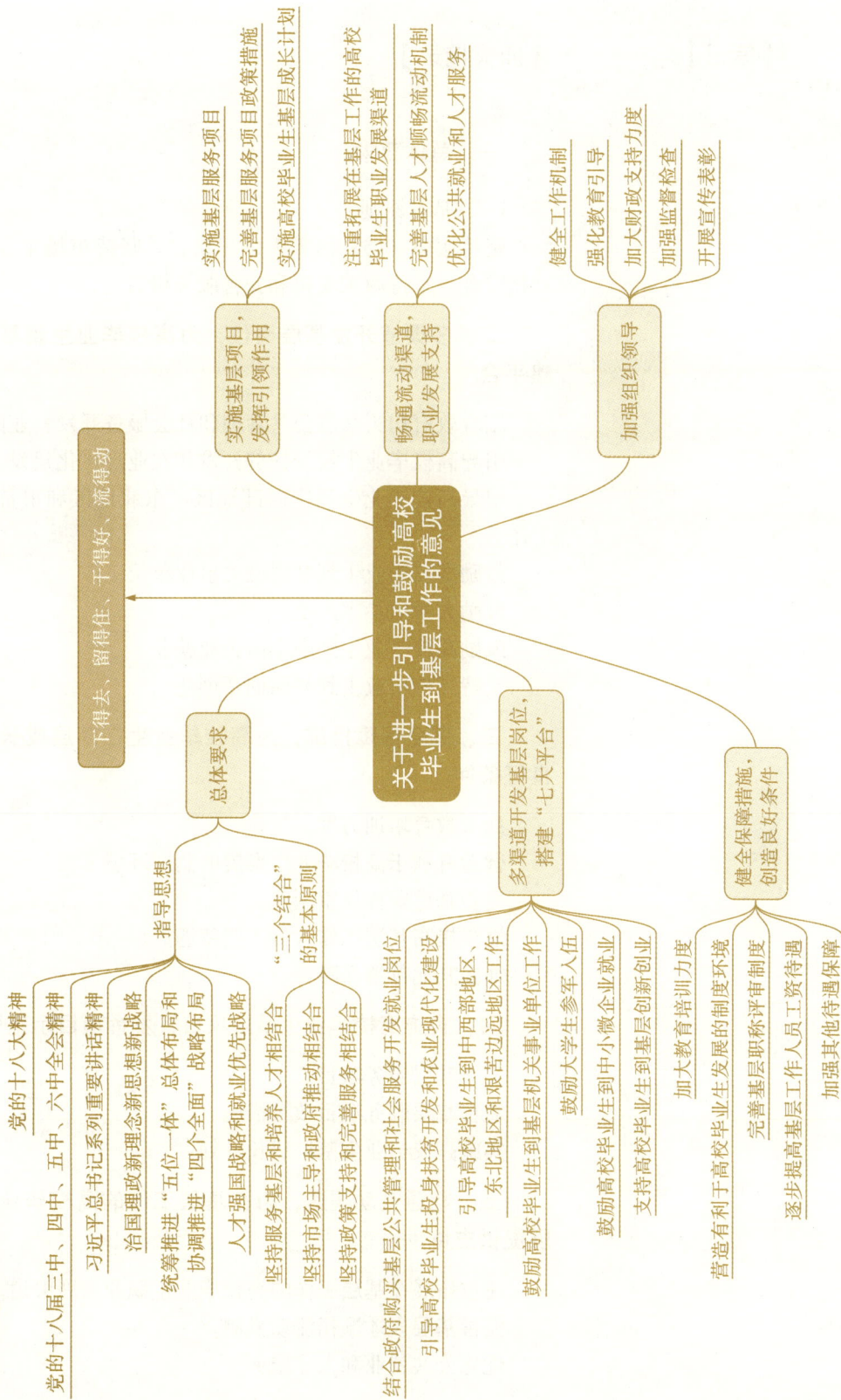

3. 《关于进一步引导和鼓励高校毕业生到基层工作的意见》（2017年1月24日）

【思维导图】

关于进一步引导和鼓励高校毕业生到基层工作的意见

总体要求

指导思想
- 党的十八大精神
- 党的十八届三中、四中、五中、六中全会精神
- 习近平总书记系列重要讲话精神
- 治国理政新理念新思想新战略
- 统筹推进"五位一体"总体布局和协调推进"四个全面"战略布局

"三个结合"的基本原则
- 坚持服务基层战略和培养人才相结合
- 坚持市场主导和政府推动相结合
- 坚持政策支持和完善服务相结合

下得去、留得住、干得好、流得动

实施基层项目，发挥引领作用
- 实施基层服务项目
- 完善基层服务项目政策措施
- 实施高校毕业生基层成长计划

畅通流动渠道，职业发展支持
- 注重拓展在基层工作的高校毕业生职业发展渠道
- 完善基层人才顺畅流动机制
- 优化公共就业和人才服务

加强组织领导
- 健全工作机制
- 强化教育引导
- 加大财政支持力度
- 加强监督检查
- 开展宣传表彰

多渠道开发基层岗位，搭建"七大平台"
- 结合政府购买基层公共管理和社会服务开发就业岗位
- 引导高校毕业生投身扶贫开发和农业现代化建设
- 引导高校毕业生到中西部地区、东北地区和艰苦边远地区工作
- 鼓励大学生参军入伍
- 鼓励高校毕业生到基层机关事业单位就业
- 支持高校毕业生到基层创新创业

健全保障措施，创造良好条件
- 加大教育培训力度
- 营造有利于高校毕业生发展的制度环境
- 完善基层职称评审制度
- 逐步提高基层工作人员工资待遇
- 加强其他待遇保障

【笔记】

【原文摘录】

一、总体要求

(二)基本原则

坚持服务基层和培养人才相结合。坚持市场主导和政府推动相结合。坚持政策支持和完善服务相结合。

二、多渠道开发基层岗位,为高校毕业生到基层工作搭建平台

结合政府购买基层公共管理和社会服务开发就业岗位。

引导高校毕业生投身扶贫开发和农业现代化建设。

引导高校毕业生到中西部地区、东北地区和艰苦边远地区工作。

鼓励高校毕业生到基层机关事业单位工作。

鼓励大学生参军入伍。

鼓励高校毕业生到中小微企业就业。

支持高校毕业生到基层创新创业。

三、健全保障措施,为高校毕业生在基层成长成才创造良好条件

加大教育培训力度。

营造有利于高校毕业生发展的制度环境。

完善基层职称评审制度。

逐步提高基层工作人员工资待遇。

加强其他待遇保障。

四、实施高校毕业生基层项目,发挥项目示范引领作用

实施基层服务项目。

完善基层服务项目政策措施。

实施高校毕业生基层成长计划。

五、畅通流动渠道,为在基层工作的高校毕业生职业发展提供支持

注重拓展在基层工作的高校毕业生职业发展渠道。

完善基层人才顺畅流动机制。

优化公共就业和人才服务。

4.《国家学生资助政策体系简介（2016）》（2016年8月17日）

【思维导图】

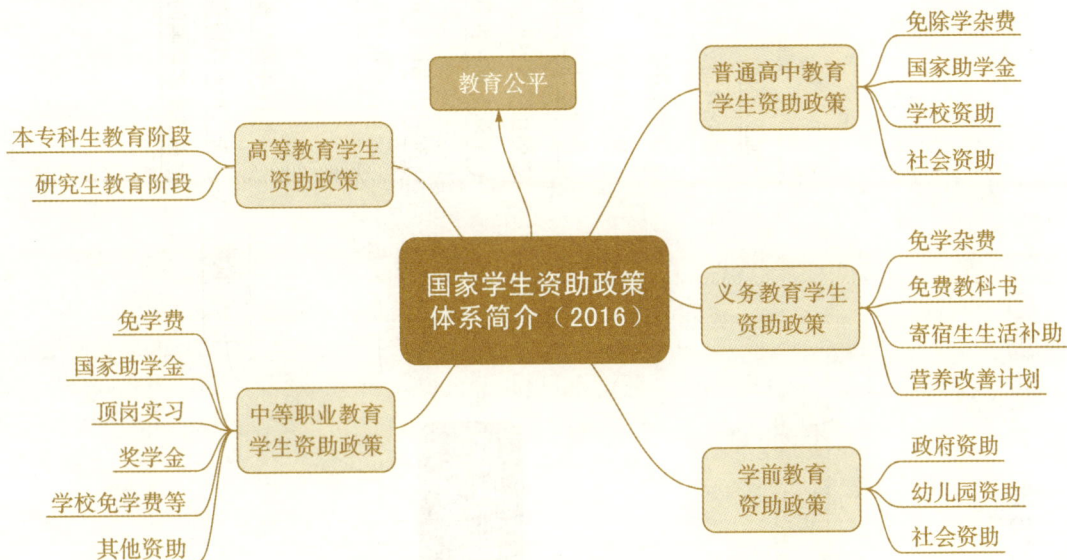

教育公平

高等教育学生资助政策
- 本专科生教育阶段
- 研究生教育阶段

普通高中教育学生资助政策
- 免除学杂费
- 国家助学金
- 学校资助
- 社会资助

国家学生资助政策体系简介（2016）

义务教育学生资助政策
- 免学杂费
- 免费教科书
- 寄宿生生活补助
- 营养改善计划

中等职业教育学生资助政策
- 免学费
- 国家助学金
- 顶岗实习
- 奖学金
- 学校免学费等
- 其他资助

学前教育资助政策
- 政府资助
- 幼儿园资助
- 社会资助

【原文摘录】

　　◇本科生教育阶段：国家奖助学金、国家助学贷款、学费补偿贷款代偿、校内奖助学金、勤工助学、困难补助、伙食补贴、学费减免、"绿色通道"等多种方式的混合资助体系。

　　◇同一学年内，国家励志奖学金和国家奖学金不能同时获得。

　　◇家庭经济困难学生申请国家助学贷款，有两种模式：校园地国家助学贷款和生源地信用助学贷款。

　　◇研究生教育阶段：国家奖助学金、"三助"岗位津贴、国家助学贷款、学费补偿贷款代偿等多种方式并举。

【笔记】

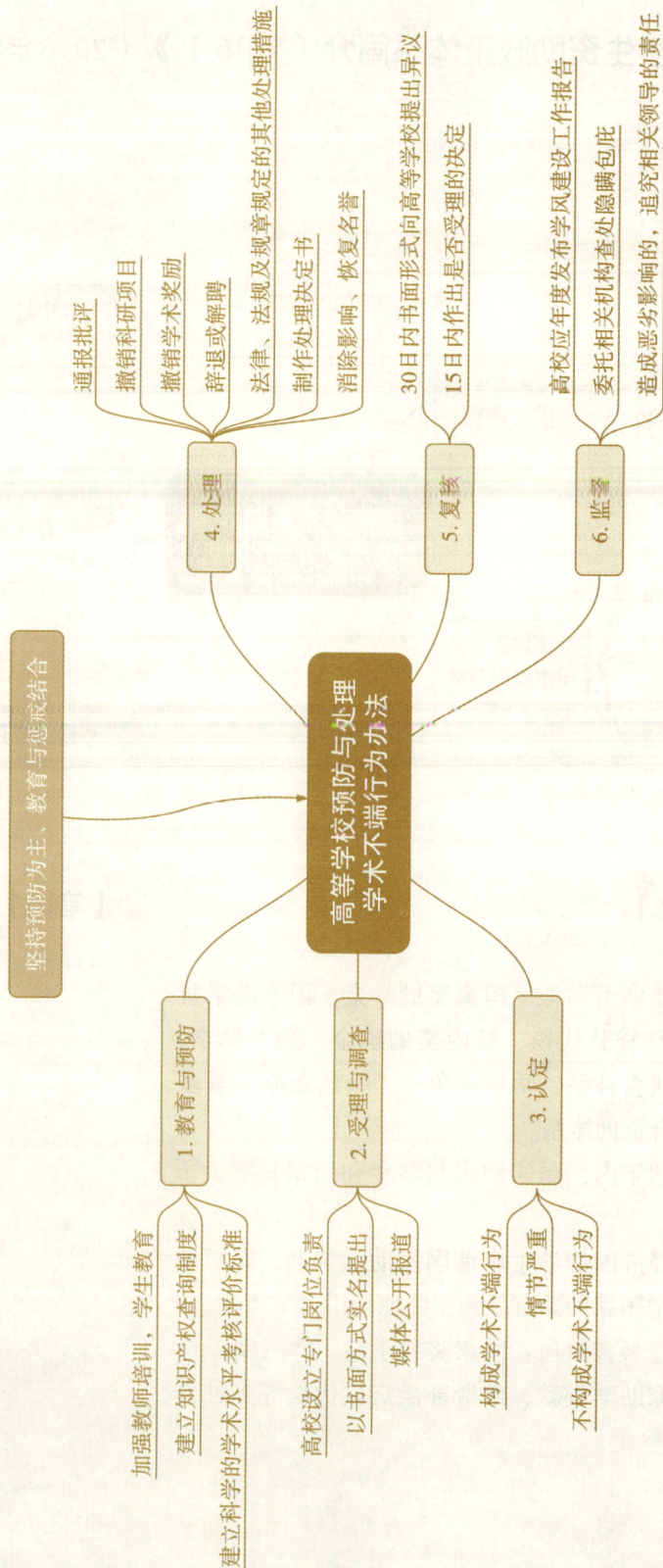

5.《高等学校预防与处理学术不端行为办法》（2016年9月1日起施行）

【思维导图】

坚持预防为主，教育与惩戒结合

高等学校预防与处理学术不端行为办法

1. 教育与预防
- 加强教师培训，学生教育
- 建立知识产权查询制度
- 建立科学的学术水平考核评价标准

2. 受理与调查
- 高校设立专门岗位负责
- 以书面形式实名提出
- 媒体公开报道

3. 认定
- 构成学术不端行为
- 情节严重
- 不构成学术不端行为

4. 处理
- 通报批评
- 撤销科研项目
- 撤销学术奖励
- 辞退或解聘
- 法律、法规及规章规定的其他处理措施
- 制作处理决定书
- 消除影响，恢复名誉

5. 复核
- 30日内书面形式向高等学校提出异议
- 15日内作出是否受理的决定

6. 监督
- 高校应年度发布学风建设工作报告
- 委托相关机构查处隐瞒包庇
- 造成恶劣影响的，追究相关领导的责任

【原文摘录】

【笔记】

第一章　总则

◇本办法所称学术不端行为是指高等学校及其教学科研人员、管理人员和学生，在科学研究及相关活动中发生的违反公认的学术准则、违背学术诚信的行为。

◇高等学校预防与处理学术不端行为应坚持预防为主、教育与惩戒结合的原则。

◇高等学校是学术不端行为预防与处理的主体。高等学校应当建设集教育、预防、监督、惩治于一体的学术诚信体系。

第二章　教育与预防

◇高等学校应当将学术规范和学术诚信教育，作为教师培训和学生教育的必要内容，以多种形式开展教育、培训。

第五章　处理

◇学生有学术不端行为的，应当按照学生管理的相关规定，给予相应的学籍处分。

◇学术不端行为与获得学位有直接关联的，由学位授予单位作暂缓授予学位、不授予学位或者依法撤销学位等处理。

◇经调查认定，不构成学术不端行为的，根据被举报人申请，高等学校应当通过一定方式为其消除影响、恢复名誉等。

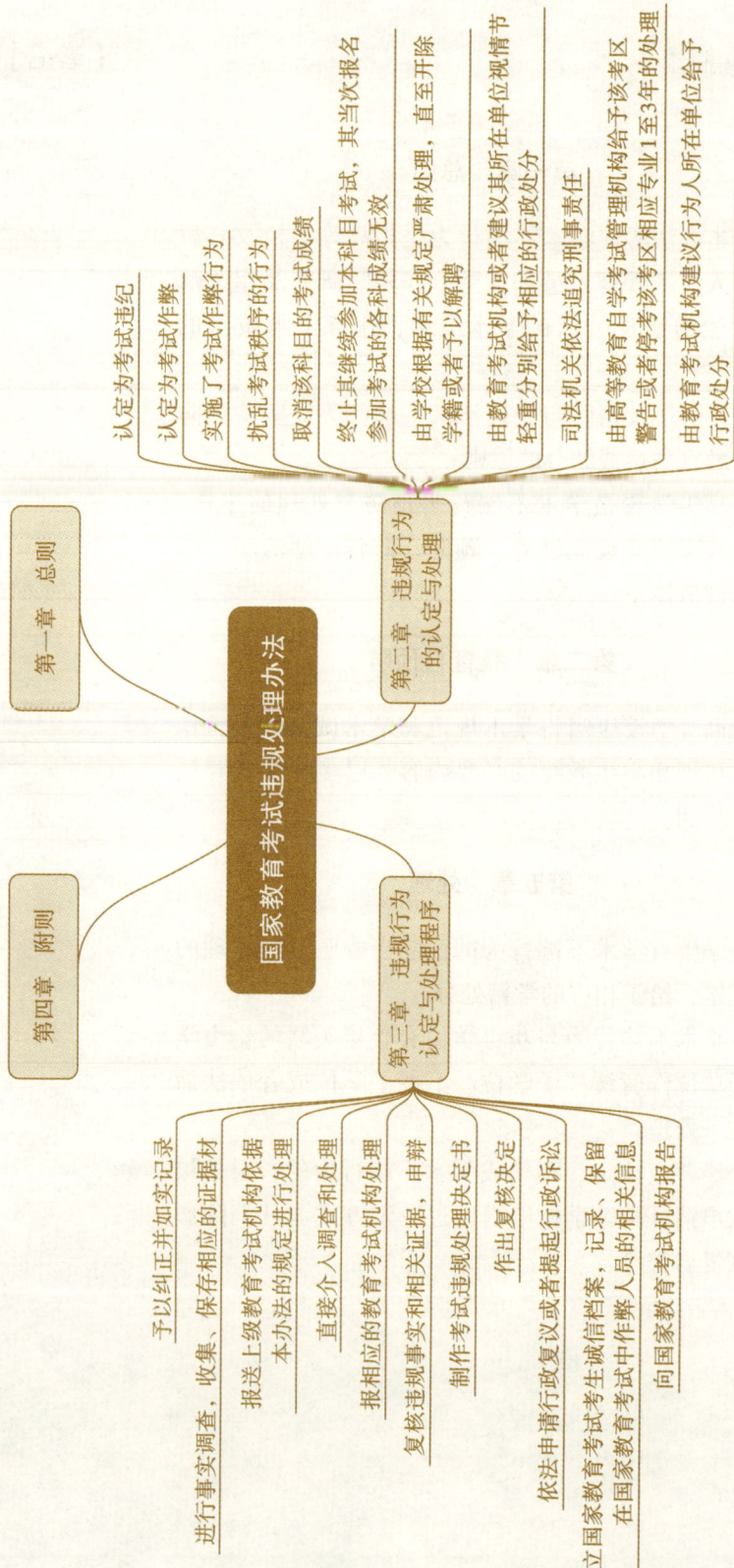

6.《国家教育考试违规处理办法》（2012年4月1日起施行）

【思维导图】

国家教育考试违规处理办法

第一章 总则

第二章 违规行为的认定与处理
- 认定为考试违纪
- 认定为考试作弊
- 实施了考试作弊行为
- 扰乱考试秩序的行为
- 取消该科目的各科成绩无效
- 终止其继续参加本科目考试，其当次报名参加考试的各科成绩无效
- 由学校根据有关规定严肃处理，直至开除学籍或者予以解聘
- 由教育考试机构或者建议其所在单位视情节轻重分别给予相应的行政处分
- 司法机关依法追究刑事责任
- 由高等教育自学考试管理机构给予该考区警告或者停考该考区相应专业1至3年的处理
- 由教育考试机构建议行为人所在单位给予行政处分

第三章 违规行为认定与处理程序
- 予以纠正并如实记录
- 进行事实调查、收集、保存相应的证据材料
- 报送上级教育考试机构依据本办法的规定进行处理
- 直接介入调查和处理
- 报相应的教育考试机构处理
- 复核违规事实和相关证据，申辩
- 制作考试违规处理决定书
- 作出复核决定
- 依法申请行政复议或者提起行政诉讼
- 立国家教育考试考生诚信档案，记录、保留在国家教育考试中作弊人员的相关信息
- 向国家教育考试机构报告

第四章 附则

【原文摘录】　　　　　　　　　　　　　　　　【笔记】

第二章　违规行为的认定与处理

◇违规行为包括考试违纪、考试作弊。考试违纪的，取消该科目的考试成绩；考试作弊的，其所报名参加考试的各阶段、各科成绩无效。

◇考生不遵守考场纪律，不服从考试工作人员的安排与要求，有下列行为之一的，应当认定为考试违纪：（一）携带规定以外的物品进入考场或者未放在指定位置的；（二）未在规定的座位参加考试的；（三）考试开始信号发出前答题或者考试结束信号发出后继续答题的；（四）在考试过程中旁窥、交头接耳、互打暗号或者手势的；（五）在考场或者教育考试机构禁止的范围内，喧哗、吸烟或者实施其他影响考场秩序的行为的；（六）未经考试工作人员同意在考试过程中擅自离开考场的；（七）将试卷、答卷（含答题卡、答题纸等，下同）、草稿纸等考试用纸带出考场的；（八）用规定以外的笔或者纸答题或者在试卷规定以外的地方书写姓名、考号或者以其他方式在答卷上标记信息的；（九）其他违反考场规则但尚未构成作弊的行为。

◇考生违背考试公平、公正原则，在考试过程中有下列行为之一的，应当认定为考试作弊：（一）携带与考试内容相关的材料或者存储有与考试内容相关资料的电子设备参加考试的；（二）抄袭或者协助他人抄袭试题答案或者与考试内容相关的资料的；（三）抢夺、窃取他人试卷、答卷或者胁迫他人为自己抄袭提供方便的；（四）携带具有发送或者接收信息功能的设备的；（五）由他人冒名代替参加考试的；（六）故意销毁试卷、答卷或者考试材料的；（七）在答卷上填写与本人身份不符的姓名、考号等信息的；（八）传、接物品或者交换试卷、答卷、草稿纸的；（九）其他以不正当手段获得或者试图获得试题答案、考试成绩的行为。

◇教育考试机构、考试工作人员在考试过程中或者在考试结束后发现下列行为之一的，应当认定相关的考生实施了考试作弊行为：（一）通过伪造证件、证明、档案及其他材料获得考试资格、加分资格和考试成绩的；（二）评卷过程中被认定为答案雷同的；（三）考场纪律混乱、考试秩序失控，出现大面积考试作弊现象的；（四）考试工作人员协助实施作弊行为，事后查实的；（五）其他应认定为作弊的行为。

◇考生以作弊行为获得的考试成绩并由此取得相应的学位证书、学历证书及其他学业证书、资格资质证书或者入学资格的，由证书颁发机关宣布证书无效，责令收回证书或者予以没收；已经被录取或者入学的，由录取学校取消录取资格或者其学籍。

第三章　违规行为认定与处理程序

◇教育考试机构在对考试违规的个人或者单位做出处理决定前，应当复核违规事实和相关证据，告知被处理人或者单位做出处理决定的理由和依据；被处理人或者单位对所认定的违规事实认定存在异议的，应当给予其陈述和申辩的机会。

◇教育考试机构做出处理决定应当制作考试违规处理决定书，载明被处理人的姓名或者单位名称、处理事实根据和法律依据、处理决定的内容、救济途径以及做出处理决定的机构名称和做出处理决定的时间。考试违规处理决定书应当及时送达被处理人。

◇考生或者考试工作人员对教育考试机构做出的违规处理决定不服的，可以在收到处理决定之日起15日内提出复核申请；对省级教育考试机构或者承办国家教育考试的机构做出的处理决定不服的，也可以向省级教育行政部门或者授权承担国家教育考试的主管部门提出复核申请。

◇申请人对复核决定或者处理决定不服的，可以依法申请行政复议或者提起行政诉讼。

◇教育考试机构应当建立国家教育考试考生诚信档案，记录、保留在国家教育考试中作弊人员的相关信息。国家教育考试考生诚信档案中记录的信息未经法定程序，任何组织、个人不得删除、变更。

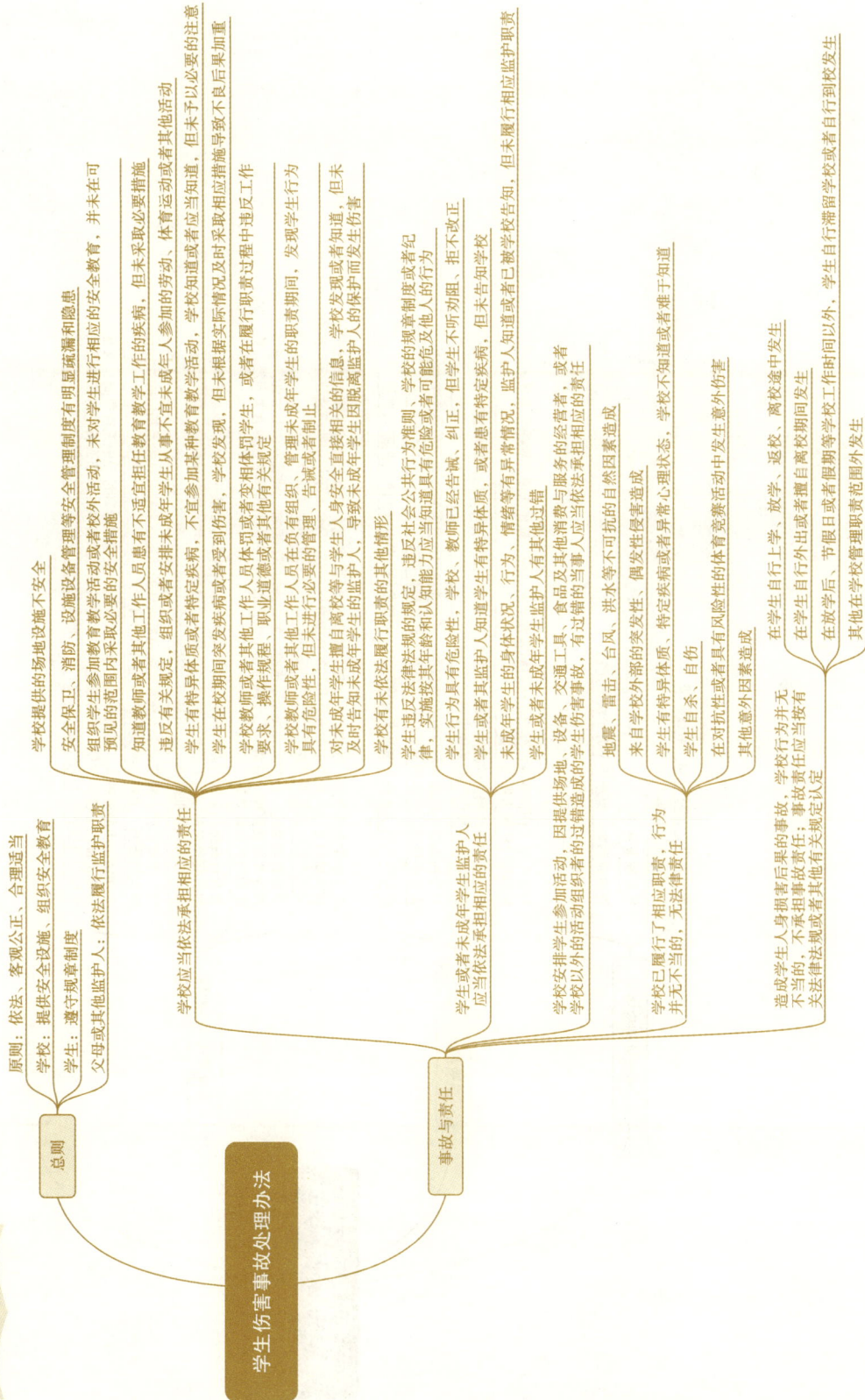

7.《学生伤害事故处理办法》(2002年9月1日起施行)

【思维导图】

学生伤害事故处理办法

总则

- 原则:依法、客观公正、合理适当
- 学校:提供安全设施、组织安全教育
- 学生:遵守规章制度
- 父母或其他监护人:依法履行监护职责

事故与责任

学校应当依法承担相应的责任

- 学校提供的场地或设施不安全
- 安全保卫、消防、设施设备等校舍管理或者安全管理制度有明显疏漏隐患
- 组织学生参加教育教学活动或者校外活动,未对学生进行相应的安全教育,并未在可预见的范围内采取必要的安全措施
- 知道教师或者其他直接担任教育教学工作人员有不适宜担任教育教学工作的疾病,但未取取必要措施
- 违反有关规定,组织或者安排未成年学生从事不宜未成年人参加的劳动、体育活动或者其他活动
- 学生有特异体质或者特定疾病,不宜参加某种教育教学活动,学校知道或者应当知道,但未根据实际情况及时采取相应措施导致伤害加重
- 学生在校期间突发疾病或者受到伤害,学校发现,但未履行职责过程中违反工作
- 学校教师或者其他工作人员体罚或者变相体罚学生,或者在履行职责期间,发现学生行为
- 学校教师或者其他工作人员,在负有组织、管理未成年学生人身安全等直接相关的信息,学校发现或者知道,管理未成年学生因脱离监护人的保护而发生伤害
- 对未成年学生擅自离校等行为未与其监护人及时取得联系,未及时告知未成年学生履行职责的其他情形
- 学校有未依法履行职责的其他情形

学生或者未成年学生监护人应当依法承担相应的责任

- 学生违反法律法规的规定,违反社会公共行为准则、学校的规章制度或者纪律,实施按其年龄和认知能力应当知道具有危险或者可能危及他人的行为
- 学生行为具有危险性,学校、教师已经告诫、纠正,但学生不听劝阻、拒不改正
- 学生或者其监护人知道学生有特异体质,或者患有特定疾病,但未告知学校
- 未成年学生的身体状况、行为、情绪等有异常情况,监护人知道或者已经知道学校告知,但未履行相应监护职责
- 学生或者未成年人有其他过错

学校已履行了相应职责,行为并无不当的,无法律责任

- 地震、雷击、台风、洪水等不可抗力的自然因素造成
- 来自学校外部的突发性、偶发性侵害造成
- 学生有特异体质、特定疾病或者异常心理状态,学校不知道或者难于知道
- 学生自杀、自伤
- 在对抗性或者具有风险性的体育竞赛活动中发生意外伤害
- 其他意外因素造成

造成学生人身损害后果的事故,不属于学校承担事故责任;事故责任应当依据相关法律法规或者其他有关规定认定

- 在学生自行上学、放学、返校、离校途中发生
- 在学生自行外出或者擅自离校期间发生
- 在放假日或者假期等学校工作时间以外,学生自行滞留学校或者自行到校发生
- 其他在学校管理职责范围外发生

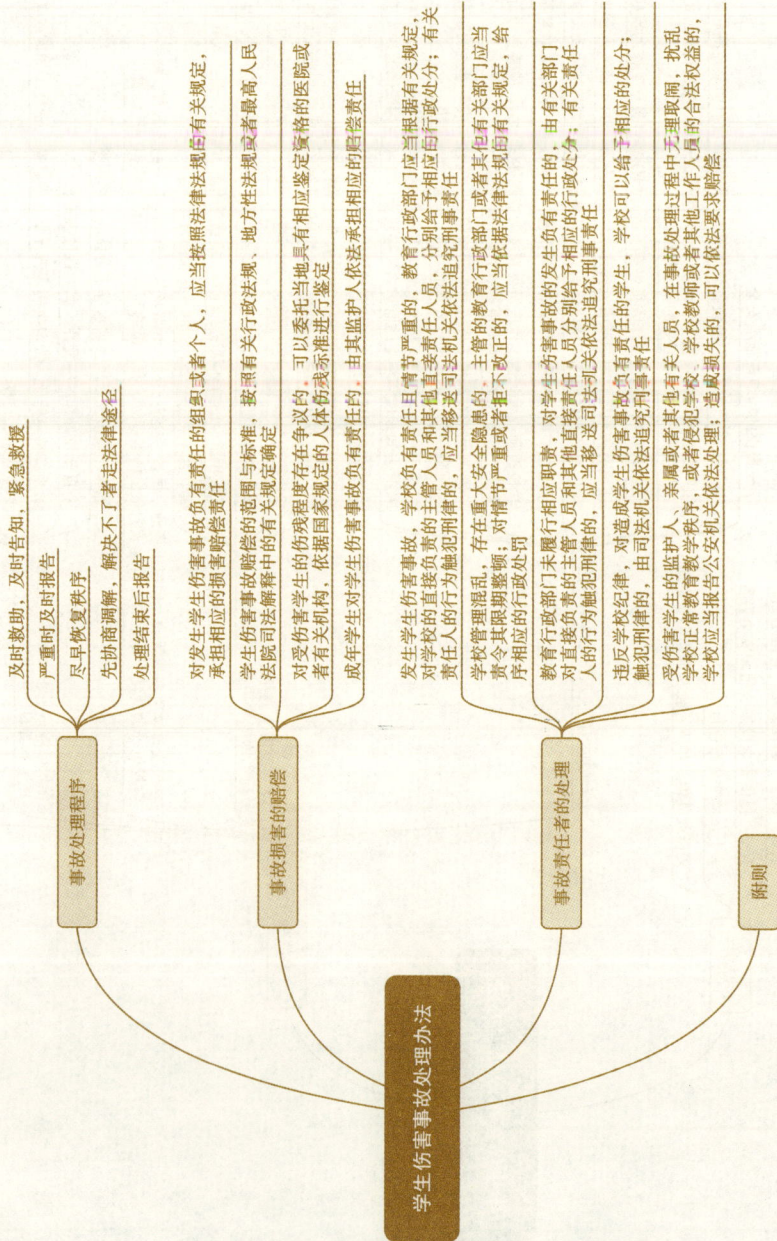

学生伤害事故处理办法

事故处理程序
- 及时救助，及时告知，紧急救援
- 严重时及时报告
- 尽早恢复秩序
- 先协商调解，解决不了者走法律途径
- 处理结束后报告

事故损害的赔偿
- 对发生学生伤害事故负有责任的组织或者个人，应当依照法律法规[应]有关规定，承担相应的损害赔偿责任
- 学生伤害事故赔偿的范围与标准，按照有关行政法规、地方性法规或者最高人民法院司法解释中的有关规定确定
- 对受伤害学生的伤残程度存在争议的，可以委托当地具有相应资格的医院或者有关机构，依据国家规定的人体伤害标准进行鉴定
- 成年学生对对学生伤害事故负有责任的，由其监护人依法承担相应的赔偿责任

事故责任者的处理
- 发生学生伤害事故，学校负有责任且情节严重的，教育行政部门应当根据有关规定，对学校直接负责的主管人员和其他主管人员、分别给予相应的行政处分；有关责任人的行为触犯刑律的，应当移送司法机关依法追究刑事责任
- 学校管理混乱，存在重大安全隐患的，主管的教育行政部门或者其他有关部门应当责令其限期整顿；对情节严重或者拒不校正的，应当依据法律法规的有关规定，给予相应的行政处罚
- 教育行政部门未履行相应职责，对学生伤害事故的发生负有责任的，由有关部门对直接负责的主管人员和其他直接责任人员分别给予相应的行政处分；有关责任人的行为触犯刑律的，应当移送司法机关依法追究刑事责任
- 违反学校纪律，对造成学生伤害事故负有责任的学生，学校可以给予相应的处分；触犯刑律的，由司法机关依法追究刑事责任
- 受伤害学生的监护人、亲属或者其他有关人员，在事故处理过程中无理取闹，扰乱学校正常教育教学秩序，或者侵犯学校、教师或者其他工作人员的合法权益的，学校应当报告公安机关依法处理；造成损失的，可以依法要求赔偿

附则

【原文摘录】

◇学生伤害事故应当遵循**依法、客观公正、合理适当**的原则，及时、妥善地处理。

◇学生伤害事故的责任，应当根据相关当事人的行为与损害后果之间的**因果关系**依法确定。

◇因下列情形之一造成的学生伤害事故，学校应当依法承担相应的责任：

（一）学校的校舍、场地、其他公共设施，以及学校提供给学生使用的学具、教育教学和生活设施、设备不符合国家规定的标准，或者有明显不安全因素的；

（二）学校的安全保卫、消防、设施设备管理等安全管理制度有明显疏漏，或者管理混乱，存在重大安全隐患，而未及时采取措施的；

（三）学校向学生提供的药品、食品、饮用水等不符合国家或者行业的有关标准、要求的；

（四）学校组织学生参加教育教学活动或者校外活动，未对学生进行相应的安全教育，并未在可预见的范围内采取必要的安全措施的；

（五）学校知道教师或者其他工作人员患有不适宜担任教育教学工作的疾病，但未采取必要措施的；

（六）学校违反有关规定，组织或者安排未成年学生从事不宜未成年人参加的劳动、体育运动或者其他活动的；

（七）学生有特异体质或者特定疾病，不宜参加某种教育教学活动，学校知道或者应当知道，但未予以必要的注意的；

（八）学生在校期间突发疾病或者受到伤害，学校发现，但未根据实际情况及时采取相应措施，导致不良后果加重的；

（九）学校教师或者其他工作人员体罚或者变相体罚学生，或者在履行职责过程中违反工作要求、操作规程、职业道德或者其他有关规定的；

（十）学校教师或者其他工作人员在负有组织、管理未成年学生的职责期间，发现学生行为具有危险性，

【笔记】

◎在学校实施的教育教学活动或者学校组织的校外活动中，以及在学校负有管理责任的校舍、场地、其他教育教学设施、生活设施内发生的，造成在校学生人身损害后果的事故的处理，适用该办法

但未进行必要的管理、告诫或者制止的；

(十一)对未成年学生擅自离校等与学生人身安全直接相关的信息，学校发现或者知道，但未及时告知未成年学生的监护人，导致未成年学生因脱离监护人的保护而发生伤害的；

(十二)学校有未依法履行职责的其他情形的。

◇学生或者未成年学生监护人由于过错，有下列情形之一，造成学生伤害事故，应当依法承担相应的责任：

(一)学生违反法律法规的规定，违反社会公共行为准则、学校的规章制度或者纪律，实施按其年龄和认知能力应当知道具有危险或者可能危及他人的行为的；

(二)学生行为具有危险性，学校、教师已经告诫、纠正，但学生不听劝阻、拒不改正的；

(三)学生或者其监护人知道学生有特异体质，或者患有特定疾病，但未告知学校的；

(四)未成年学生的身体状况、行为、情绪等有异常情况，监护人知道或者已被学校告知，但未履行相应监护职责的；

(五)学生或者未成年学生监护人有其他过错的。

◇因下列情形之一造成的学生伤害事故，学校已履行了相应职责，行为并无不当的，无法律责任：

(一)地震、雷击、台风、洪水等不可抗的自然因素造成的；

(二)来自学校外部的突发性、偶发性侵害造成的；

(三)学生有特异体质、特定疾病或者异常心理状态，学校不知道或者难于知道的；

(四)学生自杀、自伤的；

(五)在对抗性或者具有风险性的体育竞赛活动中发生意外伤害的；

(六)其他意外因素造成的。

◇下列情形下发生的造成学生人身损害后果的事故，学校行为并无不当的，不承担事故责任；事故责任应当按有关法律法规或者其他有关规定认定：

(一)在学生自行上学、放学、返校、离校途中发生的；

（二）在学生自行外出或者擅自离校期间发生的；

（三）在放学后、节假日或者假期等学校工作时间以外，学生自行滞留学校或者自行到校发生的；

（四）其他在学校管理职责范围外发生的。

◇发生学生伤害事故，学校应当及时救助受伤害学生，并应当及时告知未成年学生的监护人。有条件的，应当采取紧急救援等方式救助。

◇学校对学生伤害事故负有责任的，根据责任大小，适当予以经济赔偿但不承担解决户口、住房、就业等与救助受伤害学生、赔偿相应经济损失无直接关系的其他事项。学校无责任的，如果有条件，可以根据实际情况，本着自愿和可能的原则，对受伤害学生给予适当的帮助。

自　测　题

扫一扫，看参考答案

一、不定项选择题

1. 高等学校应当建设（　　）的学术诚信体系。

　　A. 教育　　　　　　　　B. 预防　　　　　　　C. 监督　　　　　　　D. 惩治

2. 下列行为属于考试作弊的有（　　）。

　　A. 夹带与考试内容相关的材料　　　　　B. 未在规定的座位参加考试

　　C. 协助他人抄袭与考试内容相关的资料　　D. 考试结束信号发出后继续答题

　　E. 由他人冒名代替参加考试　　　　　　F. 在答卷上填写与本人身份不符的信息

3. 学校颁发毕业证书的必要条件为（　　）。

　　A. 规定学习年限内　　　　　　　　B. 修完教育教学计划规定内容

　　C. 成绩合格　　　　　　　　　　　D. 达到学校毕业要求

4. 发生学生伤害事故，学校应当（　　）。

　　A. 及时救助受伤害学生　　　　　　B. 及时告知未成年学生的监护人

　　C. 采取紧急救援等方式救助

5. 引导和鼓励高校毕业生到基层工作的基本原则有（　　）。

　　A. 服务基层和培养人才相结合　　　B. 市场主导和政府推动相结合

　　C. 政策支持和完善服务相结合　　　D. 政策支持和政府推动相结合

6. 学生申诉处理委员会应当由（　　）等组成。

A. 学校相关负责人　　B. 职能部门负责人　　C. 教师代表　　　　　D. 学生代表

E. 负责法律事务的相关机构负责人

7. 高等学校应当将（　　）作为学生教育的必要内容。

A. 学术规范　　　　　　　B. 学术诚信教育　　　　　C. 学术论文写作

8. 学生伤害事故应当遵循（　　）的原则。

A. 依法　　　　　　　　　B. 客观公正　　　　　　　C. 合理适当

9. 大学生心理健康教育的基本原则是（　　）。

A. 科学性与实效性相结合　　　　　　　B. 普遍性与特殊性相结合

C. 主导性与主体性相结合　　　　　　　D. 发展性与预防性相结合

二、填空题

1. 学生入学后，学校应当在_____按照国家招生规定进行复查。

2. 学校的纪律处分类型有_____、_____、_____、_____、_____。

3. 高等学校预防与处理学术不端行为应坚持_____、_____结合的原则。

4. 教育考试机构应当建立国家教育考试_____。

5. 国家助学贷款有_____和_____两种模式。

6. 学生伤害事故的责任，应当根据相关当事人的行为与损害后果之间的_____依法确定。

7. 学校应当坚持_____与_____相分离原则。

8. 考核分为_____和_____两种。

9. 考试违规行为包括_____和_____。

10. 学校对学生伤害事故负有责任的，根据责任大小，适当予以_____。

11. 新生和在校学生应征入伍，学校应当保留其入学资格或者学籍至_____。

12. 考试违规被处理人对所认定的违规事实认定存在异议的，应当给予其_____的机会。

13. 除开除学籍处分以外，给予学生处分一般应当设置_____期限。

14. "四位一体"的心理健康教育工作格局为_____、_____、_____、_____。

三、改错题

1. 同一学年内，国家励志奖学金和国家奖学金可以同时获得。

2. 考试违纪的，其所报名参加考试的各阶段、各科成绩无效。

3. 解除处分后，学生的处分材料可不放入学生档案。

4. 经调查认定，不构成学术不端行为的学生，学校应当通过一定方式为其消除影响、恢复名誉等。

5. 已经被录取或者入学的具有作弊行为考生，由录取学校取消录取资格或者其学籍。

6. 学生自行外出旅游所造成的人身损害后果的事故适用于《学生伤害事故处理办法》。

7. 学生可以自由举行大型集会、游行、示威等活动。

8. 解除处分后，学生在获得表彰、奖励及其他权益时，仍要考虑原处分的影响。

9. 学生有学术不端行为的，批评教育即可，不给予学籍处分。

10. 学生休学期间仍享受在校学习学生待遇。

11. 保留入学资格的新生具有学籍。

12. 教师已经告诫学生其行为具有危险性，但学生不听劝阻而造成伤害事故，学生或者未成年学生监护人应当依法承担相应的责任。

四、问答题

1. 简述高校学生心理健康教育的总体目标。

2. 试论述如何引导和鼓励高校毕业生到基层工作。

3. 试论述高校应该如何推进大学生心理健康教育。

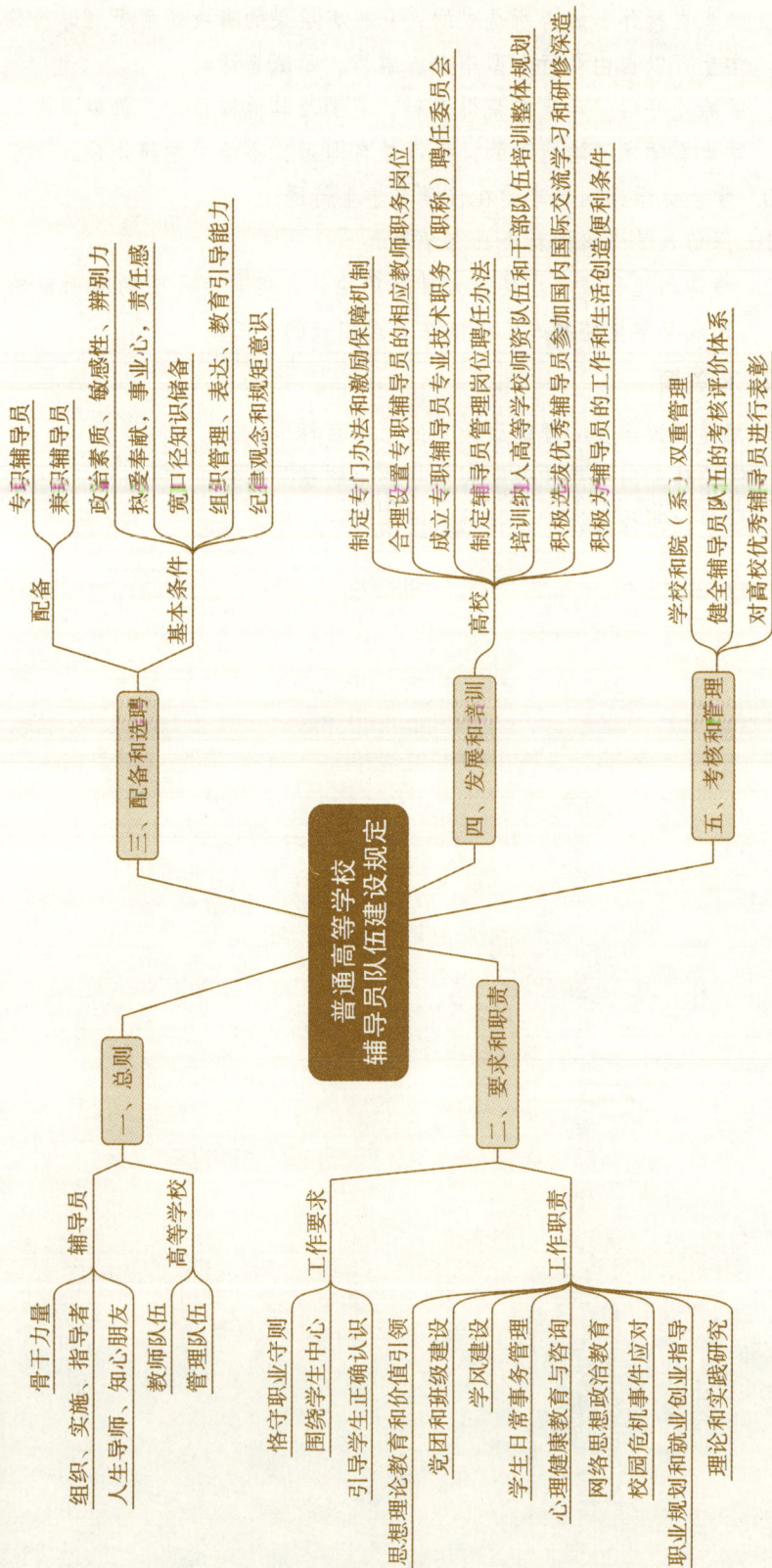

三、队伍建设类

1.《普通高等学校辅导员队伍建设规定》（2017年10月1日起施行）

【思维导图】

普通高等学校辅导员队伍建设规定

一、总则

- 骨干力量
- 辅导员
  - 组织、实施、指导者
  - 人生导师、知心朋友
- 高等学校
  - 教师队伍
  - 管理队伍

二、要求和职责

- 工作要求
  - 恪守职业守则
  - 围绕学生中心
  - 引导学生正确认识
  - 思想政治教育和价值引领
- 工作职责
  - 党团和班级建设
  - 学风建设
  - 学生日常事务管理
  - 心理健康教育与咨询
  - 网络思想政治教育
  - 校园危机事件应对
  - 职业规划和就业指导
  - 理论和实践研究

三、配备和选聘

- 配备
  - 专职辅导员
  - 兼职辅导员
- 基本条件
  - 政治素质、敏感性、辨别力
  - 无私奉献、事业心、责任感
  - 宽口径知识储备
  - 组织管理、表达、教育引导能力
  - 纪律观念和规矩意识

四、发展和培训

- 高校
  - 制定专门办法和激励保障机制
  - 合理设置专职辅导员的相应教师职务岗位
  - 成立专职辅导员专业技术职务（职称）聘任委员会
  - 制定辅导员管理岗位聘任办法
  - 培训纳入高等学校师资队伍和干部队伍培训整体规划
  - 积极选送优秀辅导员参加国内国际交流学习和研修深造
  - 积极为辅导员的工作和生活创造便利条件

五、考核和管理

- 学校和院（系）双重管理
- 健全辅导员队伍的考核评价体系
- 对高校优秀辅导员进行表彰

【原文摘录】

【笔记】

第一章　总则

◇第一条　为深入贯彻落实全国高校思想政治工作会议精神和《中共中央国务院关于加强和改进新形势下高校思想政治工作的意见》，切实加强高等学校辅导员队伍专业化职业化建设，依据《高等教育法》等有关法律法规，制定本规定。

◇第二条　辅导员是开展大学生思想政治教育的骨干力量，是高等学校学生日常思想政治教育和管理工作的组织者、实施者、指导者。辅导员应当努力成为学生成长成才的人生导师和健康生活的知心朋友。

◇第三条　高等学校要坚持把立德树人作为中心环节，把辅导员队伍建设作为教师队伍和管理队伍建设的重要内容，整体规划、统筹安排，不断提高队伍的专业水平和职业能力，保证辅导员工作有条件、干事有平台、待遇有保障、发展有空间。

第二章　要求与职责

◇第四条　辅导员工作的要求是：恪守爱国守法、敬业爱生、育人为本、终身学习、为人师表的职业守则；围绕学生、关照学生、服务学生，把握学生成长规律，不断提高学生思想水平、政治觉悟、道德品质、文化素养；引导学生正确认识世界和中国发展大势、正确认识中国特色和国际比较、正确认识时代责任和历史使命、正确认识远大抱负和脚踏实地，成为又红又专、德才兼备、全面发展的中国特色社会主义合格建设者和可靠接班人。

◇第五条　辅导员的主要工作职责是：

（一）思想理论教育和价值引领。引导学生深入学习习近平总书记系列重要讲话精神和治国理政新理念新思想新战略，深入开展中国特色社会主义、中国梦宣传教育和社会主义核心价值观教育，帮助学生不断坚定中国特色社会主义道路自信、理论自信、制度自

● 辅导员的定义：＿＿＿＿＿＿
＿＿＿＿＿＿＿＿＿＿＿＿＿＿
＿＿＿＿＿＿＿＿＿＿＿＿＿＿
＿＿＿＿＿＿＿＿＿＿＿＿＿＿

● 辅导员的"四有"保证：
＿＿＿＿＿＿、＿＿＿＿＿＿、
＿＿＿＿＿＿、＿＿＿＿＿＿

● 辅导员的职业守则：＿＿＿＿
＿＿＿＿＿＿＿＿＿＿＿＿＿＿
＿＿＿＿＿＿＿＿＿＿＿＿＿＿

● 引导学生做到四个"正确认识"：
正确认识＿＿＿＿＿＿＿＿＿、
正确认识＿＿＿＿＿＿＿＿＿、
正确认识＿＿＿＿＿＿＿＿＿、
正确认识＿＿＿＿＿＿＿＿＿

信、文化自信，牢固树立正确的世界观、人生观、价值观。掌握学生思想行为特点及思想政治状况，有针对性地帮助学生处理好思想认识、价值取向、学习生活、择业交友等方面的具体问题。

（二）党团和班级建设。开展学生骨干的遴选、培养、激励工作，开展学生入党积极分子培养教育工作，开展学生党员发展和教育管理服务工作，指导学生党支部和班团组织建设。

（三）学风建设。熟悉了解学生所学专业的基本情况，激发学生学习兴趣，引导学生养成良好的学习习惯，掌握正确的学习方法。指导学生开展课外科技学术实践活动，营造浓厚学习氛围。

（四）学生日常事务管理。开展入学教育、毕业生教育及相关管理和服务工作。组织开展学生军事训练。组织评选各类奖学金、助学金。指导学生办理助学贷款。组织学生开展勤工俭学活动，做好学生困难帮扶。为学生提供生活指导，促进学生和谐相处、互帮互助。

●培育学生的健康心态：＿＿＿＿＿
＿＿＿＿＿＿＿＿＿＿＿＿＿＿＿＿＿

（五）心理健康教育与咨询工作。协助学校心理健康教育机构开展心理健康教育，对学生心理问题进行初步排查和疏导，组织开展心理健康知识普及宣传活动，培育学生理性平和、乐观向上的健康心态。

（六）网络思想政治教育。运用新媒体新技术，推动思想政治工作传统优势与信息技术高度融合。构建网络思想政治教育重要阵地，积极传播先进文化。加强学生网络素养教育，积极培养校园好网民，引导学生创作网络文化作品，弘扬主旋律，传播正能量。创新工作路径，加强与学生的网上互动交流，运用网络新媒体对学生开展思想引领、学习指导、生活辅导、心理咨询等。

（七）校园危机事件应对。组织开展基本安全教育。参与学校、院（系）危机事件工作预案制定和执行。对校园危机事件进行初步处理，稳定局面控制事态发展，及时掌握危机事件信息并按程序上报。参与危机事件后期应对及总结研究分析。

（八）职业规划与就业创业指导。为学生提供科学的职业生涯规划和就业指导以及相关服务，帮助学生树立正确的就业观念，引导学生到基层、到西部、到祖国最需要的地方建功立业。

（九）理论和实践研究。努力学习思想政治教育的基本理论和相关学科知识，参加相关学科领域学术交流活动，参与校内外思想政治教育课题或项目研究。

第三章 配备与选聘

◇第六条 高等学校应当按总体上师生比不低于1∶200的比例设置专职辅导员岗位，按照专兼结合、以专为主的原则，足额配备到位。

专职辅导员是指在院（系）专职从事大学生日常思想政治教育工作的人员，包括院（系）党委（党总支）副书记、学工组长、团委（团总支）书记等专职工作人员，具有教师和管理人员双重身份。高等学校应参照专任教师聘任的待遇和保障，与专职辅导员建立人事聘用关系。

● 专职辅导员包括：＿＿＿＿＿
＿＿＿＿＿＿＿＿＿＿＿＿＿
＿＿＿＿＿＿＿＿＿＿＿＿＿

高等学校可以从优秀专任教师、管理人员、研究生中选聘一定数量兼职辅导员。兼职辅导员工作量按专职辅导员工作量的三分之一核定。

◇第七条 辅导员应当符合以下基本条件：

（一）具有较高的政治素质和坚定的理想信念，坚决贯彻执行党的基本路线和各项方针政策，有较强的政治敏感性和政治辨别力；

（二）具备本科以上学历，热爱大学生思想政治教育事业，甘于奉献，潜心育人，具有强烈的事业心和责任感；

（三）具有从事思想政治教育工作相关学科的宽口径知识储备，掌握思想政治教育工作相关学科的基本原理和基础知识，掌握思想政治教育专业基本理论、知识和方法，掌握马克思主义中国化相关理论和知识，掌握大学生思想政治教育工作实务相关知识，掌握有关法律法规知识；

（四）具备较强的组织管理能力和语言、文字表达能力，及教育引导能力、调查研究能力，具备开展思想理论教育和价值引领工作的能力；

（五）具有较强的纪律观念和规矩意识，遵纪守法，为人正直，作风正派，廉洁自律。

◇第八条　辅导员选聘工作要在高等学校党委统一领导下进行，由学生工作部门、组织、人事、纪检等相关部门共同组织开展。根据辅导员基本条件要求和实际岗位需要，确定具体选拔条件，通过组织推荐和公开招聘相结合的方式，经过笔试、面试、公示等相关程序进行选拔。

◇第九条　青年教师晋升高一级专业技术职务（职称），须有至少一年担任辅导员或班主任工作经历并考核合格。高等学校要鼓励新入职教师以多种形式参与辅导员或班主任工作。

第四章　发展与培训

◇第十条　高等学校应当制定专门办法和激励保障机制，落实专职辅导员职务职级"双线"晋升要求，推动辅导员队伍专业化职业化建设。

◇第十一条　高等学校应当结合实际，按专任教师职务岗位结构比例合理设置专职辅导员的相应教师职务岗位，专职辅导员可按教师职务（职称）要求评聘思想政治教育学科或其他相关学科的专业技术职务（职称）。

● 专 职 辅 导 员 专 业 技 术 职 务（职称）评聘应更加注重考察_____和_____

专职辅导员专业技术职务（职称）评聘应更加注重考察工作业绩和育人实效，单列计划、单设标准、单独评审。将优秀网络文化成果纳入专职辅导员的科研成果统计、职务（职称）评聘范围。

◇第十二条　高等学校可以成立专职辅导员专业技术职务（职称）聘任委员会，具体负责本校专职辅导员专业技术职务（职称）聘任工作。聘任委员会一般应由学校党委有关负责人、学生工作、组织人事、教学科研部门负责人、相关学科专家等人员组成。

◇第十三条　高等学校应当制定辅导员管理岗位聘任办法，根据辅导员的任职年限及实际工作表现，确定相应级别的管理岗位等级。

◇第十四条　辅导员培训应当纳入高等学校师资队伍和干部队伍培训整体规划。

建立国家、省级和高等学校三级辅导员培训体系。教育部设立高等学校辅导员培训和研修基地，开展国家级示范培训。省级教育部门应当根据区域内现有高等学校辅导员规模数量设立辅导员培训专项经费，建立辅导员培训和研修基地，承担所在区域内高等学校辅导员的岗前培训、日常培训和骨干培训。高等学校负责对本校辅导员的系统培训，确保每名专职辅导员每年参加不少于 16 个学时的校级培训，每 5 年参加 1 次国家级或省级培训。

◇第十五条 省级教育部门、高等学校要积极选拔优秀辅导员参加国内国际交流学习和研修深造，创造条件支持辅导员到地方党政机关、企业、基层等挂职锻炼，支持辅导员结合大学生思想政治教育的工作实践和思想政治教育学科的发展开展研究。高等学校要鼓励辅导员在做好工作的基础上攻读相关专业学位，承担思想政治理论课等相关课程的教学工作，为辅导员提升专业水平和科研能力提供条件保障。

◇第十六条 高等学校要积极为辅导员的工作和生活创造便利条件，应根据辅导员的工作特点，在岗位津贴、办公条件、通讯经费等方面制定相关政策，为辅导员的工作和生活提供必要保障。

第五章 管理与考核

◇第十七条 高等学校辅导员实行学校和院（系）双重管理。

学生工作部门牵头负责辅导员的培养、培训和考核等工作，同时要与院（系）党委（党总支）共同做好辅导员日常管理工作。院（系）党委（党总支）负责对辅导员进行直接领导和管理。

◇第十八条 高等学校要根据辅导员职业能力标准，制定辅导员工作考核的具体办法，健全辅导员队伍的考核评价体系。对辅导员的考核评价应由学生工作部门牵头，组织人事部门、院（系）党委（党总支）和学生共同参与。考核结果与辅导员的职务聘任、奖惩、晋级等挂钩。

◇第十九条 教育部在全国教育系统先进集体和先进个人表彰中对高校优秀辅导员进行表彰。各地教育部门和高等学校要结合实际情况建立辅导员单独表彰体系并将优秀辅导员表彰奖励纳入各级教师、教育工作者表彰奖励体系中。

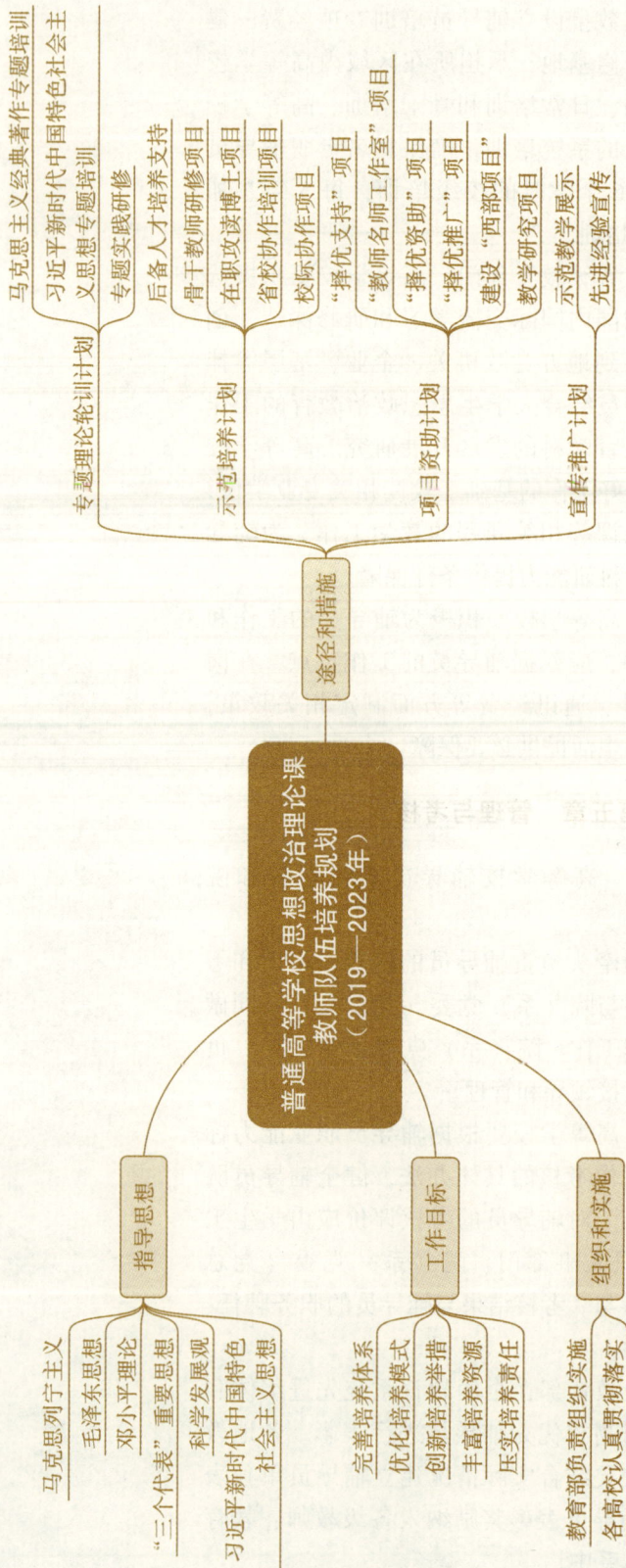

2. 《普通高等学校思想政治理论课教师队伍培养规划（2019—2023年）》（2019年4月17日）

【思维导图】

普通高等学校思想政治理论课教师队伍培养规划（2019—2023年）

指导思想
- 马克思列宁主义
- 毛泽东思想
- 邓小平理论
- "三个代表"重要思想
- 科学发展观
- 习近平新时代中国特色社会主义思想

工作目标
- 完善培养体系
- 优化培养模式
- 创新培养举措
- 丰富培养资源
- 压实培养责任

组织和实施
- 教育部负责组织实施
- 各高校认真贯彻落实

途径和措施

专题理论轮训计划
- 马克思主义经典著作专题培训
- 习近平新时代中国特色社会主义思想专题培训
- 专题实践研修

示范培养计划
- 后备人才培养支持
- 骨干教师研修项目
- 在职攻读博士项目
- 省校协作培训项目
- 校际协作项目

项目资助计划
- "择优支持"项目
- "教师名师工作室"项目
- "择优资助"项目
- "择优推广"项目
- 建设"西部项目"
- 教学研究项目

宣传推广计划
- 示范教学展示
- 先进经验宣传

【原文摘录】

【笔记】

为深入贯彻落实全国教育大会、全国高校思想政治工作会议、学校思想政治理论课教师座谈会精神，实施好"新时代高校思想政治理论课创优行动"，建设一支专职为主、专兼结合、数量充足、素质优良的高校思想政治理论课（以下简称思政课）教师队伍，全面推动习近平新时代中国特色社会主义思想进教材进课堂进学生头脑，结合思政课教师队伍建设实际，特制定本规划。

一、指导思想

坚持以马克思列宁主义、毛泽东思想、邓小平理论、"三个代表"重要思想、科学发展观、习近平新时代中国特色社会主义思想为指导，教育引导广大思政课教师树牢"四个意识"，坚定"四个自信"，坚决做到"两个维护"，用习近平新时代中国特色社会主义思想铸魂育人，贯彻党的教育方针，落实立德树人根本任务，传播知识、传播思想、传播真理、塑造灵魂、塑造生命、塑造新人，努力成为马克思主义理论教育家，培养担当民族复兴大任的时代新人，培养德智体美劳全面发展的社会主义建设者和接班人。

二、工作目标

进一步完善国家、省（区、市）、校三级思政课教师培养体系，优化培养模式，创新培养举措，丰富培养资源，压实培养责任，使新时代思政课教师理想信念更坚定、马克思主义理论功底更扎实、教书育人水平整体提升，切实做到政治要强、情怀要深、思维要新、视野要广、自律要严、人格要正。在教学改革创新中，坚持政治性和学理性相统一、价值性和知识性相统一、建设性和批判性相统一、理论性和实践性相统一、统一性和多样性相统一、主导性和主体性相统一、灌输性和启发性相统一、显性教育和隐性教育相统一，不断增强思政课的思想性、理论性和亲和力、针对性。配齐建强思政课教师队伍，努力培养造就数十名国内有广泛影响的思政课名师大家、数百名思政课教

▲"四个意识"：政治意识、大局意识、核心意识、看齐意识

▲"四个自信"道路自信、理论自信、制度自信、文化自信

▲"两个维护"：坚决维护习近平总书记党中央的核心、全党的核心地位，坚决维护党中央权威和集中统一领导

▲思政课教师"三传播"

▲思政课教师"三塑造"

▲思政课教师"六要"

▲"八个相统一"

学领军人才、数万名思政课教学骨干，推动全国高校思政课教师队伍更平衡更充分发展，整体水平不断提升，切实办好新时代高校思政课。

三、培养途径和措施

（一）专题理论轮训计划

1. 开设"周末理论大讲堂"组织马克思主义经典著作专题培训

2. 学习贯彻习近平新时代中国特色社会主义思想专题培训

每年举办 12 期，每期规模为 100 人，培训时间为 3 周，每年培训 1200 人。

3. "习近平新时代中国特色社会主义思想的生动实践"专题实践研修

（1）专题研修。教育部、中央宣传部每年暑期结合重大节庆活动，组织 400 名教师进行专题研修，培训时间为 7 天。（2）实践研学。各地各高校五年内组织思政课教师每人至少参加一次实践研学。

（二）示范培训计划

1. 思政课教师队伍后备人才培养专项支持计划

2. 骨干教师研修项目

（1）国内研修项目。要引导参训教师切实发挥传帮带作用，在教研室等举办"三集三提"活动，即集中研讨提问题、集中备课提质量、集中培训提素质，不断扩大国家级示范培训的影响面。

▲"三集三提"：集中研讨提问题、集中备课提质量、集中培训提素质

（2）国外研修项目。每年遴选若干名高校思政课拔尖教师，以公派访问学者身份赴国外进行 6 至 12 个月访学研修。

（3）网络培训项目。依托"全国高校思政课教师网络集体备课平台"，根据培训需要及时开展网络直播培训，每年直播 50 场次以上，覆盖全国高校思政课专兼职教师。开发在线学习频道，供思政课教师自主选学、精细备课。

3. 思政课教师在职攻读博士项目

每年依托全国高校第一批 19 个马克思主义理论一级学科博士点，招收 100 名从事高校思政课专职教学 5 年以上的在岗教师在职攻读马克思主义理论学科博士学位。

4. 思政课教师省校协作培训项目

5. 思政课教师校际协作项目

(三)项目资助计划

1. 全国高校思政课教学科研团队"择优支持"项目

每年择优支持 30 个左右优秀思政课教学科研团队,围绕高校思政课建设重大理论和实践问题开展团队攻关。每个项目资助经费 40 万元,资助期限一般为 3 年。

2. 全国高校"思政课教师名师工作室"项目

每年遴选建设 10 个左右"名师工作室"项目,培养骨干教师、开展教学研究、推广教学经验。每个"名师工作室"项目资助经费 40 万元,建设周期一般为 3 年。

3. 全国高校优秀中青年思政课教师"择优资助"项目

每年遴选 50 名左右教学业绩突出、科研潜力较大、创新能力较强的优秀思政课中青年教师,每位教师资助经费 20 万元,资助期限一般为 3 年。鼓励各地各高校采取挂职锻炼、社会实践等方式对优秀中青年教师予以重点培养。

4. 全国高校思政课教学方法改革"择优推广"项目

每年遴选 20 项左右教学方法新、教学效果好、受学生欢迎的优秀思政课教学方法改革项目。每个项目资助经费 5 万元,资助期限 1~2 年。

5. 全国高校思政课示范教学科研团队建设"西部项目"

每年支持 10 个左右"西部大开发战略"所涵盖的 12 个省(区、市)和新疆生产建设兵团高校思政课教学科研团队。每个项目资助经费 40 万元,资助期限一般为 3 年。

6. 全国高校思政课教学研究项目

每年设立不少于 100 项,针对思政课教学中的重点、难点、热点问题开展研究,加强优质教学资源建设。每个项目资助经费 10 万元,资助期限 1~2 年。

(四)宣传推广计划

1. 全国高校思政课示范教学展示活动

从 2019 年起,每 2 年分专题组织开展一次全国高校思政课示范教学展示活动。

2. 全国高校思政课教师队伍建设先进经验宣传

3.《新时代高校教师职业行为十项准则》（2018年11月8日）

【思维导图】

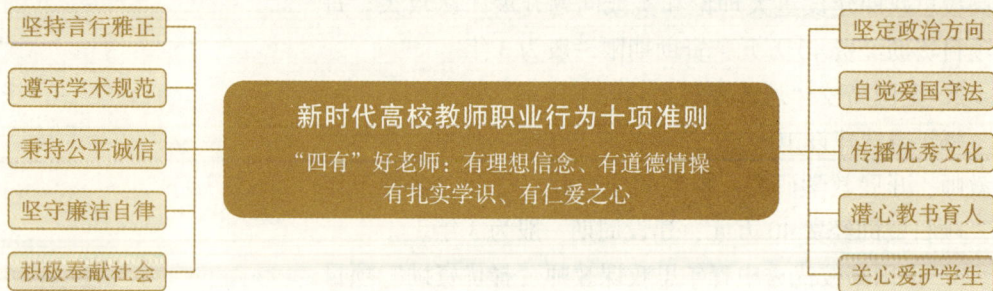

坚持言行雅正
遵守学术规范
秉持公平诚信
坚守廉洁自律
积极奉献社会

新时代高校教师职业行为十项准则
"四有"好老师：有理想信念、有道德情操
有扎实学识、有仁爱之心

坚定政治方向
自觉爱国守法
传播优秀文化
潜心教书育人
关心爱护学生

【笔记】

◎2018年11月8日教育部发文

●新时代"四有"好老师：___
___
—

【原文摘录】

教师是人类灵魂的工程师，是人类文明的传承者。长期以来，广大教师贯彻党的教育方针，教书育人，呕心沥血，默默奉献，为国家发展和民族振兴作出了重大贡献。新时代对广大教师落实立德树人根本任务提出新的更高要求，为进一步增强教师的责任感、使命感、荣誉感，规范职业行为，明确师德底线，引导广大教师努力成为有理想信念、有道德情操、有扎实学识、有仁爱之心的好老师，着力培养德智体美劳全面发展的社会主义建设者和接班人，特制定以下准则。

一、坚定政治方向。坚持以习近平新时代中国特色社会主义思想为指导，拥护中国共产党的领导，贯彻党的教育方针；不得在教育教学活动中及其他场合有损害党中央权威、违背党的路线方针政策的言行。

二、自觉爱国守法。忠于祖国，忠于人民，恪守宪法原则，遵守法律法规，依法履行教师职责；不得损害国家利益、社会公共利益，或违背社会公序良俗。

三、传播优秀文化。带头践行社会主义核心价值观，弘扬真善美，传递正能量；不得通过课堂、论坛、讲座、信息网络及其他渠道发表、转发错误观点，或编造散布虚假信息、不良信息。

四、**潜心教书育人**。落实立德树人根本任务，遵循教育规律和学生成长规律，因材施教，教学相长；不得违反教学纪律，敷衍教学，或擅自从事影响教育教学本职工作的兼职兼薪行为。

五、**关心爱护学生**。严慈相济，诲人不倦，真心关爱学生，严格要求学生，做学生良师益友；不得要求学生从事与教学、科研、社会服务无关的事宜。

六、**坚持言行雅正**。为人师表，以身作则，举止文明，作风正派，自重自爱；不得与学生发生任何不正当关系，严禁任何形式的猥亵、性骚扰行为。

七、**遵守学术规范**。严谨治学，力戒浮躁，潜心问道，勇于探索，坚守学术良知，反对学术不端；不得抄袭剽窃、篡改侵吞他人学术成果，或滥用学术资源和学术影响。

八、**秉持公平诚信**。坚持原则，处事公道，光明磊落，为人正直；不得在招生、考试、推优、保研、就业及绩效考核、岗位聘用、职称评聘、评优评奖等工作中徇私舞弊、弄虚作假。

九、**坚守廉洁自律**。严于律己，清廉从教；不得索要、收受学生及家长财物，不得参加由学生及家长付费的宴请、旅游、娱乐休闲等活动，或利用家长资源谋取私利。

十、**积极奉献社会**。履行社会责任，贡献聪明才智，树立正确义利观；不得假公济私，擅自利用学校名义或校名、校徽、专利、场所等资源谋取个人利益。

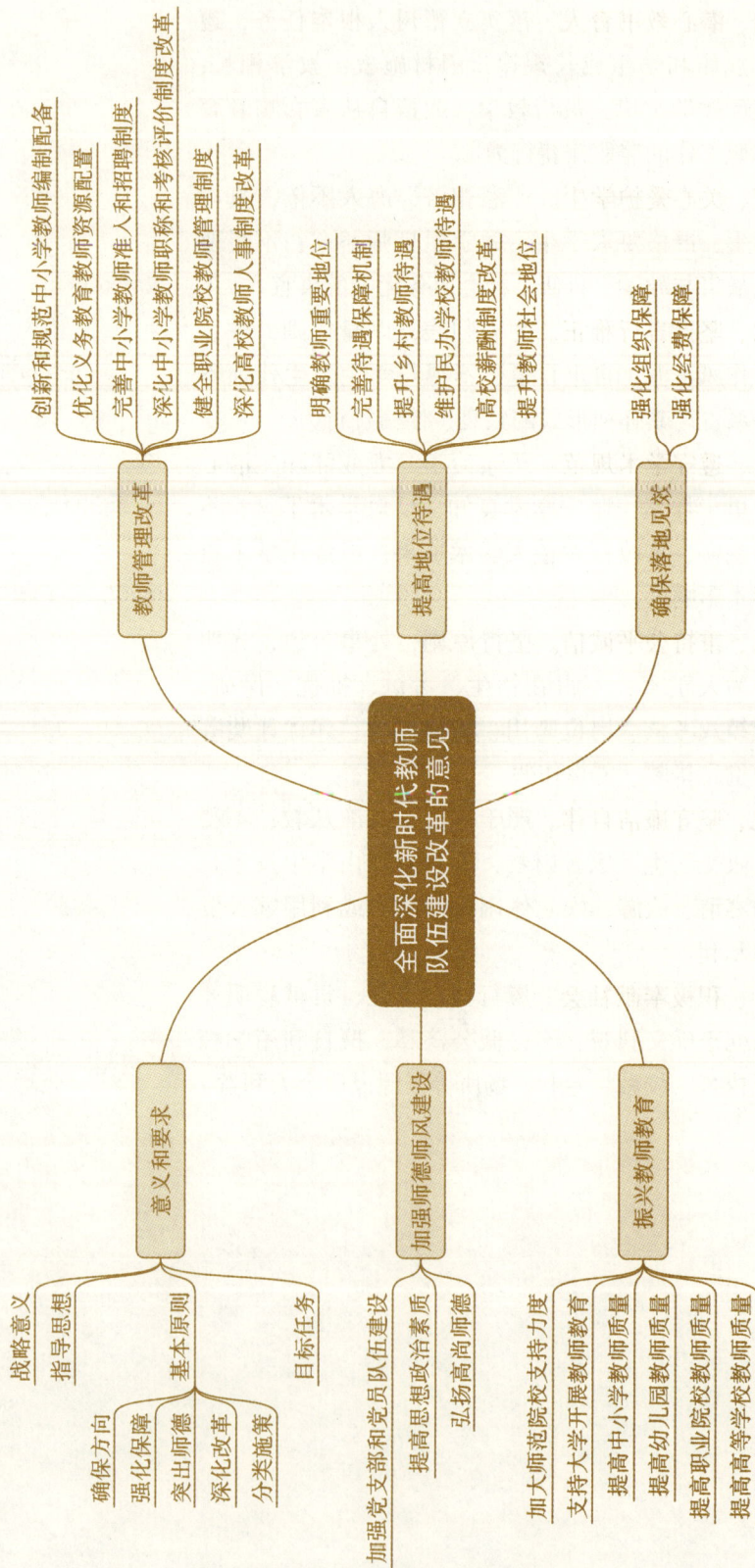

4.《全面深化新时代教师队伍建设改革的意见》（2018年1月20日）

【思维导图】

教师管理改革
- 创新和规范中小学教师编制配备
- 优化义务教育教师资源配置
- 完善中小学教师准入和招聘制度
- 深化中小学教师职称和考核评价制度改革
- 健全职业院校教师管理制度
- 深化高校教师人事制度改革

提高地位待遇
- 明确教师重要地位
- 完善待遇保障机制
- 提升乡村教师待遇
- 维护民办学校教师待遇
- 高校薪酬制度改革
- 提升教师社会地位

确保落地见效
- 强化组织保障
- 强化经费保障

全面深化新时代教师
队伍建设改革的意见

意义和要求
- 战略意义
- 指导思想
- 基本原则
  - 确保方向
  - 强化保障
  - 突出师德
  - 深化改革
  - 分类施策
- 目标任务

加强师德师风建设
- 加强党支部和党员队伍建设
- 提高思想政治素质
- 弘扬高尚师德

振兴教师教育
- 加大师范院校支持力度
- 支持大学开展教师教育
- 提高中小学教师质量
- 提高幼儿园教师质量
- 提高职业院校教师质量
- 提高高等学校教师质量

【原文摘录】

◇2017 年 11 月 20 日，中共中央总书记、国家主席、中央军委主席、中央全面深化改革领导小组组长习近平主持召开十九届中央全面深化改革领导小组第一次会议。会议审核通过了《全面深化新时代教师队伍建设改革的意见》

◇《意见》强调，百年大计，教育为本；教育大计，教师为本。坚持兴国必先强师，深刻认识教师队伍建设的重要意义和总体要求。

◇《意见》阐述了全面深化新时代教师队伍建设改革的战略意义、指导思想、基本原则和目标任务。

◇教师承担着传播知识、传播思想、传播真理的历史使命，肩负着塑造灵魂、塑造生命、塑造新人的时代重任，是教育发展的第一资源，是国家富强、民族振兴、人民幸福的重要基石。党和国家历来高度重视教师工作。

◇指导思想。全面贯彻落实党的十九大精神，以习近平新时代中国特色社会主义思想为指导，紧紧围绕统筹推进"五位一体"总体布局和协调推进"四个全面"战略布局，坚持和加强党的全面领导，坚持以人民为中心的发展思想，坚持全面深化改革，牢固树立新发展理念，全面贯彻党的教育方针，坚持社会主义办学方向，落实立德树人根本任务，遵循教育规律和教师成长发展规律，加强师德师风建设，培养高素质教师队伍，倡导全社会尊师重教，形成优秀人才争相从教、教师人人尽展其才、好教师不断涌现的良好局面。

◇基本原则。确保方向、强化保障、突出师德、深化改革、分类施策。

◇目标任务。全面深化新时代教师队伍建设改革，目的是要培养造就党和人民满意的高素质专业化创新型教师队伍。经过 5 年左右努力，教师队伍规模、结构、素质能力基本满足各级各类教育发展需要。到2035 年，教师综合素质、专业化水平和创新能力大幅提升。

【笔记】

◎时间：2018 年 1 月 20 日

▲"五位一体"总体布局：经济建设、政治建设、文化建设、社会建设、生态文明建设五位一体总体布局。首次提出于 2012 年中国共产党第十八次全国代表大会，其中经济建设是根本，政治建设是保证，文化建设是灵魂，社会建设是条件，生态文明建设是基础

▲"四个全面"战略布局：即全面建成小康社会、全面深化改革、全面依法治国、全面从严治党。是中国共产党中央委员会总书记习近平于 2014 年提出的治党治国理论

◇在全面加强师德师风建设方面，一是加强教师党支部和党员队伍建设。二是提高思想政治素质。三是弘扬高尚师德。

◇加强教师党支部和党员队伍建设。注重选拔党性强、业务精、有威信、肯奉献的优秀党员教师担任教师党支部书记，实施教师党支部书记"双带头人"培育工程，定期开展教师党支部书记轮训。

◇提高思想政治素质。引导教师树立正确的历史观、民族观、国家观、文化观，坚定中国特色社会主义道路自信、理论自信、制度自信、文化自信。

◇弘扬高尚师德。健全师德建设长效机制，推动师德建设常态化长效化，创新师德教育，完善师德规范，引导广大教师以德立身、以德立学、以德施教、以德育德，坚持教书与育人相统一、言传与身教相统一、潜心问道与关注社会相统一、学术自由与学术规范相统一，争做"四有"好教师，全心全意做学生锤炼品格、学习知识、创新思维、奉献祖国的引路人。

◇严把高等学校教师选聘入口关，实行思想政治素质和业务能力双重考察。

◇建设现代学校制度，体现以人为本，突出教师主体地位，落实教师知情权、参与权、表达权、监督权。

◇推行中国特色大学章程，坚持和完善党委领导下的校长负责制，充分发挥教师在高等学校办学治校中的作用。

▲ "四有"好老师：有理想信念、有道德情操、有扎实学识、有仁爱之心

5.《教育部关于全面落实研究生导师立德树人职责的意见》（2018年1月17日）

【思维导图】

教育部关于全面落实研究生导师立德树人职责的意见

指导思想和总体要求

指导思想
- 高举中国特色社会主义伟大旗帜，增强中国特色社会主义道路自信、理论自信、制度自信、文化自信
- 全面贯彻党的教育方针，把立德树人作为研究生导师的首要职责

总体要求
- 落实导师是研究生培养第一责任人的要求，坚持社会主义办学方向，坚持教书和育人相统一，坚持言传和身教相统一，坚持潜心问道和关注社会相统一，坚持学术自由和学术规范相统一
- 遵循研究生教育规律，创新研究生指导方式，潜心研究生培养，全过程育人，全方位育人，做研究生成长成才的引导者和引路人

强化研究生导师基本素质要求

- 政治素质过硬
- 师德师风高尚
- 业务素质精湛

明确研究生导师立德树人职责

- 提升研究生思想政治素质
- 培养研究生学术创新能力
- 培养研究生实践创新能力
- 增强研究生社会责任感
- 指导研究生恪守学术道德规范
- 优化研究生培养条件
- 注重对研究生人文关怀

强化组织保障

- 各级教育主管部门加强组织领导
- 研究生培养单位全面贯彻落实
- 倡导全社会共同关心协同参与

健全研究生导师评价激励机制

- 完善评价考核机制
- 明确表彰奖励机制
- 落实督导检查机制

【笔记】

●四个"相统一"：

_____、
_____、
_____、
_____

●四个"正确认识"：

_____、
_____、
_____、
_____

【原文摘录】

◇研究生导师是我国研究生培养的关键力量，肩负着培养国家高层次创新人才的使命与重任。

◇努力造就一支有理想信念、道德情操、扎实学识、仁爱之心的研究生导师队伍。

◇全面贯彻党的教育方针，把立德树人作为研究生导师的首要职责，为实现"两个一百年"奋斗目标、实现中华民族伟大复兴的中国梦，培养德才兼备、全面发展的高层次专门人才。

◇总体要求。落实导师是研究生培养第一责任人的要求，坚持社会主义办学方向，坚持教书和育人相统一，坚持言传和身教相统一，坚持潜心问道和关注社会相统一，坚持学术自由和学术规范相统一，以德立身、以德立学、以德施教。遵循研究生教育规律，创新研究生指导方式，潜心研究生培养，全过程育人、全方位育人，做研究生成长成才的指导者和引路人。

◇基本素质要求：一是政治素质过硬，二是师德师风高尚，三是业务素质精湛。

◇立德树人职责：一是要培养研究生思想政治素质，二是要培养研究生学术创新能力，三是要培养研究生实践创新能力，四是要增强研究生社会责任感，五是要指导研究生恪守学术道德规范，六是要优化研究生培养条件，七是要注重对研究生人文关怀。

◇提升研究生思想政治素质方面，要引导研究生正确认识世界和中国发展大势，正确认识中国特色和国际比较，正确认识时代责任和历史使命，正确认识远大抱负和脚踏实地。

◇指导研究生恪守学术道德规范方面，要培养研究生严谨认真的治学态度和求真务实的科学精神。

◇注重对研究生人文关怀方面，要把解决思想问题同解决实际问题结合起来。

自测题

扫一扫，看参考答案

一、不定项选择题

1. 制定《普通高等学校辅导员队伍建设规定》的依据有（　　）。

   A. 全国高校思想政治工作会议精神

   B. 《高校思想政治工作质量提升工程实施纲要》

   C. 《关于加强和改进新形势下高校思想政治工作的意见》

   D. 《高等教育法》

2. 高等学校要不断提高队伍的专业水平和职业能力，保证辅导员（　　）。

   A. 工作有条件　　　　　　　　　　　B. 干事有平台

   C. 待遇有保障　　　　　　　　　　　D. 发展有空间

3. 辅导员帮助学生树立正确的就业观念，引导（　　）学生建功立业。

   A. 到基层　　　　　　　　　　　　　B. 到西部

   C. 到机会最多的地方　　　　　　　　D. 到祖国最需要的地方

4. 高等学校可以成立专职辅导员专业技术职务（职称）聘任委员会，具体负责本校专职辅导员专业技术职务（职称）聘任工作。聘任委员会一般应由（　　）等人员组成。

   A. 学校党委有关负责人　　　　　　　B. 学生代表

   C. 学生工作、组织人事、教学科研部门负责人　　D. 相关学科专家

5. 思政课教师的主要任务中"三传播"是指（　　）。

   A. 传播知识　　　B. 传播思想　　　C. 传播文化　　　D. 传播真理

6. 《普通高等学校思想政治理论课教师队伍培养规划（2019—2023年）》的工作目标指出，要在教学改革创新中，坚持政治性和学理性相统一、价值性和知识性相统一、建设性和批判性相统一、理论性和实践性相统一、_____、主导性和主体性相统一、_____、显性教育和隐性教育相统一，不断增强思政课的思想性、理论性和亲和力、针对性。（　　）

   A. 统一性和多样性相统一　　　　　　B. 传统型和创新性相统一

   C. 灌输性和启发性相统一　　　　　　D. 实用性和趣闻性相统一

7. 教师是教育发展的（　　），是国家富强、民族振兴、人民幸福的重要基石。

   A. 重要资源　　　B. 第一资源　　　C. 主要资源　　　D. 关键资源

8. 中国特色社会主义进入了新时代，开启了全面建设社会主义现代化国家的新征程。我国社会主要矛盾已经转化为（　　），人民对公平而有质量的教育的向往更加迫切。

   A. 人民日益增长的美好生活需要和不平衡不充分的发展之间的矛盾

   B. 人民日益增长的美好生活需要和社会生产之间的矛盾

   C. 人民日益增长的物质文化需要和社会生产之间的矛盾

D. 人民日益增长的物质文化需要和不平衡不充分的发展之间的矛盾

9. 《教育部关于全民落实研究生导师立德树人职责的意见》指出，研究生导师是我国研究生培养的关键力量，肩负着培养国家高层次创新人才的使命与重任。要努力造就一支有（   ）的研究生导师队伍。

   A. 理想信念　　　　B. 道德情操　　　　C. 扎实学识　　　　D. 仁爱之心

10. 研究生导师的基本素质要求有（   ）。

   A. 政治素质过硬　　　　　　　　　　B. 师德师风高尚

   C. 业务素质精湛　　　　　　　　　　D. 生活作风端正

11. 在研究生的思想政治素质提升方面，要引导研究生做到"四个"正确认识，分别是：（   ）。

   A. 正确认识世界和中国发展大势　　　B. 正确认识中国特色和国际比较

   C. 正确认识时代责任和历史使命　　　D. 正确认识远大抱负和脚踏实地

二、填空题

1. 辅导员是开展大学生思想政治教育的骨干力量，是高等学校学生日常思想政治教育和管理工作的_____、_____、_____。辅导员应当努力成为学生_____和_____。

2. 辅导员应掌握学生思想行为特点及思想政治状况，有针对性地帮助学生处理好_____、_____、_____、_____等方面的具体问题。

3. 青年教师晋升高一级专业技术职务（职称），须有至少_____担任辅导员或班主任工作经历并考核合格。

4. 专职辅导员专业技术职务（职称）评聘应更加注重考察_____和_____。

5. 高等学校负责对本校辅导员的系统培训，确保每名专职辅导员每年参加不少于_____个学时的校级培训，每_____年参加1次国家级或省级培训。

6. 教育的根本任务是_____。

7. 新时代"四有"好老师是指哪"四有"：_____、_____、_____、_____。

8. 《新时代高校教师职业行为十项准则》指出，要着力培养_____全面发展的社会主义建设者和接班人。

9. 思政课教师的主要任务中"三塑造"是指_____、_____、_____。

10. 《普通高等学校思想政治理论课教师队伍培养规划（2019—2023年）》的工作目标是，进一步完善国家、省（区、市）、校三级思政课教师培养体系，优化培养模式，创新培养举措，丰富培养资源，压实培养责任，使新时代思政课教师理想信念更坚定、马克思主义理论功底更扎实、教书育人水平整体提升，切实做到"六要"：_____、_____、_____、_____、_____、_____。

11. 《全面深化新时代教师队伍建设改革的意见》指出，要坚持_____的发展思想，坚持全面深化改革，牢固树立新发展理念，全面贯彻党的教育方针，坚持社会主义办学方向，落实_____根本任务，遵循教育规律和教师成长发展规律，加强_____建设，培养高素质教师队伍，倡导全社会尊师重教，形成优秀人才争相从教、教师人人尽展其才、好教师不断涌现的良好局面。

12. 全面深化新时代教师队伍建设改革，目的是要培养造就_____满意的高素质专业化创新型教师队伍。

13. 导师注重对研究生人文关怀方面，要把解决_____同解决_____结合起来。

三、改错题

1. 高等学校应当按总体上师生比不低于 1∶200 的比例设置辅导员岗位，按照数量充足、质量优良的原则，足额配备到位。

2. 辅导员选聘工作要在高等学校党委统一领导下进行，由学生工作部门、团委、人事、纪检等相关部门共同组织开展。

3. 专职辅导员专业技术职务（职称）评聘单列计划、单设标准、单独评审。将优秀网络文化成果纳入专职辅导员的科研成果统计、职务（职称）评聘范围。

4. 高等学校辅导员实行学校和学工部双重管理。

四、简答题

1. 辅导员工作的要求是什么？
2. 辅导员的主要工作职责有哪些？
3. 辅导员应当符合的基本条件有哪些？
4. 《新时代高校教师职业行为十项准则》要求的十项准则是什么？
5. 请简述如何加强师德师风建设。
6. 争做"四有"好老师，弘扬高尚师德，需要做到哪"四个"相统一？

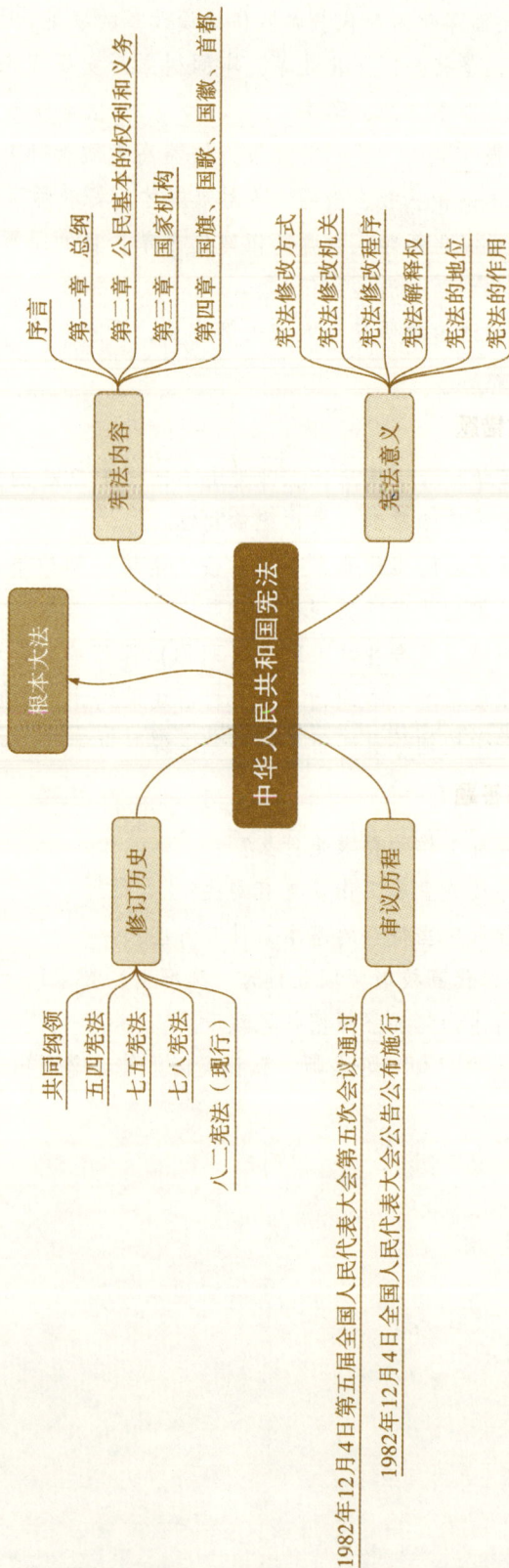

四、法律法规类

1. 《中华人民共和国宪法》（2018年3月11日修正）

【思维导图】

中华人民共和国宪法

- 根本大法
- 宪法内容
  - 序言
  - 第一章　总纲
  - 第二章　公民基本的权利和义务
  - 第三章　国家机构
  - 第四章　国旗、国歌、国徽、首都
- 宪法意义
  - 宪法修改方式
  - 宪法修改机关
  - 宪法修改程序
  - 宪法解释权
  - 宪法的地位
  - 宪法的作用
- 修订历史
  - 共同纲领
  - 五四宪法
  - 七五宪法
  - 七八宪法
  - 八二宪法（现行）
- 审议历程
  - 1982年12月4日第五届全国人民代表大会第五次会议通过
  - 1982年12月4日全国人民代表大会公告公布施行

【原文摘录】

第一章　总纲

◇第一条　中华人民共和国是工人阶级领导的、以工农联盟为基础的人民民主专政的社会主义国家。社会主义制度是中华人民共和国的根本制度。中国共产党领导是中国特色社会主义最本质的特征。禁止任何组织或者个人破坏社会主义制度。

◇第二条　中华人民共和国的一切权力属于人民。人民行使国家权力的机关是全国人民代表大会和地方各级人民代表大会。人民依照法律规定，通过各种途径和形式，管理国家事务，管理经济和文化事业，管理社会事务。

◇第三条　中华人民共和国的国家机构实行民主集中制的原则。全国人民代表大会和地方各级人民代表大会都由民主选举产生，对人民负责，受人民监督。国家行政机关、监察机关、审判机关、检察机关都由人民代表大会产生，对它负责，受它监督。中央和地方的国家机构职权的划分，遵循在中央的统一领导下，充分发挥地方的主动性、积极性的原则。

◇第四条　中华人民共和国各民族一律平等。国家保障各少数民族的合法的权利和利益，维护和发展各民族的平等团结互助和谐关系。禁止对任何民族的歧视和压迫，禁止破坏民族团结和制造民族分裂的行为。国家根据各少数民族的特点和需要，帮助各少数民族地区加速经济和文化的发展。各少数民族聚居的地方实行区域自治，设立自治机关，行使自治权。各民族自治地方都是中华人民共和国不可分离的部分。各民族都有使用和发展自己的语言文字的自由，都有保持或者改革自己的风俗习惯的自由。

◇第五条　中华人民共和国实行依法治国，建设社会主义法治国家。国家维护社会主义法制的统一和尊严。一切法律、行政法规和地方性法规都不得同宪法相抵触。一切国家机关和武装力量、各政党和各社

【笔记】

◎1982 年 12 月 4 日第五届全国人民代表大会第五次会议通过
◎1982 年 12 月 4 日全国人民代表大会公告公布施行
◎根据 1988 年 4 月 12 日第十届全国人民代表大会第一次会议通过的《中华人民共和国宪法修正案》、1993 年 3 月 29 日第八届全国人民代表大会第一次会议通过的《中华人民共和国宪法修正案》、1999 年 3 月 15 日第九届全国人民代表大会第二次会议通过的《中华人民共和国宪法修正案》、2004 年 3 月 14 日第十届全国人民代表大会第二次会议通过的《中华人民共和国宪法修正案》和 2018 年 3 月 11 日第十三届全国人民代表大会第一次会议通过的《中华人民共和国宪法修正案》修正

会团体、各企业事业组织都必须遵守宪法和法律。一切违反宪法和法律的行为，必须予以追究。任何组织或者个人都不得有超越宪法和法律的特权。

◇第六条　中华人民共和国的社会主义经济制度的基础是生产资料的社会主义公有制，即全民所有制和劳动群众集体所有制。社会主义公有制消灭人剥削人的制度，实行各尽所能、按劳分配的原则。国家在社会主义初级阶段，坚持公有制为主体、多种所有制经济共同发展的基本经济制度，坚持按劳分配为主体、多种分配方式并存的分配制度。

◇第十九条　国家发展社会主义的教育事业，提高全国人民的科学文化水平。国家举办各种学校，普及初等义务教育，发展中等教育、职业教育和高等教育，并且发展学前教育。国家发展各种教育设施，扫除文盲，对工人、农民、国家工作人员和其他劳动者进行政治、文化、科学、技术、业务的教育，鼓励自学成才。国家鼓励集体经济组织、国家企业事业组织和其他社会力量依照法律规定举办各种教育事业。国家推广全国通用的普通话。

◇第二十条　国家发展自然科学和社会科学事业，普及科学和技术知识，奖励科学研究成果和技术发明创造。

◇第二十一条　国家发展医疗卫生事业，发展现代医药和我国传统医药，鼓励和支持农村集体经济组织、国家企业事业组织和街道组织举办各种医疗卫生设施，开展群众性的卫生活动，保护人民健康。国家发展体育事业，开展群众性的体育活动，增强人民体质。

◇第二十三条　国家培养为社会主义服务的各种专业人才，扩大知识分子的队伍，创造条件，充分发挥他们在社会主义现代化建设中的作用。

◇第二十四条　国家通过普及理想教育、道德教育、文化教育、纪律和法制教育，通过在城乡不同范围的群众中制定和执行各种守则、公约，加强社会主义精神文明的建设。国家倡导社会主义核心价值观，提倡爱祖国、爱人民、爱劳动、爱科学、爱社会主义的公德，在人民中进行爱国主义、集体主义和国际主义、共产主义的教育，进行辩证唯物主义和历史唯物主义的教育，反对资本主义的、封建主义的和其他的腐朽思想。

◇第二十八条　国家维护社会秩序，镇压叛国和其他危害国家安全的犯罪活动，制裁危害社会治安、破坏社会主义经济和其他犯罪的活动，惩办和改造犯罪分子。

◇第三十条　中华人民共和国的行政区域划分如下：

(一)全国分为省、自治区、直辖市；

(二)省、自治区分为自治州、县、自治县、市；

(三)县、自治县分为乡、民族乡、镇。

直辖市和较大的市分为区、县。自治州分为县、自治县、市。

自治区、自治州、自治县都是民族自治地方。

◇第三十一条　国家在必要时得设立特别行政区。在特别行政区内实行的制度按照具体情况由全国人民代表大会以法律规定。

第二章　公民的基本权利和义务

◇第三十三条　凡具有中华人民共和国国籍的人都是中华人民共和国公民。中华人民共和国公民在法律面前一律平等。国家尊重和保障人权。任何公民享有宪法和法律规定的权利，同时必须履行宪法和法律规定的义务。

◇第三十四条　中华人民共和国年满十八周岁的公民，不分民族、种族、性别、职业、家庭出身、宗教信仰、教育程度、财产状况、居住期限，都有选举权和被选举权；但是依照法律被剥夺政治权利的人除外。

◇第三十五条　中华人民共和国公民有言论、出版、集会、结社、游行、示威的自由。

◇第三十六条　中华人民共和国公民有宗教信仰自由。任何国家机关、社会团体和个人不得强制公民信仰宗教或者不信仰宗教，不得歧视信仰宗教的公民和不信仰宗教的公民。国家保护正常的宗教活动。任何人不得利用宗教进行破坏社会秩序、损害公民身体健康、妨碍国家教育制度的活动。宗教团体和宗教事务不受外国势力的支配。

◇第四十一条　中华人民共和国公民对于任何国家机关和国家工作人员，有提出批评和建议的权利；对于任何国家机关和国家工作人员的违法失职行为，有向有关国家机关提出申诉、控告或者检举的权利，但是不得捏造或者歪曲事实进行诬告陷害。对于公民的申诉、控告或者检举，有关国家机关必须查清事实，负责处理。任何人不得压制和打击报复。由于国家机关和国家工作人员侵犯公民权利而受到损失的人，有依照法律规定取得赔偿的权利。

◇第四十二条　中华人民共和国公民有劳动的权利和义务。国家通过各种途径，创造劳动就业条件，加强劳动保护，改善劳动条件，并在发展生产的基础上，提高劳动报酬和福利待遇。劳动是一切有劳动能力的公民的光荣职责。国有企业和城乡集体经济组织的劳动者都应当以国家主人翁的态度对待自己的劳动。国家提倡社会主义劳动竞赛，奖励劳动模范和先进工作者。国家提倡公民从事义务劳动。国家对就业前的公民进行必要的劳动就业训练。

◇第四十六条　中华人民共和国公民有受教育的权利和义务。国家培养青年、少年、儿童在品德、智力、体质等方面全面发展。

◇第四十七条　中华人民共和国公民有进行科学研究、文学艺术创作和其他文化活动的自由。国家对于从事教育、科学、技术、文学、艺术和其他文化事业的公民的有益于人民的创造性工作，给以鼓励和帮助。

◇第五十二条　中华人民共和国公民有维护国家统一和全国各民族团结的义务。

◇第五十三条　中华人民共和国公民必须遵守宪法和法律，保守国家秘密，爱护公共财产，遵守劳动纪律，遵守公共秩序，尊重社会公德。

◇第五十四条　中华人民共和国公民有维护祖国

的安全、荣誉和利益的义务，不得有危害祖国的安全、荣誉和利益的行为。

◇第五十五条 保卫祖国、抵抗侵略是中华人民共和国每一个公民的神圣职责。依照法律服兵役和参加民兵组织是中华人民共和国公民的光荣义务。

第三章 国家机构

第一节 全国人民代表大会

◇第五十七条 中华人民共和国全国人民代表大会是最高国家权力机关。它的常设机关是全国人民代表大会常务委员会。

◇第五十八条 全国人民代表大会和全国人民代表大会常务委员会行使国家立法权。

第二节 中华人民共和国主席

◇第七十九条 中华人民共和国主席、副主席由全国人民代表大会选举。有选举权和被选举权的年满四十五周岁的中华人民共和国公民可以被选为中华人民共和国主席、副主席。中华人民共和国主席、副主席每届任期同全国人民代表大会每届任期相同。

第三节 国务院

◇第八十五条 中华人民共和国国务院，即中央人民政府，是最高国家权力机关的执行机关，是最高国家行政机关。

第四节 中央军事委员会

◇第九十三条 中华人民共和国中央军事委员会领导全国武装力量。

第五节 地方各级人民代表大会和地方各级人民政府

◇第九十五条 省、直辖市、县、市、市辖区、乡、民族乡、镇设立人民代表大会和人民政府。地方各级人民代表大会和地方各级人民政府的组织由法律规定。

第六节 民族自治地方的自治机关

◇第一百一十二条 民族自治地方的自治机关是自治区、自治州、自治县的人民代表大会和人民政府。

第七节 监察委员会

◇第一百二十三条 中华人民共和国各级监察委

员会是国家的监察机关。

◇第一百二十四条　中华人民共和国设立国家监察委员会和地方各级监察委员会。

第八节　人民法院和人民检察院

◇第一百二十八条　中华人民共和国人民法院是国家的审判机关。

◇第一百三十四条　中华人民共和国人民检察院是国家的法律监督机关。

第四章　国旗、国歌、国徽、首都

◇第一百四十一条　中华人民共和国国旗是五星红旗。中华人民共和国国歌是《义勇军进行曲》。

◇第一百四十二条　中华人民共和国国徽，中间是五星照耀下的天安门，周围是谷穗和齿轮。

◇第一百四十三条　中华人民共和国首都是北京。

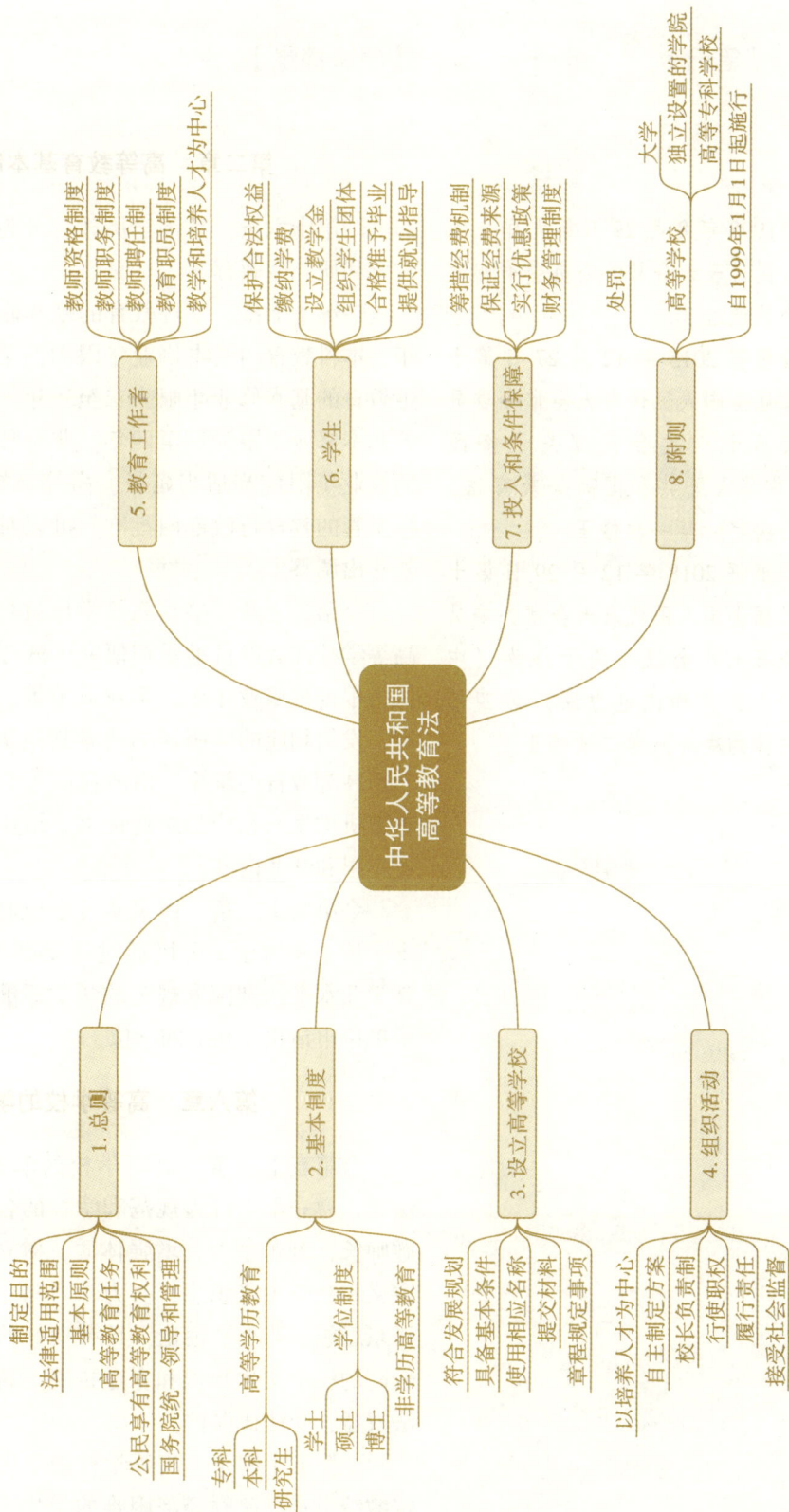

2.《中华人民共和国高等教育法》（2018年12月29日修正）

【思维导图】

中华人民共和国高等教育法

1. 总则
- 制定目的
- 法律适用范围
- 基本原则
- 高等教育任务
- 公民享有高等教育权利
- 国务院统一领导和管理

2. 基本制度
- 高等学历教育
  - 专科
    - 本科
    - 研究生
      - 学士
      - 硕士
      - 博士
  - 学位制度
- 非学历高等教育

3. 设立高等学校
- 符合发展规划
- 具备基本条件
- 使用相应名称
- 提交材料
- 章程规定事项

4. 组织活动
- 以培养人才为中心
- 自主制定方案
- 校长负责制
- 行使职权
- 履行责任
- 接受社会监督

5. 教育工作者
- 教师资格制度
- 教师职务制度
- 教师聘任制
- 教育职员制度
- 教学和培养人才为中心

6. 学生
- 保护合法权益
- 缴纳学费
- 设立教学金
- 组织学生团体
- 合格准予毕业
- 提供就业指导

7. 投入和条件保障
- 筹措经费机制
- 保证经费来源
- 实行优惠政策
- 财务管理制度

8. 附则
- 处罚
- 高等学校
- 大学
- 独立设置的学院
- 高等专科学校
- 自1999年1月1日起施行

【笔记】

◎1998 年 8 月 29 日第九届全国人民代表大会常务委员会第四次会议通过

◎根据 2015 年 12 月 27 日第十二届全国人民代表大会常务委员会第十八次会议《关于修改〈中华人民共和国高等教育法〉的决定》第一次修正

◎根据 2018 年 12 月 29 日第十三届全国人民代表大会常务委员会第七次会议《关于修改〈中华人民共和国电力法〉等四部法律的决定》第二次修正

【原文摘录】

第二章　高等教育基本制度

◇第十六条　高等学历教育分为专科教育、本科教育和研究生教育。

◇第十七条　专科教育的基本修业年限为二至三年，本科教育的基本修业年限为四至五年，硕士研究生教育的基本修业年限为二至三年，博士研究生教育的基本修业年限为三至四年。非全日制高等学历教育的修业年限应当适当延长。高等学校根据实际需要，报主管的教育行政部门批准，可以对本学校的修业年限作出调整。

◇第二十条　接受高等学历教育的学生，由所在高等学校或者经批准承担研究生教育任务的科学研究机构根据其修业年限、学业成绩等，按照国家有关规定，发给相应的学历证书或者其他学业证书。接受非学历高等教育的学生，由所在高等学校或者其他高等教育机构发给相应的结业证书。结业证书应当载明修业年限和学业内容。

◇第二十二条　国家实行学位制度。学位分为学士、硕士和博士。公民通过接受高等教育或者自学，其学业水平达到国家规定的学位标准，可以向学位授予单位申请授予相应的学位。

第六章　高等学校的学生

◇第五十三条　高等学校的学生应当遵守法律、法规，遵守学生行为规范和学校的各项管理制度，尊敬师长，刻苦学习，增强体质，树立爱国主义、集体主义和社会主义思想，努力学习马克思列宁主义、毛泽东思想、邓小平理论，具有良好的思想品德，掌握较高的科学文化知识和专业技能。高等学校学生的合法权益，受法律保护。

◇第五十四条　高等学校的学生应当按照国家规定缴纳学费。家庭经济困难的学生，可以申请补助或者减免学费。

◇第五十五条　国家设立奖学金，并鼓励高等学校、企业事业组织、社会团体以及其他社会组织和个人按照国家有关规定设立各种形式的奖学金，对品学兼优的学生、国家规定的专业的学生以及到国家规定的地区工作的学生给予奖励。国家设立高等学校学生勤工助学基金和贷学金，并鼓励高等学校、企业事业组织、社会团体以及其他社会组织和个人设立各种形式的助学金，对家庭经济困难的学生提供帮助。获得贷学金及助学金的学生，应当履行相应的义务。

◇第五十六条　高等学校的学生在课余时间可以参加社会服务和勤工助学活动，但不得影响学业任务的完成。高等学校应当对学生的社会服务和勤工助学活动给予鼓励和支持，并进行引导和管理。

◇第五十七条　高等学校的学生，可以在校内组织学生团体。学生团体在法律、法规规定的范围内活动，服从学校的领导和管理。

◇第五十八条　高等学校的学生思想品德合格，在规定的修业年限内学完规定的课程，成绩合格或者修满相应的学分，准予毕业。

◇第五十九条　高等学校应当为毕业生、结业生提供就业指导和服务。国家鼓励高等学校毕业生到边远、艰苦地区工作。

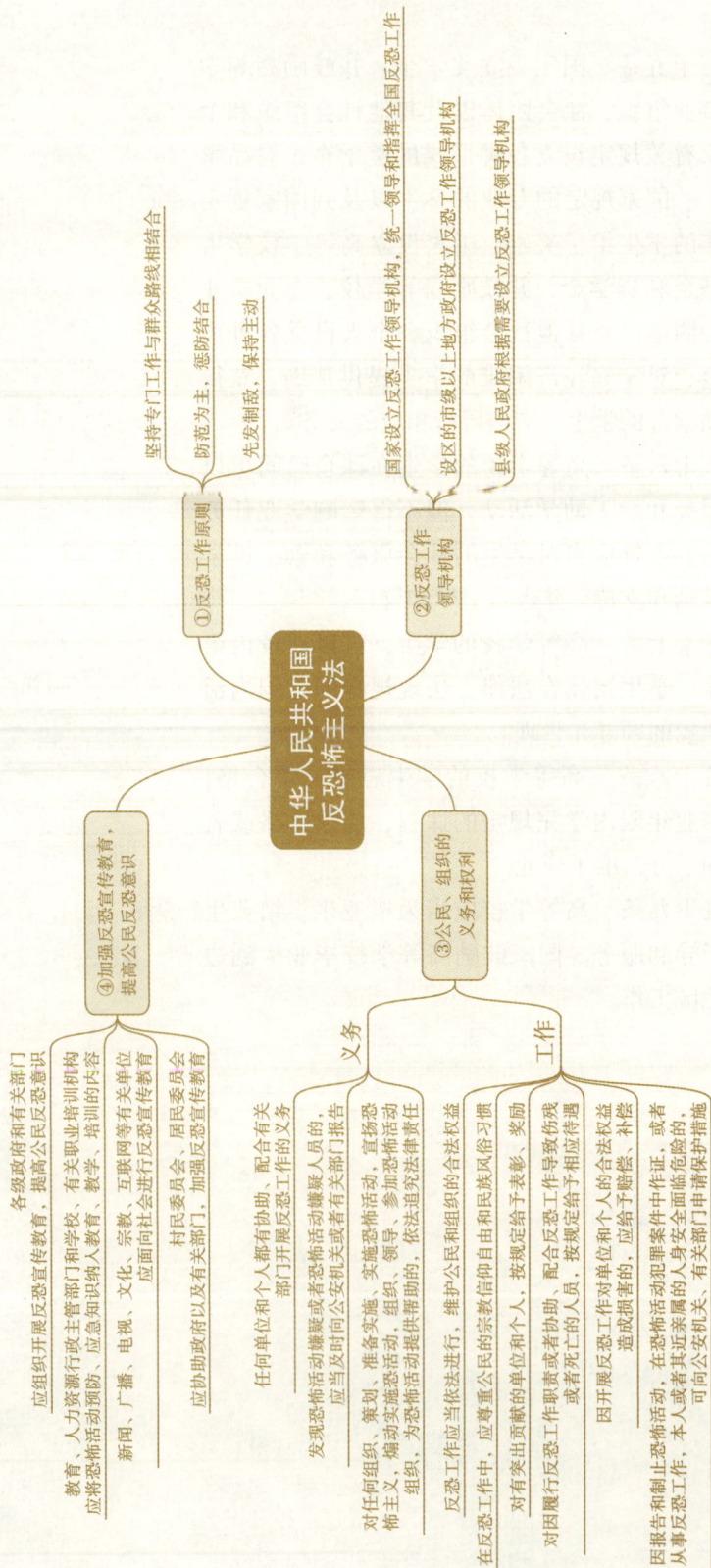

3.《中华人民共和国反恐怖主义法》（2018年4月27日修正）

[思维导图]

中华人民共和国反恐怖主义法

①反恐工作原则
- 坚持专门工作与群众路线相结合
- 防范为主，惩防结合
- 先发制敌，保持主动

②反恐工作领导机构
- 国家设立反恐怖主义工作领导机构，统一领导和指挥全国反恐工作
- 设区的市级以上地方政府依设立反恐工作领导机构
- 县级人民政府根据需要设立反恐工作领导机构

④加强反恐宣传教育，提高公民反恐意识
- 各级政府和有关部门应组织开展反恐怖宣传教育，提高公民反恐意识
- 教育、人力资源行政主管部门和学校、有关职业培训机构应将恐怖活动预防、应急知识纳入教育、教学、培训的内容
- 新闻、广播、电视、文化、宗教、互联网等有关单位应面向社会进行反恐宣传教育
- 村民委员会、居民委员会应协助政府以及有关部门，加强反恐宣传教育

③公民、组织的义务和权利

义务
- 任何单位和个人都有协助、配合有关部门开展反恐工作的义务
- 发现恐怖活动嫌疑或者嫌疑人员的，应当及时向公安机关或者有关部门报告
- 对任何组织、策划、准备实施、实施恐怖活动，宣扬恐怖主义，煽动实施恐怖活动，组织、领导、参加恐怖活动组织，为恐怖活动提供帮助的，应法追究法律责任

工作
- 反恐工作应当依法进行，维护公民的合法权益
- 在反恐工作中，应尊重公民的宗教信仰自由和民族风俗习惯
- 对有关突出贡献的单位和个人，按规定给予表彰、奖励
- 对因履行反恐工作职责或者牺牲、配合反恐工作致残或者死亡的人员，按规定给予相应待遇
- 因开展反恐工作对单位和个人的合法权益造成损害的，应当予以赔偿、补偿
- 因报告和制止恐怖活动，在恐怖活动犯罪案件中作证，或者从事反恐工作，本人或者其近亲属的人身安全面临危险的，可向公安机关、有关部门申请保护措施

【原文摘录】

◇第二条　国家反对一切形式的恐怖主义，依法取缔恐怖活动组织，对任何组织、策划、准备实施、实施恐怖活动，宣扬恐怖主义，煽动实施恐怖活动，组织、领导、参加恐怖活动组织，为恐怖活动提供帮助的，依法追究法律责任。国家不向任何恐怖活动组织和人员作出妥协，不向任何恐怖活动人员提供庇护或者给予难民地位。

◇第三条　本法所称恐怖主义，是指通过暴力、破坏、恐吓等手段，制造社会恐慌、危害公共安全、侵犯人身财产，或者胁迫国家机关、国际组织，以实现其政治、意识形态等目的的主张和行为。

本法所称恐怖活动，是指恐怖主义性质的下列行为：

（一）组织、策划、准备实施、实施造成或者意图造成人员伤亡、重大财产损失、公共设施损坏、社会秩序混乱等严重社会危害的活动的；（二）宣扬恐怖主义，煽动实施恐怖活动，或者非法持有宣扬恐怖主义的物品，强制他人在公共场所穿戴宣扬恐怖主义的服饰、标志的；（三）组织、领导、参加恐怖活动组织的；（四）为恐怖活动组织、恐怖活动人员、实施恐怖活动或者恐怖活动培训提供信息、资金、物资、劳务、技术、场所等支持、协助、便利的；（五）其他恐怖活动。

本法所称恐怖活动组织，是指三人以上为实施恐怖活动而组成的犯罪组织。

本法所称恐怖活动人员，是指实施恐怖活动的人和恐怖活动组织的成员。

本法所称恐怖事件，是指正在发生或者已经发生的造成或者可能造成重大社会危害的恐怖活动。

◇第四条　国家将反恐怖主义纳入国家安全战略，综合施策，标本兼治，加强反恐怖主义的能力建设，运用政治、经济、法律、文化、教育、外交、军事等手段，开展反恐怖主义工作。国家反对一切形式的以

【笔记】

◎2015年12月27日主席令第36号公布

◎根据2018年4月27日中华人民共和国主席令第六号《全国人大常委会关于修改〈中华人民共和国国境卫生检疫法〉等六部法律的决定》修正

歪曲宗教教义或者其他方法煽动仇恨、煽动歧视、鼓吹暴力等极端主义，消除恐怖主义的思想基础。

◇第六条　反恐怖主义工作应当依法进行，尊重和保障人权，维护公民和组织的合法权益。在反恐怖主义工作中，应当尊重公民的宗教信仰自由和民族风俗习惯，禁止任何基于地域、民族、宗教等理由的歧视性做法。

◇第九条　任何单位和个人都有协助、配合有关部门开展反恐怖主义工作的义务，发现恐怖活动嫌疑或者恐怖活动嫌疑人员的，应当及时向公安机关或者有关部门报告。

◇第十七条　各级人民政府和有关部门应当组织开展反恐怖主义宣传教育，提高公民的反恐怖主义意识。教育、人力资源行政主管部门和学校、有关职业培训机构应当将恐怖活动预防、应急知识纳入教育、教学、培训的内容。

◇第十九条　电信业务经营者、互联网服务提供者应当依照法律、行政法规规定，落实网络安全、信息内容监督制度和安全技术防范措施，防止含有恐怖主义、极端主义内容的信息传播；发现含有恐怖主义、极端主义内容的信息的，应当立即停止传输，保存相关记录，删除相关信息，并向公安机关或者有关部门报告。

◇第二十三条　发生枪支等武器、弹药、危险化学品、民用爆炸物品、核与放射物品、传染病病原体等物质被盗、被抢、丢失或者其他流失的情形，案发单位应当立即采取必要的控制措施，并立即向公安机关报告，同时依照规定向有关主管部门报告。公安机关接到报告后，应当及时开展调查。有关主管部门应当配合公安机关开展工作。任何单位和个人不得非法制作、生产、储存、运输、进出口、销售、提供、购买、使用、持有、报废、销毁前款规定的物品。公安机关发现的，应当予以扣押；其他主管部门发现的，应当予以扣押，并立即通报公安机关；其他单位、个人发现的，应当立即向公安机关报告。

◇第二十八条　公安机关和有关部门对宣扬极端

主义，利用极端主义危害公共安全、扰乱公共秩序、侵犯人身财产、妨害社会管理的，应当及时予以制止，依法追究法律责任。公安机关发现极端主义活动的，应当责令立即停止，将有关人员强行带离现场并登记身份信息，对有关物品、资料予以收缴，对非法活动场所予以查封。任何单位和个人发现宣扬极端主义的物品、资料、信息的，应当立即向公安机关报告。

◇第二十九条　对被教唆、胁迫、引诱参与恐怖活动、极端主义活动，或者参与恐怖活动、极端主义活动情节轻微，尚不构成犯罪的人员，公安机关应当组织有关部门、村民委员会、居民委员会、所在单位、就读学校、家庭和监护人对其进行帮教。

◇第六十三条　恐怖事件发生、发展和应对处置信息，由恐怖事件发生地的省级反恐怖主义工作领导机构统一发布；跨省、自治区、直辖市发生的恐怖事件，由指定的省级反恐怖主义工作领导机构统一发布。任何单位和个人不得编造、传播虚假恐怖事件信息；不得报道、传播可能引起模仿的恐怖活动的实施细节；不得发布恐怖事件中残忍、不人道的场景；在恐怖事件的应对处置过程中，除新闻媒体经负责发布信息的反恐怖主义工作领导机构批准外，不得报道、传播现场应对处置的工作人员、人质身份信息和应对处置行动情况。

◇第七十五条　对因履行反恐怖主义工作职责或者协助、配合有关部门开展反恐怖主义工作导致伤残或者死亡的人员，按照国家有关规定给予相应的待遇。

◇第七十八条　公安机关、国家安全机关、中国人民解放军、中国人民武装警察部队因履行反恐怖主义职责的紧急需要，根据国家有关规定，可以征用单位和个人的财产。任务完成后应当及时归还或者恢复原状，并依照规定支付相应费用；造成损失的，应当补偿。因开展反恐怖主义工作对有关单位和个人的合法权益造成损害的，应当依法给予赔偿、补偿。有关单位和个人有权依法请求赔偿、补偿。

4.《中华人民共和国刑法修正案（九）》(2015 年 11 月 1 日起施行)

【笔记】

◎2015 年 8 月 29 日第十二届全国人民代表大会常务委员会第十六次会议通过

【原文摘录】

◇二十五、在刑法第二百八十四条后增加一条，作为第二百八十四条之一："在法律规定的国家考试中，组织作弊的，处三年以下有期徒刑或者拘役，并处或者单处罚金；情节严重的，处三年以上七年以下有期徒刑，并处罚金。

"为他人实施前款犯罪提供作弊器材或者其他帮助的，依照前款的规定处罚。

"为实施考试作弊行为，向他人非法出售或者提供第一款规定的考试的试题、答案的，依照第一款的规定处罚。

"代替他人或者让他人代替自己参加第一款规定的考试的，处拘役或者管制，并处或者单处罚金。"

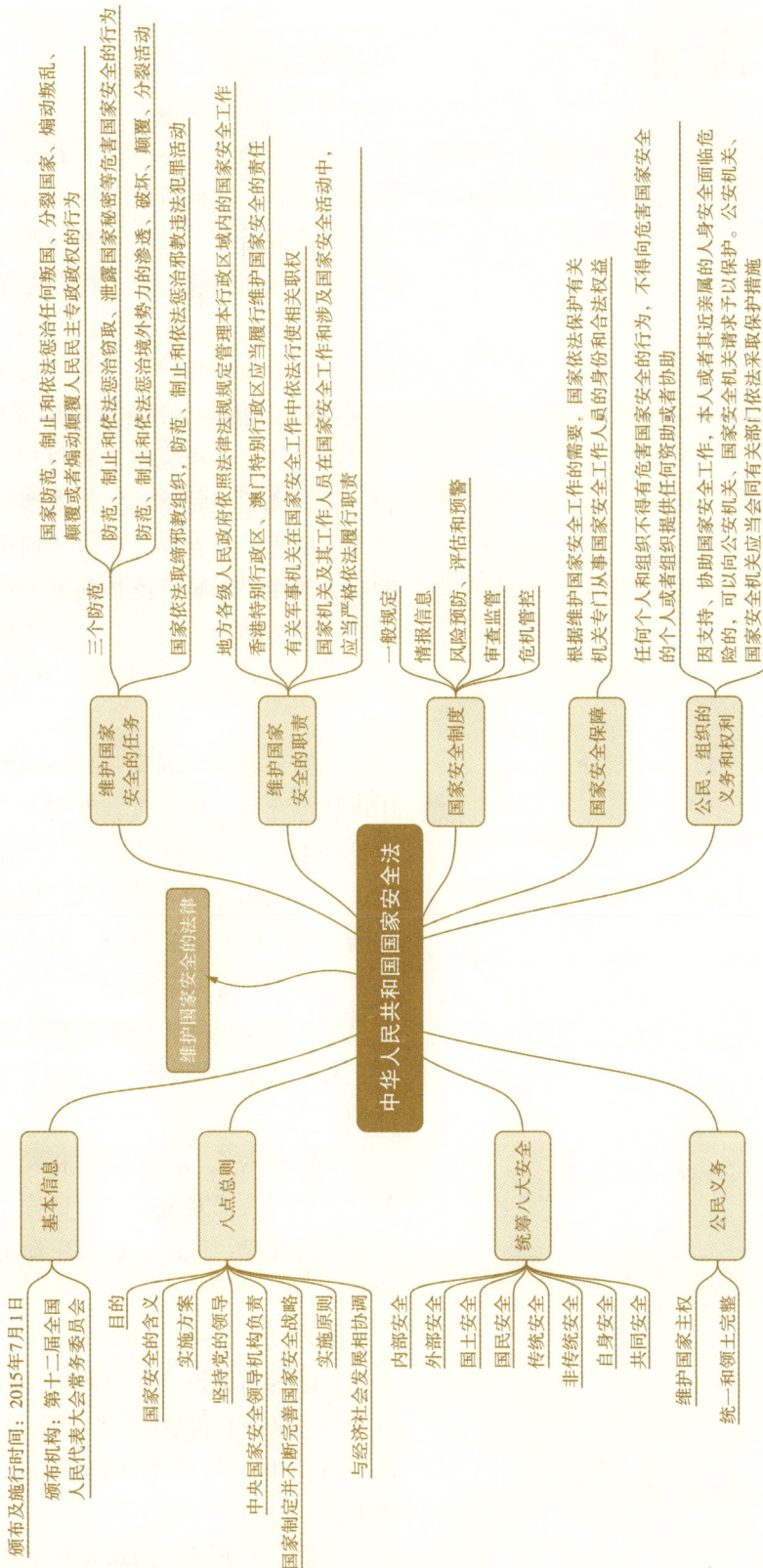

5. 《中华人民共和国国家安全法》（2015年7月1日起施行）

【思维导图】

中华人民共和国国家安全法

基本信息
- 颁布及施行时间：2015年7月1日
- 颁布机构：第十二届全国人民代表大会常务委员会

八点总则
- 目的
- 国家安全的含义
- 实施方案
- 坚持党的领导
- 中央国家安全领导机构负责
- 国家制定并不断完善国家安全战略
- 实施原则
- 与经济社会发展相协调

统筹八大安全
- 内部安全
- 外部安全
- 国土安全
- 国民安全
- 传统安全
- 非传统安全
- 自身安全
- 共同安全

公民义务
- 维护国家主权
- 统一和领土完整

维护国家安全的法律

维护国家安全的任务
- 三个防范
  - 防范、制止和依法惩治任何叛国、分裂国家、煽动叛乱、颠覆或者煽动颠覆人民民主专政政权的行为
  - 防范、制止和依法惩治窃取、泄露国家秘密等危害国家安全的行为
  - 防范、制止和依法惩治境外势力的渗透、破坏、颠覆、分裂活动
- 国家依法取缔邪教组织，防范、制止和依法惩治邪教违法犯罪活动

维护国家安全的职责
- 地方各级人民政府依照法律法规规定管理本行政区域内的国家安全工作
- 香港特别行政区、澳门特别行政区应当履行维护国家安全的责任
- 有关军事机关在国家安全工作中依法行使相关职权
- 国家机关及其工作人员在国家安全活动中，应当严格依法履行职责

国家安全制度
- 一般规定
- 情报信息
- 风险预防、评估和预警
- 审查监管
- 危机管控

国家安全保障
- 根据维护国家安全工作的需要，国家依法保护有关机关专门从事国家安全工作人员的身份和合法权益

公民、组织的义务和权利
- 任何个人和组织不得有危害国家安全的行为，不得向危害国家安全的个人或者组织提供任何资助或者协助
- 因支持、协助国家安全工作，本人或者其近亲属的人身安全面临危险的，可以向公安机关、国家安全机关请求予以保护。公安机关、国家安全机关应当会同有关部门依法采取保护措施

【笔记】

◎2015 年 7 月 1 日第十二届全国人民代表大会常务委员会第十五次会议通过

【原文摘录】

◇第二条　国家安全是指国家政权、主权、统一和领土完整、人民福祉、经济社会可持续发展和国家其他重大利益相对处于没有危险和不受内外威胁的状态，以及保障持续安全状态的能力。

◇第十一条　中华人民共和国公民、一切国家机关和武装力量、各政党和各人民团体、企业事业组织和其他社会组织，都有维护国家安全的责任和义务。中国的主权和领土完整不容侵犯和分割。维护国家主权、统一和领土完整是包括港澳同胞和台湾同胞在内的全中国人民的共同义务。任何个人和组织违反本法和有关法律，不履行维护国家安全义务或者从事危害国家安全活动的，依法追究法律责任。

◇第十四条　每年 4 月 15 日为全民国家安全教育日。

◇第十五条　国家坚持中国共产党的领导，维护中国特色社会主义制度，发展社会主义民主政治，健全社会主义法治，强化权力运行制约和监督机制，保障人民当家作主的各项权利。国家防范、制止和依法惩治任何叛国、分裂国家、煽动叛乱、颠覆或者煽动颠覆人民民主专政政权的行为；防范、制止和依法惩治窃取、泄露国家秘密等危害国家安全的行为；防范、制止和依法惩治境外势力的渗透、破坏、颠覆、分裂活动。

◇第十六条　国家维护和发展最广大人民的根本利益，保卫人民安全，创造良好生存发展条件和安定工作生活环境，保障公民的生命财产安全和其他合法权益。

◇第二十三条　国家坚持社会主义先进文化前进方向，继承和弘扬中华民族优秀传统文化，培育和践行社会主义核心价值观，防范和抵制不良文化的影响，掌握意识形态领域主导权，增强文化整体实力和竞争力。

◇第二十五条　国家建设网络与信息安全保障体

系，提升网络与信息安全保护能力，加强网络和信息技术的创新研究和开发应用，实现网络和信息核心技术、关键基础设施和重要领域信息系统及数据的安全可控；加强网络管理，防范、制止和依法惩治网络攻击、网络入侵、网络窃密、散布违法有害信息等网络违法犯罪行为，维护国家网络空间主权、安全和发展利益。

◇第二十六条　国家坚持和完善民族区域自治制度，巩固和发展平等团结互助和谐的社会主义民族关系。坚持各民族一律平等，加强民族交往、交流、交融，防范、制止和依法惩治民族分裂活动，维护国家统一、民族团结和社会和谐，实现各民族共同团结奋斗、共同繁荣发展。

◇第二十七条　国家依法保护公民宗教信仰自由和正常宗教活动，坚持宗教独立自主自办的原则，防范、制止和依法惩治利用宗教名义进行危害国家安全的违法犯罪活动，反对境外势力干涉境内宗教事务，维护正常宗教活动秩序。国家依法取缔邪教组织，防范、制止和依法惩治邪教违法犯罪活动。

◇第二十八条　国家反对一切形式的恐怖主义和极端主义，加强防范和处置恐怖主义的能力建设，依法开展情报、调查、防范、处置以及资金监管等工作，依法取缔恐怖活动组织和严厉惩治暴力恐怖活动。

◇第七十四条　国家采取必要措施，招录、培养和管理国家安全工作专门人才和特殊人才。根据维护国家安全工作的需要，国家依法保护有关机关专门从事国家安全工作人员的身份和合法权益，加大人身保护和安置保障力度。

◇第七十六条　国家加强国家安全新闻宣传和舆论引导，通过多种形式开展国家安全宣传教育活动，将国家安全教育纳入国民教育体系和公务员教育培训体系，增强全民国家安全意识。

◇第七十七条　公民和组织应当履行下列维护国家安全的义务：

（一）遵守宪法、法律法规关于国家安全的有关规定；（二）及时报告危害国家安全活动的线索；

(三)如实提供所知悉的涉及危害国家安全活动的证据;(四)为国家安全工作提供便利条件或者其他协助;(五)向国家安全机关、公安机关和有关军事机关提供必要的支持和协助;(六)保守所知悉的国家秘密;(七)法律、行政法规规定的其他义务。任何个人和组织不得有危害国家安全的行为,不得向危害国家安全的个人或者组织提供任何资助或者协助。

◇第八十条　公民和组织支持、协助国家安全工作的行为受法律保护。因支持、协助国家安全工作,本人或者其近亲属的人身安全面临危险的,可以向公安机关、国家安全机关请求予以保护。公安机关、国家安全机关应当会同有关部门依法采取保护措施。

◇第八十一条　公民和组织因支持、协助国家安全工作导致财产损失的,按照国家有关规定给予补偿;造成人身伤害或者死亡的,按照国家有关规定给予抚恤优待。

◇第八十三条　在国家安全工作中,需要采取限制公民权利和自由的特别措施时,应当依法进行,并以维护国家安全的实际需要为限度。

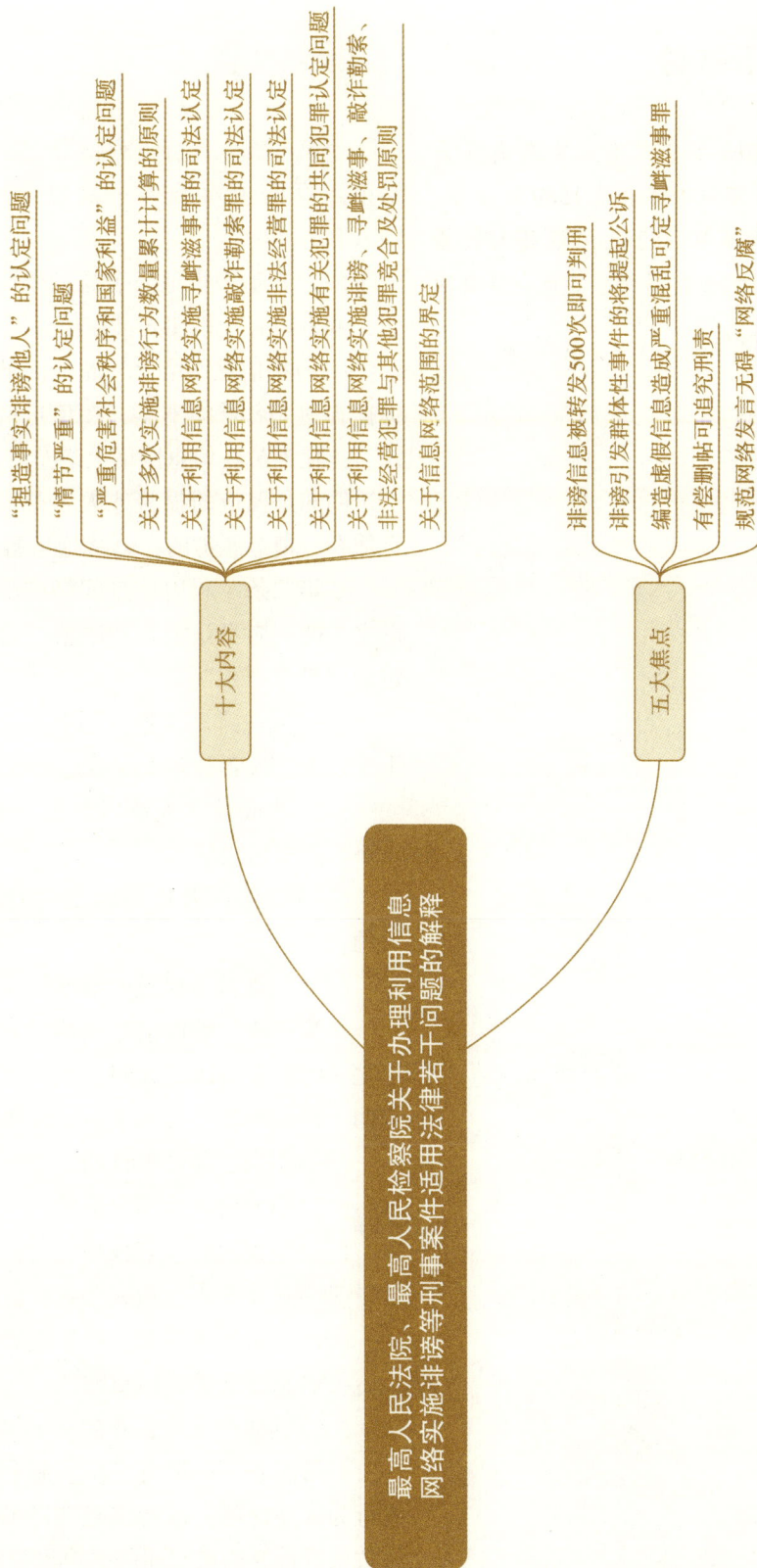

6. 《最高人民法院、最高人民检察院关于办理利用信息网络实施诽谤等刑事案件适用法律若干问题的解释》（2013 年 9 月 10 日起施行）

【思维导图】

最高人民法院、最高人民检察院关于办理利用信息网络实施诽谤等刑事案件适用法律若干问题的解释

├─ 十大内容
│ ├─ "捏造事实诽谤他人" 的认定问题
│ ├─ "情节严重" 的认定问题
│ ├─ "严重危害社会秩序和国家利益" 的认定问题
│ ├─ 关于多次实施诽谤行为数量累计计算的原则
│ ├─ 关于利用信息网络实施寻衅滋事罪的司法认定
│ ├─ 关于利用信息网络实施敲诈勒索罪的司法认定
│ ├─ 关于利用信息网络实施非法经营罪的司法认定
│ ├─ 关于利用信息网络实施有关犯罪的共同犯罪认定问题
│ ├─ 关于利用信息网络实施诽谤、寻衅滋事、敲诈勒索、
│ │ 非法经营罪与其他犯罪竞合及处罚原则
│ └─ 关于信息网络范围函的界定
│
└─ 五大焦点
   ├─ 诽谤信息被转发 500 次即可判刑
   ├─ 诽谤引发群体性事件的将提起公诉
   ├─ 编造虚假信息造成严重混乱可定寻衅滋事罪
   ├─ 有偿删帖可追究刑责
   └─ 规范网络发言无碍 "网络反腐"

【笔记】

◎2013 年 9 月 5 日由最高人民法院审判委员会第 1589 次会议、2013 年 9 月 2 日由最高人民检察院第十二届检察委员会第 9 次会议通过

【原文摘录】

◇第一条　具有下列情形之一的，应当认定为刑法第二百四十六条第一款规定的"捏造事实诽谤他人"：

（一）捏造损害他人名誉的事实，在信息网络上散布，或者组织、指使人员在信息网络上散布的；

（二）将信息网络上涉及他人的原始信息内容篡改为损害他人名誉的事实，在信息网络上散布，或者组织、指使人员在信息网络上散布的；

明知是捏造的损害他人名誉的事实，在信息网络上散布，情节恶劣的，以"捏造事实诽谤他人"论。

◇第二条　利用信息网络诽谤他人，具有下列情形之一的，应当认定为刑法第二百四十六条第一款规定的"情节严重"：

（一）同一诽谤信息实际被点击、浏览次数达到五千次以上，或者被转发次数达到五百次以上的；

（二）造成被害人或者其近亲属精神失常、自残、自杀等严重后果的；

（三）二年内曾因诽谤受过行政处罚，又诽谤他人的；

（四）其他情节严重的情形。

◇第三条　利用信息网络诽谤他人，具有下列情形之一的，应当认定为刑法第二百四十六条第二款规定的"严重危害社会秩序和国家利益"：

（一）引发群体性事件的；

（二）引发公共秩序混乱的；

（三）引发民族、宗教冲突的；

（四）诽谤多人，造成恶劣社会影响的；

（五）损害国家形象，严重危害国家利益的；

（六）造成恶劣国际影响的；

（七）其他严重危害社会秩序和国家利益的情形。

◇第四条　一年内多次实施利用信息网络诽谤他人行为未经处理，诽谤信息实际被点击、浏览、转发次数累计计算构成犯罪的，应当依法定罪处罚。

◇第五条 利用信息网络辱骂、恐吓他人，情节恶劣，破坏社会秩序的，依照刑法第二百九十三条第一款第(二)项的规定，以寻衅滋事罪定罪处罚。

编造虚假信息，或者明知是编造的虚假信息，在信息网络上散布，或者组织、指使人员在信息网络上散布，起哄闹事，造成公共秩序严重混乱的，依照刑法第二百九十三条第一款第(四)项的规定，以寻衅滋事罪定罪处罚。

◇第六条 以在信息网络上发布、删除等方式处理网络信息为由，威胁、要挟他人，索取公私财物，数额较大，或者多次实施上述行为的，依照刑法第二百七十四条的规定，以敲诈勒索罪定罪处罚。

◇第七条 违反国家规定，以营利为目的，通过信息网络有偿提供删除信息服务，或者明知是虚假信息，通过信息网络有偿提供发布信息等服务，扰乱市场秩序，具有下列情形之一的，属于非法经营行为"情节严重"，依照刑法第二百二十五条第(四)项的规定，以非法经营罪定罪处罚：

(一)个人非法经营数额在五万元以上，或者违法所得数额在二万元以上的；

(二)单位非法经营数额在十五万元以上，或者违法所得数额在五万元以上的。

实施前款规定的行为，数额达到前款规定的数额五倍以上的，应当认定为刑法第二百二十五条规定的"情节特别严重"。

◇第八条 明知他人利用信息网络实施诽谤、寻衅滋事、敲诈勒索、非法经营等犯罪，为其提供资金、场所、技术支持等帮助的，以共同犯罪论处。

◇第九条 利用信息网络实施诽谤、寻衅滋事、敲诈勒索、非法经营犯罪，同时又构成刑法第二百二十一条规定的损害商业信誉、商品声誉罪，第二百七十八条规定的煽动暴力抗拒法律实施罪，第二百九十一条之一规定的编造、故意传播虚假恐怖信息罪等犯罪的，依照处罚较重的规定定罪处罚。

7.《宗教事务条例》（2018年2月1日起施行）

[思维导图]

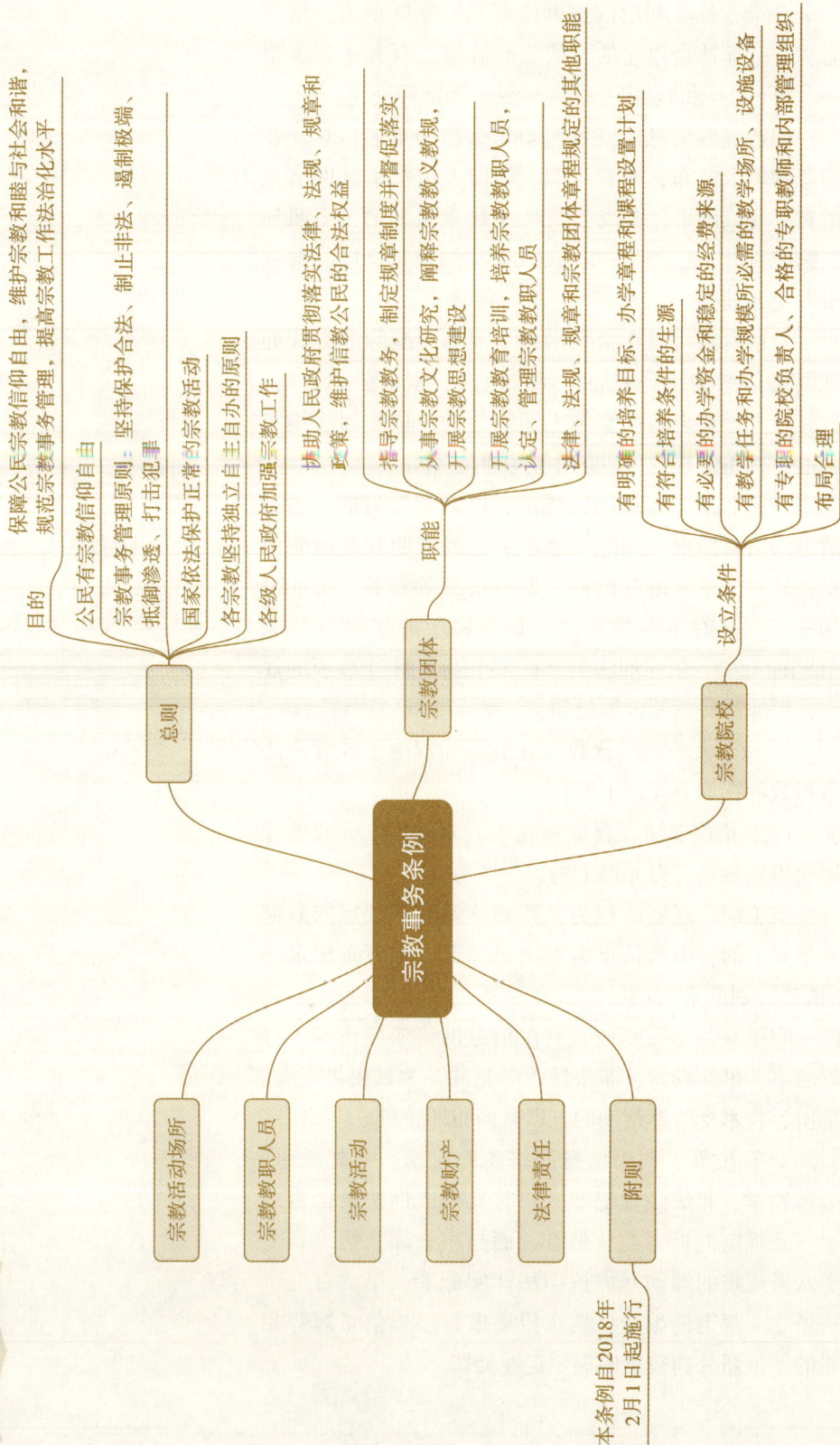

宗教事务条例

总则

目的：保障公民宗教信仰自由，维护宗教和睦与社会和谐，规范宗教事务管理，提高宗教工作法治化水平

- 公民有宗教信仰自由
- 宗教事务管理原则：坚持保护合法、制止非法、遏制极端、抵御渗透、打击犯罪
- 国家依法保护正常的宗教活动
- 各宗教坚持独立自主自办的原则
- 各级人民政府加强宗教工作

宗教团体　职能

- 协助人民政府贯彻落实法律、法规、规章和政策，维护信教公民的合法权益
- 指导宗教教务、制定规章制度并督促落实
- 从事宗教文化研究、阐释宗教教义教规
- 开展宗教思想建设
- 开展宗教教育培训、培养宗教教职人员，认定、管理宗教教职人员
- 法律、法规、规章和宗教团体章程规定的其他职能

宗教院校　设立条件

- 有明确的培养目标、办学章程和课程设置计划
- 有符合培养条件的生源
- 有必要的办学资金和稳定的经费来源
- 有教学任务和办学规模所必需的教学场所、设施设备
- 有专职的院校负责人、合格的专职教师和内部管理组织布局合理

- 宗教活动场所
- 宗教教职人员
- 宗教活动
- 宗教财产
- 法律责任
- 附则

本条例自2018年2月1日起施行

【原文摘录】

◇第二条　公民有宗教信仰自由。任何组织或者个人不得强制公民信仰宗教或者不信仰宗教，不得歧视信仰宗教的公民（以下称信教公民）或者不信仰宗教的公民（以下称不信教公民）。信教公民和不信教公民、信仰不同宗教的公民应当相互尊重、和睦相处。

◇第三条　宗教事务管理坚持保护合法、制止非法、遏制极端、抵御渗透、打击犯罪的原则。

◇第四条　国家依法保护正常的宗教活动，积极引导宗教与社会主义社会相适应，维护宗教团体、宗教院校、宗教活动场所和信教公民的合法权益。宗教团体、宗教院校、宗教活动场所和信教公民应当遵守宪法、法律、法规和规章，践行社会主义核心价值观，维护国家统一、民族团结、宗教和睦与社会稳定。任何组织或者个人不得利用宗教进行危害国家安全、破坏社会秩序、损害公民身体健康、妨碍国家教育制度，以及其他损害国家利益、社会公共利益和公民合法权益等违法活动。任何组织或者个人不得在不同宗教之间、同一宗教内部以及信教公民与不信教公民之间制造矛盾与冲突，不得宣扬、支持、资助宗教极端主义，不得利用宗教破坏民族团结、分裂国家和进行恐怖活动。

◇第四十条　信教公民的集体宗教活动，一般应当在宗教活动场所内举行，由宗教活动场所、宗教团体或者宗教院校组织，由宗教教职人员或者符合本宗教规定的其他人员主持，按照教义教规进行。

◇第四十三条　信仰伊斯兰教的中国公民前往国外朝觐，由伊斯兰教全国性宗教团体负责组织。

◇第四十四条　禁止在宗教院校以外的学校及其他教育机构传教、举行宗教活动、成立宗教组织、设立宗教活动场所。

◇第四十五条　宗教团体、宗教院校和寺观教堂按照国家有关规定可以编印、发送宗教内部资料性出版物。出版公开发行的宗教出版物，按照国家出版管

【笔记】

◎2004年11月30日中华人民共和国国务院令第426号公布
◎2017年6月14日国务院第176次常务会议修订通过

理的规定办理。涉及宗教内容的出版物，应当符合国家出版管理的规定，并不得含有下列内容：（一）破坏信教公民与不信教公民和睦相处的；（二）破坏不同宗教之间和睦以及宗教内部和睦的；（三）歧视、侮辱信教公民或者不信教公民的；（四）宣扬宗教极端主义的；（五）违背宗教的独立自主自办原则的。

◇第四十八条　互联网宗教信息服务的内容应当符合有关法律、法规、规章和宗教事务管理的相关规定。互联网宗教信息服务的内容，不得违反本条例第四十五条第二款的规定。

◇第五十六条　宗教团体、宗教院校、宗教活动场所、宗教教职人员可以依法兴办公益慈善事业。任何组织或者个人不得利用公益慈善活动传教。

◇第六十二条　强制公民信仰宗教或者不信仰宗教，或者干扰宗教团体、宗教院校、宗教活动场所正常的宗教活动的，由宗教事务部门责令改正；有违反治安管理行为的，依法给予治安管理处罚。侵犯宗教团体、宗教院校、宗教活动场所和信教公民合法权益的，依法承担民事责任；构成犯罪的，依法追究刑事责任。

◇第六十三条　宣扬、支持、资助宗教极端主义，或者利用宗教进行危害国家安全、公共安全，破坏民族团结、分裂国家和恐怖活动，侵犯公民人身权利、民主权利，妨害社会管理秩序，侵犯公私财产等违法活动，构成犯罪的，依法追究刑事责任；尚不构成犯罪的，由有关部门依法给予行政处罚；对公民、法人或者其他组织造成损失的，依法承担民事责任。宗教团体、宗教院校或者宗教活动场所有前款行为，情节严重的，有关部门应当采取必要的措施对其进行整顿，拒不接受整顿的，由登记管理机关或者批准设立机关依法吊销其登记证书或者设立许可。

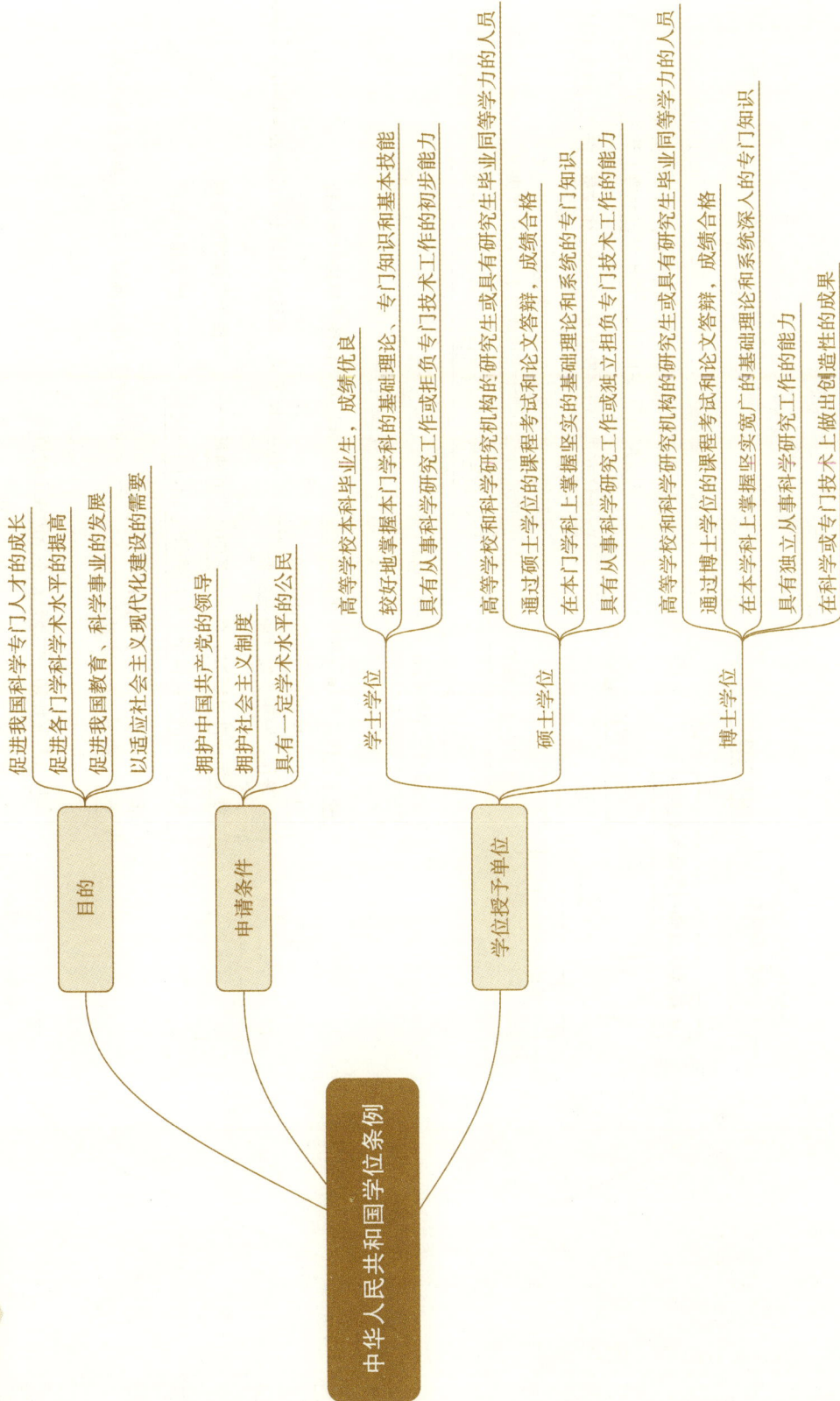

8.《中华人民共和国学位条例》（2004年8月28日修正）

[思维导图]

中华人民共和国学位条例

目的
- 促进我国科学专门人才的成长
- 促进各门学科学术水平的提高
- 促进我国教育、科学事业的发展
- 以适应社会主义现代化建设的需要

申请条件
- 拥护中国共产党的领导
- 拥护社会主义制度
- 具有一定学术水平的公民

学位授予单位

学士学位
- 高等学校本科毕业生，成绩优良
- 较好地掌握本门学科的基础理论、专门知识和基本技能
- 具有从事科学研究工作或担负专门技术工作的初步能力

硕士学位
- 高等学校和科学研究机构的研究生或具有研究生毕业同等学力的人员
- 通过硕士学位的课程考试和论文答辩，成绩合格
- 在本门学科上掌握坚实的基础理论和系统的专门知识
- 具有从事科学研究工作或独立担负专门技术工作的能力

博士学位
- 高等学校和科学研究机构的研究生或具有研究生毕业同等学力的人员
- 通过博士学位的课程考试和论文答辩，成绩合格
- 在本学科上掌握坚实宽广的基础理论和系统深入的专门知识
- 具有独立从事科学研究工作的能力
- 在科学或专门技术上做出创造性的成果

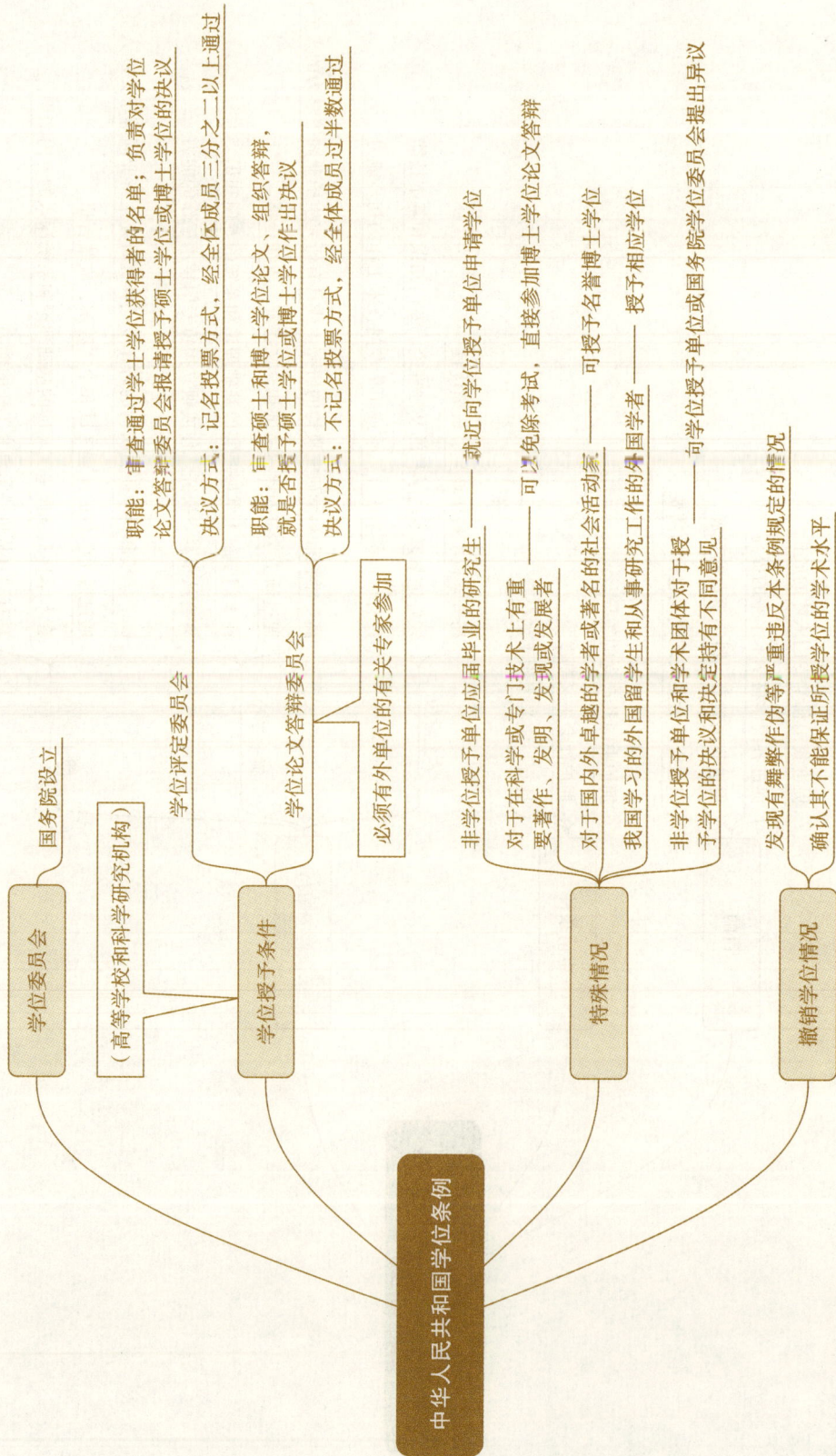

中华人民共和国学位条例

学位委员会

国务院设立

（高等学校和科学研究机构）

学位授予条件

学位评定委员会

- 职能：审查通过学士学位获得者的名单；负责对学位论文答辩委员会报请授予硕士学位或博士学位作出决议
- 决议方式：记名投票方式，经全体成员三分之二以上通过

学位论文答辩委员会

- 职能：审查硕士和博士学位论文，组织答辩，就是否授予硕士学位或博士学位作出决议
- 决议方式：不记名投票方式，经全体成员过半数通过

必须有外单位的有关专家参加

特殊情况

- 非学位授予单位应届毕业的研究生 —— 就近向学位授予单位申请学位
- 对于在科学专门技术上有重要著作、发明、发现或发展者 —— 可免除考试，直接参加博士学位论文答辩
- 对于国内外卓越的学者或著名的社会活动家 —— 可授予名誉博士学位
- 我国学习的外国留学生和从事研究工作的外国学者 —— 授予相应学位
- 非学位授予单位学术团体对于授予学位单位的决议和决定持有不同意见 —— 向学位授予单位或国务院学位委员会提出异议

撤销学位情况

- 发现有舞弊作伪等严重违反本条例规定的情况
- 确认其不能保证所授学位的学术水平

【原文摘录】

◇第二条 凡是拥护中国共产党的领导、拥护社会主义制度，具有一定学术水平的公民，都可以按照本条例的规定申请相应的学位。

◇第三条 学位分学士、硕士、博士三级。

◇第四条 高等学校本科毕业生，成绩优良，达到下述学术水平者，授予学士学位：

(一)较好地掌握本门学科的基础理论、专门知识和基本技能；

(二)具有从事科学研究工作或担负专门技术工作的初步能力。

◇第八条 学士学位，由国务院授权的高等学校授予；硕士学位、博士学位，由国务院授权的高等学校和科学研究机构授予。

授予学位的高等学校和科学研究机构（以下简称学位授予单位）及其可以授予学位的学科名单，由国务院学位委员会提出，经国务院批准公布。

◇第九条 学位授予单位，应当设立学位评定委员会，并组织有关学科的学位论文答辩委员会。

◇第十条 学位论文答辩委员会负责审查硕士和博士学位论文、组织答辩，就是否授予硕士学位或博士学位作出决议。决议以不记名投票方式，经全体成员三分之二以上通过，报学位评定委员会。

◇第十一条 学位授予单位，在学位评定委员会作出授予学位的决议后，发给学位获得者相应的学位证书。

◇第十五条 在我国学习的外国留学生和从事研究工作的外国学者，可以向学位授予单位申请学位。对于具有本条例规定的学术水平者，授予相应的学位。

◇第十六条 非学位授予单位和学术团体对于授予学位的决议和决定持有不同意见时，可以向学位授予单位或国务院学位委员会提出异议。学位授予单位和国务院学位委员会应当对提出的异议进行研究和处理。

【笔记】

◎1980年2月12日第五届全国人民代表大会常务委员会第十三次会议通过

◎根据2004年8月28日第十届全国人民代表大会常务委员会第十一次会议《关于修改〈中华人民共和国学位条例〉的决定》修正

◇第十七条　学位授予单位对于已经授予的学位，如发现有舞弊作伪等严重违反本条例规定的情况，经学位评定委员会复议，可以撤销。

◇第十八条　国务院对于已经批准授予学位的单位，在确认其不能保证所授学位的学术水平时，可以停止或撤销其授予学位的资格。

◇第十九条　本条例的实施办法，由国务院学位委员会制定，报国务院批准。

自测题

扫一扫，看参考答案

一、填空题

1. 《中华人民共和国宪法》经历了_____次修正。

2. 国家工作人员就职时应当依照法律规定公开进行_____。

3. _____是国家的监察机关。

4. 高等学历教育分为_____、_____、_____。

5. 学位分为_____、_____、_____。

6. 国家行政机关、监察机关、审判机关、检察机关都由_____产生，对它负责，受它监督。

7. 每年_____为全民国家安全教育日。

8. _____是中华人民共和国的根本制度，_____是中国特色社会主义最本质的特征。

9. 国家提倡爱_____、爱_____、爱_____、爱_____、爱_____的公德。

10. 国家机构有_____、_____、_____、_____、_____、_____、_____、_____。

二、改错题

1. 高等学校家庭经济困难的学生，可按照国家规定不缴纳学费。

2. 学生获得贷学金及助学金，不需要履行任何义务。

3. 高等学校的学生可以参加社会服务和勤工助学活动。

4. 高等学校的学生可以在校内自由组织学生团体活动。

5. 学位授予单位不能撤销已经授予的学位。

6. 公民有宗教信仰自由。

7. 在法律规定的国家考试中，组织作弊的，处罚金。

后记

中南大学党委历来高度重视学生思想政治工作，学校在价值观塑造、网络育人、文化育人、学风建设等方面形成特色品牌，立德树人成效明显，争做担当民族复兴大任的时代新人已成为中南学子的共同价值追求，涌现出了全国大学生就业创业年度新闻人物金冠华、最美基层高校毕业生代东援、湖南十大教育新闻人物吴步晨等一大批优秀典型。在思想政治工作队伍建设上也取得积极成效，高层次人才总量不断增长，近年来先后有1人入选教育部"思政杰青"；1人入选全国高校思想政治工作中青年骨干队伍建设项目；1人获评中宣部、教育部"最美高校辅导员"；3人获评全国高校辅导员年度人物；2人分获全国高校辅导员素质能力大赛一、二等奖；在2019年湖南省高校思想政治工作骨干建设项目遴选中，辅导员序列实现了名师工作室、优秀团队、中青年骨干三个类别人选全覆盖。

党的十八大以来，习近平总书记高度重视学习，指出"事业发展没有止境，学习就没有止境"，强调要"坚持学习、学习、再学习"。中南大学学生工作部(处)为引导辅导员加强理论与业务学习，组建了辅导员学习工作室；连续四年编印《辅导员学习读本》；定期举办辅导员工作沙龙、论坛；除积极选派辅导员参加全国、全省各类培训班学习外，还坚持举办辅导员骨干延安等红色基地专题培训班，大学生心理健康教育、就业与生涯规划等业务技能培训班。为更好促进辅导员学习，培训研修中心在《辅导员学习读本》基础上组织编写了本书。为增强可读性、检验学习效果，编写团队在书中插入了思维导图，并对关键词句做了摘抄，在每个篇章后增加了测试题。受篇幅所限，我们还梳理了拓展学习目录，以帮助大家更系统、更实时跟进学习。

本书由中南大学党委李景升副书记担任主编，学生工作部(处)蒋直平部(处)长、汪平副部(处)长担任副主编，培训研修中心办公室李玲芝、罗方禄统稿。任安霁、余仁哲、罗方禄、高雯编写第一篇，肖楚楚、余仁哲、李玲芝编写第二篇，高雯设计编写了所有思维导图。本书编写过程中得到了教育部思政司、湖南省委教育工委宣传部的大力支持，中南大学出版社杨贝老师为本书出版付出了大量辛劳，在此一并致谢！

由于编者水平所限，难免会有纰漏和不足，敬请读者批评指正。

本书编写组
2020年1月

图书在版编目（CIP）数据

辅导员学习笔记／高校思想政治工作队伍培训研修
中心（中南大学），湖南省高校思想政治工作队伍培训研
修中心（中南大学）组编. —长沙：中南大学出版社，
2020.4（2021.4 重印）

ISBN 978-7-5487-4004-9

Ⅰ.①辅… Ⅱ.①高… ②湖… Ⅲ.①高等学校—辅
导员—工作—教材 Ⅳ.①G645.1

中国版本图书馆 CIP 数据核字（2020）第 044582 号

辅导员学习笔记

高校思想政治工作队伍培训研修中心（中南大学）
湖南省高校思想政治工作队伍培训研修中心（中南大学）　组编

□责任编辑　杨　贝
□责任印制　易红卫
□出版发行　中南大学出版社
　　　　　　社址：长沙市麓山南路　　　邮编：410083
　　　　　　发行科电话：0731-88876770　传真：0731-88710482
□印　　装　长沙雅鑫印务有限公司

□开　　本　787 mm×1092 mm　1/16　□印张 14.5　□字数 326 千字
□互联网+图书　二维码内容　字数 22 千字
□版　　次　2020 年 4 月第 1 版　□2021 年 4 月第 4 次印刷
□书　　号　ISBN 978-7-5487-4004-9
□定　　价　58.00 元

图书出现印装问题，请与经销商调换